utb 4655

Eine Arbeitsgemeinschaft der Verlage

Böhlau Verlag · Wien · Köln · Weimar
Verlag Barbara Budrich · Opladen · Toronto
facultas · Wien
Wilhelm Fink · Paderborn
A. Francke Verlag · Tübingen
Haupt Verlag · Bern
Verlag Julius Klinkhardt · Bad Heilbrunn
Mohr Siebeck · Tübingen
Nomos Verlagsgesellschaft · Baden-Baden
Ernst Reinhardt Verlag · München · Basel
Ferdinand Schöningh · Paderborn
Eugen Ulmer Verlag · Stuttgart
UVK Verlagsgesellschaft · Konstanz, mit UVK/Lucius · München
Vandenhoeck & Ruprecht · Göttingen · Bristol
Waxmann · Münster · New York

Michael Haller, Prof. Dr. phil. leitet die Journalismusforschung an der Hamburg Media School und ist Beirat in mehreren Einrichtungen der Journalistenweiterbildung. Bis zu seiner Emeritierung hatte er den Journalistik-Lehrstuhl an der Universität Leipzig inne. Zuvor war er Journalist und arbeitete u. a. viele Jahre beim SPIEGEL, anschließend als Ressortleiter bei der ZEIT.

Michael Haller

Methodisches Recherchieren

8., komplett überarbeitete Auflage

UVK Verlagsgesellschaft mbH · Konstanz
mit UVK/Lucius · München

Online-Angebote oder elektronische Ausgaben sind erhältlich unter www.utb-shop.de.

Bibliografische Information der Deutschen Bibliothek
Die Deutsche Bibliothek verzeichnet diese Publikation in der Deutschen Nationalbibliografie; detaillierte bibliografische Daten sind im Internet über <http://dnb.ddb.de> abrufbar.

(Auflage 1–7 unter dem Titel »Recherchieren« erschienen, © UVK Verlagsgesellschaft)
1. Auflage 1983
2. Auflage 1987
3. Auflage 1989
4. Auflage 1991
5. Auflage 2000
6. Auflage 2004
7. Auflage 2008

Einbandgestaltung: Atelier Reichert, Stuttgart
Satz: Claudia Wild, Konstanz
Druck: Pustet, Regensburg

UVK Verlagsgesellschaft mbH
Schützenstr. 24 · D-78462 Konstanz
Tel.: 07531-9053-0 · Fax 07531-9053-98
www.uvk.de

UTB-Band Nr. 4655
ISBN 978-3-8252-4655-6 (Print)
ISBN 978-3-8463-4655-6 (EPUB)

Inhalt

Vorwort

Wenn die Verhältnisse unübersichtlich werden, dann erklärt man dies in den Sozialwissenschaften bevorzugt mit Ausdifferenzierung. Man folgt der Denkweise der Biologen, nach dem Motto: vom Einzeller zum hochkomplexen Organismus. Dieser Weg scheint auch für Geisteswissenschaftler geläufig, zumal in der Regel viele kluge Menschen etwas beizutragen wissen, wenn jemand etwas gesagt hat, und weitere kluge Menschen das, was gesagt wurde, ihrerseits erweitern möchten.

So geschah es auch mit dem Thema »Recherchieren«. Seit der ersten Auflage dieses Handbuchs vor 33 Jahren hat sich viel getan: Neue Medien entstanden, Ausbildungswege wurden geschaffen, Redaktionen umstrukturiert und das Internet in den Alltag integriert. Viele neue Publikationen bieten dementsprechend ausdifferenzierte Hilfestellung an: Recherchieren für Einsteiger oder für Profis, für Storytelling, für Onliner, für Dokumentare, für Investigative, für Data-Spezialisten und so weiter.

Dieser Trend war für viele Spezialisten hilfreich. Er führte aber auch dazu, dass man mitunter den Wald vor lauter Bäumen nicht mehr sieht. In Seminaren, Workshops und Arbeitsgruppen wurde ich häufiger mit der Frage konfrontiert, ob man im Web oder im Archiv oder mit Big-Data jeweils ganz unterschiedlich recherchieren müsse. Oder ob es generell richtige Verfahrensweisen gäbe.

Die gibt es natürlich. Und darum dient diese 8. Auflage vor allem dem Ziel, den Wald und nicht die einzelnen Bäume zu beschreiben: Was ist methodisches Recherchieren und wie wendet man es an? Sie ist keine Fortschreibung der bisherigen Auflagen, sondern eine komplette Neubearbeitung des Themas. Damit richtet sie sich nicht nur an Journalisten, sondern an alle, die den Zusammenhang zwischen Theorie und Praxis des Recherchierens kennenlernen, verstehen und handhaben wollen.

Indem dieses Buch den Wald beschreibt und dabei das wuchernde Unterholz außer Betracht lässt, übergeht es kurzlebige Medientrends und vorübergehende Spezialisierungen. Tatsächlich soll es nicht weiter ausdifferenzieren, vielmehr rekonstruieren.

Sofern diese Neuauflage den damit intendierten Zweck, ein Grundlagenbuch zu sein, erfüllt, ist dies auch Sonja Rothländer, der Fachlektorin meines Verlags geschuldet. Sie kam mit dem Vorschlag, das journalistische Handbuch größeren Zielgruppen, insbesondere den Studierenden der Medienstudiengänge zugänglich zu machen und unterstützte das Projekt mit guten Vorschlägen und viel Geduld. Dafür möchte ich mich an dieser Stelle herzlich bedanken.

Hamburg, im September 2016 — Michael Haller

Einleitung

Inhalt

Abstrakt, kurz, bündig: Die Hauptmerkmale der Recherche in theoretischer Hinsicht

Allgemeine Definitionen

Der Begriff »Recherchieren« geht etymologisch auf das französische Wort chercher (=suchen, sich bemühen), dieses auf das spätlateinische circare (=umkreisen, durchstreifen) zurück. Gegen Ende des 17. Jh. wurde dieses Wort aus dem Französischen (re-chercher=aufsuchen; wiederfinden; zurückführen) in die gehobene deutsche Behördensprache übernommen.

Im Alltag bezeichnet man mit Recherche neu zu schöpfendes Wissen, das auf dem Wege des Ermittelns, Sammelns und Auswählens gefunden und erschlossen wurde (überwiegend aus Dokumenten, Datenbanken oder Befragungen). In der Fachwelt bezeichnet Recherchieren ein methodisches Verfahren, um Aussagen über äußere Vorgänge (=Informationen) systematisch zu beschaffen, zu prüfen und zu beurteilen. Abstrakt-allgemein definiert, bezeichnet Recherchieren ein Verfahren zur Rekonstruktion erfahrbarer, d. h. sinnlich wahrgenommener Wirklichkeit mit den Mitteln der Sprache. Auf die mit der Sprache verbundenen Implikationen komme ich zurück.

1. Wiederfinden: Systematisches Vorgehen

- Das Ermitteln, Sammeln und Auswählen ist eine auf einen Gegenstand oder ein Sachgebiet gerichtete Arbeit. Sie dient der **Wissensmehrung** und kann sich auf ganz unterschiedliche Objekte (Personen, Handlungen, Dokumente) wie auch Ressourcen beziehen. Umgangssprachlich ist dann von Recherche die Rede, wenn Wissensbestände durch Nutzung mehrerer Quellen (meist sind es Informanten, Datenträger und -banken) erschlossen werden. Zum Beispiel die mehrstufige Suche oder Verifizierung einer Telefonnummer, das Auffinden eines Dokuments vermittels mehrerer Auskunftsstellen oder das Ermitteln und gezielte Befragen eines Sachverständigen.
- Recherchieren ist ein **zielgerichtetes Vorgehen**, indem entweder ein gegebenes Wissensziel (die fehlende Information, das Dokument, die Expertenmeinung) erlangt oder eine Entsprechung gefunden werden soll (zum Namen die Telefonnummer, zum Ereignis das genaue Datum, zur Problemlage die Beurteilung des Experten). Oder, als Drittes, indem zu einem angenommenen Sachverhalt oder Vorgang – sei es als Behauptung, sei es in der Form einer Hypothese – die entsprechenden Informationen als Belege gesucht und ggf. beschafft werden.
- Im Alltag wird der Weg zum Rechercheziel meist mit Hilfe **narrativer Verfahren** beschritten (Erfahrung, Versuch-Irrtum, Nachahmung, intuitives Handeln). Der Sucherfolg hängt demgemäß mitunter von Zufällen, aber auch vom Erfah-

rungswissen und von der Findigkeit des Suchenden ab. Dies trifft weithin für die Informationssuche im Internet zu.

- Systematische Recherchen wurden für Datenbank-Nutzungen (physische und digitale Datenspeicher) entwickelt. Es handelt sich dabei um **Suche-Finde-Strategien** (*Document Retrieval*), die der Logik des fraglichen Archivsystems und der Indexierung seiner Dokumente angepasst sind. Vereinfacht gesagt: Über Suchwörter (Query) werden die Textwörter (Deskriptoren und Terms) in den Dateien gefunden und das gefundene Dokument erschlossen. Die ältesten, bekanntesten Retrieval-Ordnungen sind das Dezimalsystem (z. B. Textgliederungen) und das Alphabet (z. B. Telefonbuch), gefolgt von hierarchisch strukturierten Schlagwortsystemen. Seit dem Aufbau digitaler Datenarchive, weiter mit der Programmierung sogenannter Suchmaschinen (Robots) für das World Wide Web gibt es Retrievalsysteme für Volltext-Datenbanken mit standardisierten Leistungskriterien für das Indexieren (DIN 31623). Ihre für das Rechercheziel wichtigsten Gütekriterien betreffen *Recall* (Vollständigkeit) und *Precision* (Genauigkeit der gefundenen Dokumente). Die – in Bezug auf die Suchfrage – informatorische Nützlichkeit des gefundenen Dokuments wird *Relevanz* genannt. Die Analyse großer Datenmengen (»Big-Data«) verwendet demgegenüber statistische Verfahren, um Sachverhalte, Trends oder Zusammenhänge (Korrelationen) zu ermitteln.
- Die systematische Informationssuche in der digitalen Welt ist darauf aus, möglichst alle für die Fragestellung relevanten Informationen bzw. Dokumente zu sammeln und nach dem Grad ihrer Relevanz zu ordnen bzw. zu hierarchisieren (z. B. die für das Ranking der Treffer maßgeblichen Kriterien zu definieren). Demnach ist der Rechercheertrag abhängig sowohl von der **Genauigkeit** der Suchwörter und Suchstrings (was genau suche ich mit welcher syntaktischen Struktur – und was schließe ich aus meiner Suche aus?) als auch von der Datenbank (wie: Indexierung, Stemming, Tolkenisierung) sowie die **Zuverlässigkeit** der Suchinstrumente, etwa: Nach welchen Relevanzkriterien listet die Suche-Finde-Software (Retrieval) ihre Treffer? Was findet sie – und was kann sie auf Grund ihres Algorithmus nicht finden?

2. Neues herausfinden: Methodisches Vorgehen

- Im Unterschied zum oben beschriebenen Vorgehen zielt das methodische Recherchieren auf Aussagen, die ohne dieses Verfahren **inexistent, unbekannt oder im Verborgenen** blieben (geheim, vertraulich, verschwiegen usw.). Müssen hierzu Widerstände überwunden werden, spricht man im Journalismus ggf. von *investigativer Recherche* (entstammt dem Englischen: »Investigation« steht für Nachforschung, Untersuchung, Ermittlung). Meistens handelt es sich um Entscheidungen oder Vorgänge (Prozesse, Abläufe) oder auch um eine Situation oder Begebenheit, über die noch nichts oder fast nichts gewusst wird. Die Recherche zielt demgemäß auf die **(Re-)Konstruktion** des Geschehenen, im

Weiteren auf die **Einordnung** (Sachzusammenhang) und gegebenenfalls **Interpretation** des Geschehenen (Sinnzusammenhang). Dabei sollte die Recherche keinem inhaltlich vorgegebenen Ziel folgen, sondern **ergebnisoffen** angelegt sein.

- Ausgangspunkt des methodischen Recherchierens ist entweder eine **Annahme** (=Hypothese über einen tatsächlichen Handlungs- oder Wirkungszusammenhang) oder **Aussagen** über einen Vorgang oder einen Sachverhalt (=Informationen über stattgehabte Vorgänge), deren Status noch ungeklärt ist. Einen je spezifischen Status haben Behauptungen (=nicht belegte Aussagen über Sachverhalte), Kolportagen (=Aussagen über Dritte, die in bestimmter Weise gehandelt haben sollen) oder Beurteilungen (=in ein moralisches Bezugssystem eingebettete Sachaussagen).
- Die journalistische Recherche folgt einem **mehrstufigen, folgerichtigen Verfahren**. Den Anfang macht die Überprüfung der Ausgangsinformation mit dem Ziel, zutreffende (wahre) Aussagen zu gewinnen. In einem zweiten Schritt werden diese Informationen erweitert (insbesondere Vor- und Hergangsgeschichte mit ihren Protagonisten, analoge Geschehnisse, Einflussfaktoren, statistische Daten). Mit dem dritten Schritt werden die gesicherten Sachaussagen in einen Zusammenhang gebracht (Sachzusammenhang, Chronologie, Strukturbeschreibung). Im vierten und letzten Schritt werden die Ergebnisse – je nach Zielrichtung – zur erklärenden Beschreibung des Geschehenen oder zur Verifizierung einer Ursachen- oder Wirkungshypothese ausgewertet und vertextet bzw. erzählt.
- Für die Qualität jeder Recherche ist die korrekte Beurteilung des Status der Informationen entscheidend. Sie geht davon aus, dass allein **Aussagen über Sachverhalte verifizierbar** sind. Das Prüfverfahren zielt darauf ab, Differenzen zwischen Aussagen verschiedener Sprecher (=Quellen) zu ermitteln. Sie erreicht dies über den Abgleich verschiedener Sachaussagen (insb. Zeugen und Akteure). Wenn zwischen den Aussagen unterschiedlicher, voneinander unabhängiger Quellen Unstrittigkeit hergestellt ist, gilt die fragliche Aussage in Bezug auf ihren Aussagegegenstand als wahr (verfiziert).
- **Intersubjektive Verifikationen** sind an den Konsens gebunden, dass geeichte Messverfahren und Codes gelten sollen (wie: Zeitmessung, Orts- und Raumkoordinaten, Identitätsmerkmale von Subjekten und Handlungsorten). Muster einer komplett überprüfbaren Aussage: »Am Donnerstag, 17. Februar dieses Jahres betrat um 16.15 Uhr Ortszeit der 45-jährige Fritz-Jürgen Meier den Schalterraum der Sparkassen-Filiale Klosterstern in Hamburg.«
- Von der intersubjektiven Überprüfung ausgeschlossen bleiben Aussagen über Motive (=Unterstellungen), über Wirkursachen (=Deutungen) und Werturteile (=Meinungen). Diese Aussagen haben den Status von Versionen, Erklärungen, Begründungen. (Nicht zu verwechseln mit Aussagen über Werturteile Dritter: Diese haben als Zitate wiederum Tatsachencharakter).

- Im Unterschied zu dem im 1. Abschnitt definierten Typ schließt das methodische Recherchieren auch Feldarbeit ein. **Feldrecherchen** sind zur konkreten Beschreibung von Situationen, zur Prüfung von Behauptungen durch Augenschein sowie für Face-to-Face-Befragungen (Interviews) unerlässlich. Umstritten sind spezielle Verfahren der Feldrecherche (wie: Experimente, Verwendung einer falschen Identität, Täuschung oder Nötigung von Informanten).
  Zu den Methodenproblemen der Feldrecherche gehört die Frage der Gültigkeit singulärer Beobachtungen: Ist die ermittelte Situation einmalig, zufällig oder typisch (=pars pro toto)?
- Die Feldrecherche kann zwar Fakten beibringen und verifizieren. Sie muss aber den **erklärenden Zusammenhang konstruieren**, denn die komplexe Wahrnehmung erlebter Wirklichkeit – und so auch deren Beschreibung – verbleibt im Subjektiven. Hier gelten als Qualitätsmerkmale: Berücksichtigung auch inhomogener Beschreibungen (=verschiedene Perspektiven und Positionen), Plausibilität des Sinnzusammenhangs, Einbezug der Beteiligten (Akteure und Betroffene).

Theoretisch formuliert, konstruiert das methodische Recherchieren einen Ereignis- und/oder Handlungszusammenhang, um einen bis dahin verborgenen oder unbekannten Ausschnitt gesellschaftlicher Realität darzustellen und zu plausibilisieren. Die in diesem Zusammenhang beschafften faktischen Aussagen müssen zutreffend (wahr) sein. Gelingt der Nachweis nicht, ist der Status der Aussagen (ihre Versionen) kenntlich zu machen.

3. Öffentlichkeit: Rechtfertigungsgründe (Legitimation)

Im medialen Kontext dient das Recherchieren der Veröffentlichung möglichst zutreffender Aussagen über Vorgänge von allgemeinem Interesse. Werden Informationen gegen Widerstände beschafft und veröffentlicht, so ist dies begründungsbedürftig. In den meisten Demokratien gibt es die (je Staat unterschiedlich weit gefasste) rechtliche Gewährleistung der Informationsfreiheit. *Investigative* Rechercheverfahren legitimieren sich darüber hinaus durch das normative Konzept der informationsoffenen, demokratisch verfassten Gesellschaft, die *staatsunabhängig* über das aktuelle Geschehen aufgeklärt sein will; diese informatorische Aufklärung gilt als Voraussetzung, um als Staatsbürger politisch handeln zu können (=Demokratiepostulat). Zuerst in England und den USA, im Fortgang des 20. Jh. auch auf dem europäischen Kontinent wurde den *journalistischen Medien* die entsprechende Funktion zugeschrieben, zusätzlich zur Berichterstattungsaufgabe auch verborgene Vorgänge und Ereignisse von allgemeiner Bedeutung ans Licht zu bringen. In den angloamerikanischen Staaten wird diese Rolle gemeinhin »Watchdog« genannt, in Deutschland spricht man von der »öffentlichen Aufgabe«, die der Recherchierjournalismus wahrnimmt (Näheres Seite 70).

Anwendungsbereiche

In modernen Gesellschaften findet die Recherche insbesondere Anwendung
a) im politischen System (Parlamentarische Dienste und staatliche Organe wie insbesondere Nachrichtendienste),
b) in der Kriminalistik,
c) in den Geisteswissenschaften,
d) in der gesellschaftswissenschaftlichen Forschung,
e) im Journalismus,
f) als Dienstleistung insbesondere für Finanz und Wirtschaft sowie Public Relations.

a) Geheim- und Nachrichtendienste: Sie sind die vermutlich ältesten Einrichtungen, die Recherche systematisch betreiben, um Informationen über mutmaßlich staatsgefährdende Vorgänge und Entscheidungen fremder Staaten zu erlangen. Vor allem in autoritären Staaten zählte und zählt auch die Personenüberwachung im eigenen Lande zum Aufgabenbereich solcher Dienste (wie: Ministerium für Staatssicherheit in Zeiten der DDR). Die Rechercheverfahren der Nachrichtendienste sind ein Mix aus den Typen a. (Archiv) und b. (Feldrecherche), wobei im digitalen Zeitalter ein großes Gewicht auf das Sammeln, Speichern und periodische Auswerten personenbezogener Datenbestände gelegt wird. Mitunter folgt die Informationsbeschaffung auch narrativen Mustern (wie: physische Beobachtung) und nutzt Techniken abseits der Legalität. Nicht zuletzt, weil Nachrichtendienste oftmals in einem (weitgehend) rechtsfreien Raum agieren (Geheimnisverrat, Bestechung, Eindringen in die Privatsphäre usw.), haftet ihnen der Ruch des Abenteurertums, gelegentlich auch des Kriminellen an – Merkmale, die für das Prinzip Recherche unspezifisch sind.

b) In der Welt der Kriminalistik folgt die Recherche notabene meist dem Typ Feldrecherche (wie: Spurensuche), wobei das besondere Gewicht auf Techniken der Spurenauswertung und Personenbefragung zum Zweck der rekonstruierenden Überprüfung und Sicherung von Sachaussagen liegt (wie: Fallanalyse, Hypothesenbildung, Klärung der Tatbestände, Einlösung der Hypothese durch Identifizierung der Täterschaft – vgl. Ackermann et al. 2011:149 ff.). Gegebenenfalls wird auch mit »verdeckter polizeilicher Informationserhebung« recherchiert (a.a.O. 581 ff.). Im Rechtsstaat sind (auch) Rechercheverfahren der Strafverfolger an formale Regelungen (wie: Persönlichkeitsrechte, Behördenrecht, Polizeigesetze und -verordnungen, Strafprozessordnung) gebunden.

c) Geisteswissenschaften: Insbesondere in den Geschichtswissenschaften sind narrative wie auch datenbankgestützte Recherchierweisen nach dem Typ »Wissen finden und qualifizieren« tradiert. Das Ziel der Recherche besteht im Auffinden,

Identifizieren und Erschließen von sachlichen, schriftlichen und mündlichen Quellen (=Gegenstände, Texte, Zeugen, Wissensträger); die Methoden zielen auf die Bewertung der Quellen nach den Kriterien: Authentizität, Originalität und Ergiebigkeit (=Quellenwert).
In methodentheoretischer Hinsicht folgen hier die Geschichtswissenschaften einem Konzept, das analog zur Feldrecherche funktioniert: Aus den empirisch verifizierten Materialien werden Kontexte konstruiert und hermeneutisch (aus der Gegenwartsperspektive) sinnstiftend interpretiert (wie: Periodizierung in Epochen, Genese, Bestimmung von Wirkgrößen, Interdependenz der Wirkgrößen, Folgenhaftigkeit).

d) Gesellschaftswissenschaften: In der Ethnologie und den empirischen Sozialwissenschaften werden seit dem 19. Jh. Rechercheverfahren des beschriebenen Typs meist im Rahmen qualitativer Untersuchungen angewandt. Die am häufigsten gebrauchten Instrumente sind das *Interview* bzw. die *Befragung* und die *Beobachtung* (Schell et al. 2011:381 ff.).
Das Interview wird definiert als »planmäßiges Vorgehen mit wissenschaftlicher Zielsetzung, bei dem die Versuchsperson durch eine Reihe gezielter Fragen oder mitgeteilter Stimuli zu verbalen Informationen veranlasst werden soll« (Scheuch 1973). Im Unterschied zur Fragebogenerhebung, die auf aggregierte Daten (=Strukturaussagen) zielt, dient das persönliche Interview explorativen Zwecken, etwa, um im Rahmen von Fallstudien Ereignisse und Aktivitäten der Befragten zu ermitteln (narrative, fokussierte oder problemzentrierte Interviews). Methodentheoretisch haften dem Interview Fehlerquellen an, wie: soziale Erwünschtheit der Antwort, Konfluenz mit dem Frager, Störungen durch die Interviewsituation (Scholl 2014:209 ff.). Es wird bevorzugt für die Entwicklung von Typologien und Forschungshypothesen verwendet (Diekmann 2011:443).
Die Beobachtung erfolgt meist aus der subjektiven Perspektive des Betrachters und ist darin der journalistischen Reportagetechnik verwandt. Man unterscheidet zwischen der unbeteiligten Beobachtung (meist Test, Labor) und der *teilnehmenden Beobachtung*, bei der sich der Rechercheur auf den Handlungszusammenhang seines Beobachtungsobjekts einlässt (wie: Familie, Arbeitsplatz, Milieu). Diese Methode besitzt eine reiche, auf das 19. Jahrhundert zurückgehende Forschungstradition und dient im Zusammenspiel mit weiteren Instrumenten (wie: Interview) der Beschreibung komplexer Realitätsausschnitte (Näheres hierzu im 1. Buchteil).

e) Journalismus: Hier dient die Recherche in erster Linie dem Zweck, Informationen von allgemeinem Interesse zu beschaffen und zu beurteilen, die ohne diese Verfahren nicht preisgegeben, mithin nicht bekannt würden. Die journalistische Recherche muss darum oftmals Weigerungen oder gar Widerstände auf Seiten der Quellen und Urheber überwinden.

Ihre Verfahren folgen dem Öffentlichkeitsprinzip (Journalisten stehen Zeugnisverweigerungsrecht sowie weitreichende Informationsrechte gegenüber Behörden zu). Sie finden ihre Grenzen vor allem im Schutzanspruch privater Personen (insbesondere Privatsphäre) und den übergeordneten Interessen öffentlicher Institutionen (wie: Geheimhaltung zum Schutz Dritter, Prozessrecht zur Verfahrenssicherung, Staatsschutz).

Ihre auf Offenlegung gerichtete, offensive Vorgehensweise ist durch die Landespresse- und Landesmediengesetze legitimiert (insbesondere durch die dort genannten Informationsrechte und die Funktionszuweisung, Kritik und Kontrolle zu üben) sowie durch einschlägige Urteile des BVerfG über die »öffentliche Aufgabe« der Presse (sinngemäß in den Staatsverträgen des öffentlich-rechtlichen Rundfunks).

In methodischer Hinsicht beginnt ein journalistisches Rechercheverfahren mit der *Vorrecherche* (=Einschätzung und Prüfung der Ausgangsinformation oder Ausgangshypothese, Auswertung des Archivs nach Maßgabe des aktuellen Themenaspekts). Die *Hauptrecherche* baut auf den Befunden der Vorrecherche auf: sie rekonstruiert den Hergang und zeigt den Wirkungszusammenhang auf, anschließend beschreibt und qualifiziert sie auf der *Deutungsebene* die Rolle der Akteure (=zweistufiges Verfahren).

Bei der Recherche komplexer Themen (Beispiele: Wie wirkt sich die Rentenreform aus?, Bildungsnotstand: Sind die Schulen schuld?, Wem hilft die Psychotherapie?) wird mit einem Methodenmix nach Art der sozialwissenschaftlichen Enquête verfahren. Manch umfangreicher Report (zum Beispiel eine Titelgeschichte des *Spiegel*, Seite 3 der *Süddeutschen Zeitung*, Dossier der *Zeit* oder Reports in den Wirtschaftsmagazinen) stützt sich auf methodenkomplex organisierte Ermittlungen.

Wenn solche Ermittlungen zudem enthüllenden Charakter haben (indem sie von Akteuren geheimgehaltene Informationen über Normenverstöße publik machen), spricht man von *investigativer Recherche* in Anlehnung an das *investigative reporting* im US-Journalismus.

Im journalistischen Handwerk unterscheiden wir drei Haupttypen der Recherche:

1. Die Ereignisrecherche (Aufklärung eines Ereignisses oder Ereignisablaufs durch Faktenüberprüfung unter Einbezug der Beteiligten),
2. Die Themenrecherche (oft als *Thesenrecherche* oder *Trendrecherche* mit dem Ziel, Geschehnisse oder Entwicklungen im Zusammenhang erklären und begründen zu können),
3. Die Inside-Enthüllung: Ein Informant (im Englischen: *Whistleblower*) liefert interne Informationen, die vom Rechercheur nachkonstruiert werden müssen, um ihren Wahrheitsgehalt sicherzustellen.

Zu den mehr oder weniger *umstrittenen Vorgehensweisen* gehören: die verdeckte Recherche (=seine Identität nicht zu erkennen geben), das Rollenspiel (=eine andere Identität vortäuschen, bekannt als sogenannte *Wallraff-Methode),* der Kauf von Dokumenten oder exklusiven Informationen (sogenannter Scheckbuch-Journalismus).

f.) Recherche-Dienstleistungen: In den informationsoffenen, nachmodernen Gesellschaften hat sich das Recherchieren auch als Profession etabliert. Berufsrechercheure (Researcher) führen im Auftrag und auf Rechnung ihrer Kunden Abklärungen durch. Vor allem in Finanz und Wirtschaft sind kommerzielle Researcher tätig, die über Internet und in Datenbanken den Geschäftsgang von Unternehmen oder die Solvenz von Privatpersonen abklären. Eine besondere Form der Auftragsrecherche ist die Thesendokumentation (=Beibringen von Belegen und Fallbeispielen, um eine vorgegebene Hypothese untermauern zu können).
Diese Verfahren finden sich in der Wirtschaft, insbesondere im Auftragsfeld der Public Relations, nach den Mustern: Der Aufsichtsratsvorsitzende verlangt Beispiele für die Innovationskraft des Unternehmens, die Geschäftsführung eines Dienstleisters möchte mit Hilfe von Konkurrenz- und Marktanalysen ihr Markenprofil verwerten, der Projektleiter möchte die Forschungsergebnisse in einen nutzwertigen Zusammenhang gestellt sehen, usw.
Die Auftragsrecherche folgt der vorgegebenen Zielsetzung und versucht, möglichst überzeugende Aussagen und Daten beizubringen, um die vorgegebene These zu stützen. Methodenkritisch gesehen sind solche Verfahren auf die Durchsetzung einer partikularen Sichtweise angelegt: Aussagen, die der These zuwiderlaufen, werden ausgeblendet, Informationen, die das angestrebte Ziel in Frage stellen, gelten als weniger relevant. Kritiker dieser – gelegentlich auch im Journalismus anzutreffenden – Verfahren sprechen von der *Vorgaben-*, mitunter auch *Vorurteilsbestätigungsrecherche.*

Zur Theorie der Recherche

Unsere oben genannte Definition lautete:

> Recherchieren ist ein Verfahren zur Rekonstruktion erfahrbarer, d.h. sinnlich wahrgenommener Wirklichkeit mit den Mitteln der Sprache.

In diesem Satz stecken mehrere theorieträchtige Annahmen. Diese möchte ich mit wenigen Stichworten erläutern.

Zunächst zum *Wirklichkeitsbegriff*: Im Zusammenhang mit Recherche sprechen wir von der *realen* Wirklichkeit. Als real werden solche Entitäten bezeichnet, die von verschiedenen Menschen unabhängig voneinander als tatsächlich vorhanden wahrgenommen werden, die demzufolge keine Illusionen und keine Fiktionen sind.

Zur *Sinnlichkeit*: Indem die reale Wirklichkeit sinnlich wahrgenommen wird, handelt es sich um eine – in Bezug auf den Betrachter – äußere Realität (»externer Realismus« nach Searle 2004:39 ff.). Selbstbezügliche Reflektionen, sei es Denken über das Denken (Welt der formalen Logiken, Erkenntnistheorien) oder Denken über die eigenen Empfindungen (Welt der Persönlichkeitspsychologie) sind nicht Themen der Recherche. Deren Gegenstände und Verfahren gehören zur Welt der Empirie.

Die *Sprache*: Die Rechercheergebnisse beschreiben den untersuchten Realitätsausschnitt nicht mit musischen oder bildlichen Mitteln. Selbst Fotografien liefern keine adäquate und hinreichend eindeutige Beschreibung (Orts- oder Zeitangaben und die Identität der abgebildeten Personen leistet oftmals nur der Bildtext). Der Bildausschnitt zeigt eine kontextlose Situation. Allein die Sprache mir ihrer Begrifflichkeit und syntaktischen Logik liefert eine intersubjektiv nachvollziehbare und insofern überprüfbare Beschreibung realer Wirklichkeit nach Maßgabe definierter Referenzen (Searle 1983:34 ff.; Davidson 1993: 40 ff.). Unter sprachtheoretischem Blick leisten dies solche propositionalen Aussagen in dreierlei Hinsicht:

a) *Die semantische Dimension* gibt Aufschluss über die logische Beziehung der Aussage zum Gegenstand (dass eine eindeutige Beziehung besteht, steht nicht in Frage). Qualitätskriterien der Recherche betreffen diesen logischen Zusammenhang, insbesondere: Wahrheit, Vollständigkeit, Quellentransparenz. Zur Semantik ist auch die Verwendung des Materials (inkl. Fotos und Video) zu zählen, etwa als Belege, Beweise, Exempel, als Episode oder Erlebnis (=Erzählung). Das maßgebende Qualitätskriterium ist hier die *Glaubwürdigkeit.*
b) *Die pragmatische Dimension* soll den Zusammenhang herstellen zwischen Aussageinhalten und Adressaten: Der Rechercheur beschafft, prüft und selektiert Aussagen auch entsprechend seiner Kenntnis des Publikums (wie: Soziodemografie, formale Bildung). Indem er dies tut, wählt und bestimmt er den informatorischen Status der recherchierten Aussagen: Sachverhalt, Behauptung (These), Redewiedergabe (Zitate) sowie Interpretation bzw. Deutung. Als Qualitätskriterien der Recherche gelten hier *Richtigkeit (Logik)* und *Plausibilität (Evidenz).*
c) *Die syntaktische Dimension* ist intentional auf Wirkung gerichtet. Der Rechercheur gewichtet und strukturiert die recherchierten Aussagen nach Maßgabe größtmöglicher Verständlichkeit (Modalitäts-Modus »Sei klar!« nach Griece 1979:51). Dabei berücksichtigt er den für sein Auditorium verbindlichen Kommunikationskontext (wie: der Wissens- oder Forschungsstand, weithin existierende Vorstellungen über Vorgänge, kulturelle Normen und Werte, Zeitgeschichte als gemeinsamer Erfahrungsgrund). Die recherchebezogenen Qualitätskriterien sind hier im wissenschaftlichen Diskurs die Anschlussfähigkeit, im publizistischen Feld sind sie eher strittig (Beispiele: Wahrung der Persönlichkeitsrechte, Moralität in der Werbung, persuasive Strategien).

Die Medienwissenschaften und das Thema Recherche

Die von den *Medienwissenschaften* in den vergangenen Jahrzehnten vorgetragenen Erwägungen zu einer Theorie der Recherche sind karg (vgl. Welker 2012:266 f.). Der Grund ist darin zu sehen, dass sich das Theorieinteresse auf den sozialen Kontext der Medienaussagen richtete, während die Einflussgrößen der redaktionellen Aussagenproduktion meist mediensystemisch, medienökonomisch oder als Managementthema betrachtet wurden (vgl. »Synopse von Journalismuskonzepten« in: Löffelholz 2016:52 f.).

Die wenigen, für die journalistische Recherche fruchtbaren Theorieansätze zielen in zwei Richtungen. Die eine hat die *Funktion der Medien* im Allgemeinen und die Rolle des Journalismus im Besonderen zum Gegenstand (für den Bereich Politik vgl. Jarren/Donges 2011:79 ff.). Die andere interessiert sich für den schon erwähnten Zusammenhang zwischen unseren Wirklichkeitsbildern und der medialen Aussagenproduktion; sie thematisiert demnach *Fragen der Wahrnehmung*.

Mit dem Komplex »Medienfunktion« hat sich die Journalistik im Gefolge der Sozialwissenschaften befasst. Unter der in den 1990er-Jahren verbreiteten systemtheoretischen Perspektive (Journalismus als »soziales System«) besitzt die journalistische Recherche indessen keine Bedeutung, sondern gehört zum Arsenal journalistischer »Berichterstattungsmuster«, mit denen Themen aus der Umwelt aufgegriffen (selektiert), bearbeitet und der Umwelt wieder dargeboten werden (Rühl 1980 und 2011; Weischenberg 1995: 111 ff.): Journalismus unter Einschluss der Recherche wird hier als eine Art (Wieder-)Aufbereitungsanlage (miss)verstanden.

Für uns ergiebiger sind die in den 1960er-Jahren von den Politikwissenschaften angestellten demokratietheoretischen Erwägungen; sie folgten dem oben beschriebenen normativen Sinn des öffentlichen Interesses (unter der Bedingung der Medienfreiheit) und führten zum Konzept der »deliberativen Öffentlichkeit« (Bessette 1980 und 1994; Habermas 1994:18 ff. und 1996; Bohman 1998). Diesem Konzept zufolge ist der öffentliche Diskurs der Raum, in welchem der politische Informations- und Meinungsaustausch stattfindet und sich vernünftige Argumente durchsetzen (mögen). Die am Diskurs beteiligten Bürger sollen sich an wohlbegründeten Argumenten orientieren und so zu politischer Handlungsfähigkeit finden. Auf diesem öffentlichen Forum funktioniert der Qualitätsjournalismus pointiert gesagt als Inkubator, indem er Fakten beschafft, Meinungen prüft, bündelt und gewichtet. Auch wenn die Theoretiker die informatorische Eigenleistung des Journalismus übersehen und vom zugelieferten »Rohstoff« sprechen (Habermas 2008:175), so gehört die Recherche doch zum Instrumentarium des kritischen Journalismus, der die Argumente der Machtträger prüfen, faktengestützte Einwände erarbeiten und in den Diskurs beibringen soll.

In wahrnehmungstheoretischer Hinsicht geht die Kommunikationswissenschaft der Frage nach, unter welchen Prämissen und Gegebenheiten die Medien Wirklichkeit konstruieren – und ob deren Konstruktionen andere Wirklichkeitsbilder erzeugen, als man sie aus dem Alltagsleben kennt. Die Antwort ist seit Walter Lippmann (»Public Opinion« 1922) einfach: Selbstverständlich erzeugen die Medien ein anderes, nämlich *medienspezifisch vermitteltes* Bild realer Wirklichkeit als etwa die dem Kausalitätsdenken verpflichteten Naturwissenschaften, als das Rechtssystem oder die Religionen – und deutlich anders als die individuelle Wahrnehmung der Lebenswelt.

Die journalistischen Medien konstruieren reale Wirklichkeitsausschnitte nach Verfahren und Regeln, die nichts mit Fiktion, Lüge und Irreführung, sondern mit funktionsdefinierten Nutzungszwecken im Prozess öffentlicher Kommunikation zu tun haben. Sie tun dies vor allem um

- komplizierte, undurchschaute Vorgänge klar und durchschaubar zu machen, um sie zu verstehen (=Reduktion von Komplexität);
- das Folgenhafte vom Belanglosen zu trennen und nachvollziehbar zu machen (= Selektionsleistung);
- auf Missstände, Gefahren und Risiken im Zusammenleben der Menschen hinzuweisen, also Normabweichungen besonders herauszustellen (= Signal-/Alarmfunktion);
- die in der Gesellschaft wirksamen Leitbilder und Denkweisen bei Normenkonflikten öffentlich zur Diskussion zu stellen (= Diskursfunktion).

Dies sind normativ zu verstehende Medienfunktionen, die direkt oder indirekt nur durch Recherchierarbeit zu erfüllen sind. Ich komme im letzten Abschnitt des folgenden Buchteils auf sie zurück.

Erster Teil: Die Geschichte des Recherchierens

Inhalt

Übersicht

Seit dem 19. Jahrhundert fasst man Verfahren, um den Dingen auf den Grund zu gehen, mit dem Wort »Recherchieren« zusammen. Ihre Entstehung reicht weit zurück bis ins hohe Mittelalter. Sie ist eng verbunden mit der Entwicklung der empirischen Sozialforschung. Deren Methoden dienten zu verschiedenen Zeiten verschiedenen Zwecken: Nicht immer ging es um Wissenserwerb und Aufklärung. Es gab auch Phasen, da prägten politische Ziele und normativ begründete Zwecke die Vorgehensweisen.

Empirische Sozialforschung ist die Klammer, die die Welt der Wissenschaft mit der des Journalismus' verbindet. Im Schnelldurchgang erzählt dieser einführende Teil des Buchs von den vielen hierbei unternommenen Versuchen der Sozialforschung, den Experimenten und den zahllosen Kontroversen. Sie führten im Laufe von vielen Jahrhunderten dazu, dass wir heute wichtige Merkmale der sozialen Wirklichkeit wissenschaftlich beschreiben und verstehen können.

Die wissenschaftliche Recherche: Es begann mit Big-Data

Was ist (systematisch gedacht) der *Ausgangspunkt* einer Recherche: die gezielte Nachfrage oder eine neue Information über Vorgänge oder einen Sachverhalt? Wohl eine rein rhetorische Frage, denn das eine ist vom andern nicht trennbar. Und ein Drittes gehört auch noch dazu: das Verwertungsinteresse des neugierig Fragenden – sei es, um einen Zusammenhang zu erkennen, sei es, um sich einen Wissensvorsprung zu sichern oder um Nutzwerte zu gewinnen.

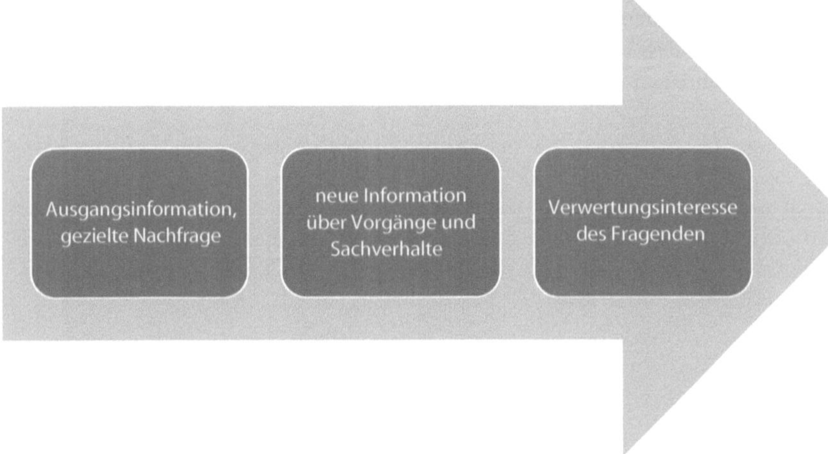

Unter historischem Blickwinkel begann das systematische Recherchieren mit dem gezielten Sammeln von Informationen; dabei war neben Neugier zumeist die Verwertungsabsicht ausschlaggebend. Wie viele Menschen z.B. zum Herrschaftsgebiet gehören, wie groß die Lehensflächen sind, wie viele Fuhrwerke durchs Stadttor fahren: An solchen Datenerhebungen hatten die Machthabenden ein Interesse, sei es, um Steuern einzutreiben, Soldaten zu rekrutieren oder Gebiete zu annektieren und zu sichern. Oder um Trends zu erfassen. Im späten Mittelalter wurden in England Statistiken über Pesttote angelegt, um zu erkennen, ob eine neue Epidemie bevorstand und sich der König rechtzeitig in Sicherheit bringen könnte. Für den Kriegsminister in Frankreich war es bedeutsam, ob die Eheschließungen und so auch Geburten im Lande hinreichend zunahmen. Und in vielen Hansestädten dienten die Reiseberichte der Kaufleute zusammen mit der Buchführung dem Zweck, den künftigen Absatz ihrer Handelswaren prognostizieren zu können. Solches Wissen war nur über gezielte Informationsbeschaffung und -auswertung zu gewinnen: durch zweckdefiniertes Recherchieren.

Die »Domesday Books«

In der empirischen Sozialforschung gilt das Jahr 1085 als Beginn der *recherchierten Statistik* (vgl. Schnell et al., 2011:14): Knapp zwei Jahrzehnte nach seinem Sieg über die Angelsachsen wollte Wilhelm der Eroberer sein Land einschließlich Menschen und Tieren rein quantitativ erfassen. Seine »Kommissare« nahmen in den Verwaltungsgebieten (»shires«) die dortigen Regierungschefs (»shire reeves«) zur Seite und innerhalb von zwei Jahren wurden Dörfer und Städte (insgesamt mehr als 13.000), Burgen und Landsitze, Kirchen und Klöster aufgesucht. Sie befragten die Lehensnehmer nach Größe und Wert ihres Besitzes, nach ihren Mitbewohnern inklusive Dienern und Leibeigenen, nach ihren Anteilen am Wald, an Fischteichen und Getreidemühlen.

Sämtliche Informationen wurden zusammengetragen, die Besitzansprüche in Gerichtssitzungen ausgehandelt und in lateinischer Sprache in Folianten – den später sogenannten »Domesday Books« (Bücher von ewiger Gültigkeit) festgehalten. Es war eine systematische Registrierung der königlichen Hoheits- und Lehensgebiete (Staatsgrundbuch) mit allen für die Kriegs- und Steuerabgaben relevanten Wirtschaftsinformationen (Fleming 1998:11ff.).

Den Protokollen und Berichten zufolge wurden verschiedene Rechercheverfahren eingesetzt. In heutiger Terminologie ausgedrückt, waren es leitfadengestützte Interviews und halbstandardisierte Fragebögen. Zudem erfolgten Datenauswertungen (archivierte Aufzeichnungen etwa in den Kirchen), Quellen- und Registeranalysen sowie investigative Befragungen, deren Informationsziel dank der brutal in Szene gesetzten royalen Autorität zügig erfüllt wurden: Die Befragten wurden stets unter Eid gesetzt und im Falle von Falschaussagen hart bestraft (vgl. Berner 1983; Fuchs 1987; Holt 1993).

Die Geburtsstunden der Empirie

Es ist kein Zufall, dass in den folgenden Jahrhunderten vor allem in England sich das Interesse an empirischer Datenerhebung, man könnte sagen: an »Big-Data« entfaltete. Es fügte sich in die philosophische Tradition der Empiristen mit ihrem Vordenker Francis Bacon (1551–1626), dessen Kritik am »scholastischen Denken« mit seiner realitätsfremden Ideenwelt sehr einflussreich war. Bacon wollte demgegenüber jede Erkenntnis als Abbild der Natur und jede Wissenschaft auf dem Boden der Empirie abgestützt und durch ihre Nützlichkeit gerechtfertigt sehen (»Novum organum scientiarum« 1620). Mit dieser Sicht verband sich die Überzeugung, dass die Forscher das politische und soziale Leben im Lande quasi naturwissenschaftlich durchleuchten sollten. Ihr Ziel war es, mit Hilfe statistischer Befunde (in der damaligen Sprache: »politische Arithmetik«) die innewohnenden Gesetzmäßigkeiten abzubilden. Dabei sollte Forschung nicht als Selbstzweck betrieben werden, sondern als wissensreiche Dienstleistung für die öffentliche Verwaltung und für die staatliche Macht, die gesichert und ausgedehnt werden sollte auch über fremde Länder und Völker (Klein 1984).

Für die forscherische Herangehensweise an die Phänomene – und damit auch für die Rechercheverfahren – bedeutete Bacons Ansatz so etwas wie eine kopernikanische Wende: Man solle nicht von Überzeugungen, Ideologien und Theorien ausgehen und deren Wahrheit deduktiv anhand aufgesammelter Beispiele und Fälle belegen. Dies sei Scholastik und führe in die Irre. Man müsse vielmehr die Natur durchschauen, denn auch die Menschen, und damit auch die von ihnen konstruierten sozialen Gebilde, seien Teil der Natur. Deshalb solle man die Phänomene quantitativ untersuchen, ordnen und vermessen, um die ihnen innewohnenden Regelmäßigkeiten auf induktivem Wege zu erschließen. Bacon erkannte allerdings auch, dass induktiv gefundene Gesetzmäßigkeiten ihrerseits hypothetischer Art sind. Denn eine erkannte Gesetzmäßigkeit ist bereits hinfällig, wenn ein Gegenbeispiel gefunden oder über ein Experiment erzeugt wird – eine Überlegung, die im 20. Jahrhundert in der wissenschaftstheoretischen Diskussion (Geltung bzw. Falsifikation von Theorien) von Karl Popper und dem sog. kritischen Rationalismus neu durchdacht wurde.

Hier soll der Hinweis genügen, dass mit Bacons Überlegungen ein doppeltes Recherchekonzept verbunden ist, indem die empirischen Beobachtungen einerseits ein gemeinsames Merkmal in einer Vielzahl von Objekten erfassen und auf induktivem Wege verallgemeinern (etwa mittels Datenreihen = Statistiken) und indem sie andererseits nach Objekten derselben Gattung Ausschau halten, die dieses Merkmal nicht besitzen, also von der Norm abweichen und insofern die erkannte Gesetzmäßigkeit modifizieren, begrenzen oder gar widerlegen (= falsifizieren). In der sozialen Welt ging es bei diesem zweiten Schritt meist um Ausnahmen (Art und Umfang) oder um normabweichendes Verhalten von Menschen, die als »Andersartige« Vorurteile je nachdem bestätigten oder widerlegten.

Beide Stoßrichtungen (Ermittlung des Durchgängigen und des hierzu Anderen, Befremdlichen) prägen seither die Strategie der Rechercheverfahren.

Die Zukunft planbar machen: Statistik-Recherche

Die Geschichte der empirischen Sozialforschung nennt die Statistiker John Graunt (1620–1674) und dessen Freund Sir William Petty (1623–1687) sowie Edmond Halley (1656–1742) als die großen Entdecker der *quantitativen Recherche* (vgl. Kern 1982:28ff.). Anhand von Geburts- und Sterbelisten, untergliedert nach Altersgruppen, Geschlecht und Wohnadressen, wurden Regelhaftigkeiten ermittelt und Trendanalysen versucht, mit dem Ziel, allgemeingültige Aussagen über Lebenserwartungen, Heiratsalter, Suizidraten, Verläufe von Epidemien usw. zu machen. Damit waren durchaus handfeste Interessen verbunden: Informationen über Risiken (insbesondere in Bezug auf Seuchen) oder über potenzielle Absatzmärkte für den Warenhandel herauszufiltern. Als erste *soziographische Studie* gilt die von Petty 1672 publizierte Abhandlung »Political Anatomy of Ireland«, die anhand von Beobachtungen, Fallstudien und Datenanalysen – also induktiven Verfahren – zu generellen Aussagen gelangte (Zeisel 1975:113f.; Berner 1983:90f.). Über seine um Objektivität bemühte Recherchiermethode schrieb Petty u.a.:

> *»Anstatt nur vergleichende und überschwängliche Worte und Argumente des eigenen Geistes zu gebrauchen, wähle ich als einen Versuch der politischen Arithmetik [...] den Weg, mich in Zahl-, Gewichts- oder Maßbezeichnungen auszudrücken; mich nur sinnfälliger Beweise zu bedienen; nur solche Ursachen in Betracht zu ziehen, welche ersichtlich in der Natur der Dinge selbst ruhen; jene Ursachen dagegen, welche von den wechselnden Meinungen, Neigungen, Leidenschaften einzelner Menschen abhängen, andern zu überlassen.« (Übers. John 1884:185, zit. nach Kern 1982:29).*

Zwei mit diesem Verfahren verbundene Probleme waren den »Arithmetikern« (noch) nicht bewusst: erstens die infrage stehende Validität der Datenbasen (beispielsweise bei den Sterberegistern die Tabuisierung mancher Todesursachen) und zweitens der Unterschied zwischen Korrelation und Kausalität: Statistisch hergestellte Zusammenhänge wurden gerne ursächlich erklärt und ausgedeutet – ein Problem, das man heute bei so mancher datenjournalistischen Recherche wiederfindet.

»Observations«: Die Faszination der großen Zahl
Als Meilenstein der sozialempirischen Recherche gilt unter Sozialwissenschaftlern die von Petty und Graunt erarbeitete empirische Studie »Observations« (von Graunt 1662 unter folgendem Titel publiziert: »Natural and Political Observations upon the Bills of Mortality, chiefly with Reference on the Government, Religion, Trade, Growth, Air, Disease etc. of the City of London«). Mit ihr sollte nach Maßgabe der Bacon'schen Experimentalwissenschaft die Regelhaftigkeit sozialer Lebensverhältnisse recherchiert werden (vgl. Kern 1982:29ff.). Wichtigstes Material waren die in den Londoner Kirchenbüchern seit 1603 wöchentlich registrierten Geburts- und Todesfälle. Die sublokal nach Kirchgemeinden gegliederten Totenlisten wurden auch zur Ermittlung von Pestepidemien genutzt. Doch die beiden Statistiker wollten mehr: Mit Hilfe vergleichender Datenanalysen fanden sie heraus, dass die Sterberaten entgegen gängiger Ansicht keineswegs von der Gottgläubigkeit der Menschen, sondern von äußeren lokalen Gegebenheiten und den dort herrschenden Lebensverhältnissen (u. a. Hygiene) beeinflusst wurden. Sie erkannten auch, dass bei den Neugeborenen mehr als die Hälfte männlichen Geschlechts waren, dass sich aber (in friedlichen Zeiten) bis zum Erwachsenenalter das Verhältnis ausgeglichen habe und beiden Geschlechtern dieselben Heirat-

schancen offen stünden. Übrigens folgerten die Verfasser daraus in der Art einer Beweisführung, dass die Monogamie die einzig richtige und so auch die natürliche und gottgewollte Lebensform sei (vgl. Hull 1899).
Diese Deutung ist insofern aufschlussreich, als man daran die unzureichende Methode des induktiven Verallgemeinerns nachvollziehen kann, eine riskante Denkweise, der man auch im Journalismus begegnet. Zur Begründung der von Petty und Graunt entdeckten Verschiebungen ließen sich ja verschiedene Thesen aufstellen, z.B. die hohe Wochenbettsterblichkeit, die mit Hilfe anderer Statistiken über Todesfälle (Häufigkeiten) von Frauen und Männern zwischen 15 und 30 Jahren quasi im Gegenzug hätte überprüft werden können.

Datenrecherche für den Absatzmarkt

Im Unterschied zum deutschsprachigen Raum entfaltete sich in England bereits im Laufe des 17. Jahrhunderts eine marktförmige Wirtschaft, in der die Agrargüter nicht primär an Lehensherren geliefert, sondern über die Märkte abgesetzt wurden; in der die Produkte der Manufakturen im Wettbewerb standen und in der der Warenhandel internationalisiert und über Banken zwischenfinanziert war: der große Trend zur Subsistenz, für dessen Steuerung strukturierende Daten (nach Hegel »Realabstraktionen) benötigt wurden. Demgegenüber funktionierte die damalige Ökonomie in den deutschen Ländern noch ohne Marktregulation, weil die feudalen Herrschaften ihre Gebiete als Selbstversorgungseinheiten bewirtschafteten und mit anderen Feudalen Tauschbeziehungen meist auf Naturalienebene unterhielten. An der Erzeugung strukturierender Daten bestand kaum Interesse. Es fehlten demnach in den deutschsprachigen Regionen die gesellschaftlichen wie auch ökonomischen Voraussetzungen für datenbasierte Recherchen. Erst im 19. Jahrhundert (im Fortgang der Industrialisierung, der rasanten Verstädterung, der aufbrechenden sozialen Konflikte und dem Ausbau staatlicher Verwaltungsbürokratien) wurden die Grundlagen für statistische Datenrecherchen geschaffen.

Statistikrecherchen im Frühkapitalismus

In England, wo dieser Prozess deutlich früher im Gange war, wurden bereits im 18. Jahrhundert Untersuchungen über die Lage der Bauern und die der britischen Landarbeiter angefertigt. Sie entsprachen dem, was mit der Etikette »soziale Wissenschaften« gemeint war. In der Folge entstand an den Universitäten wie auch in Bürgervereinen eine sich rasch verbreitende *statistische Bewegung*, die mit ihren Datenrecherchen die im Fortgang der Industrialisierung unübersichtlich gewordenen sozialen Verhältnisse erfassen und aufklären wollte. Aus Sicht der Wissenschaftshistoriker haben sie die moderne empirische Sozialforschung begründet (vgl. Cullen 1975).

Die Initiative ging von politisch liberalen, dem Unternehmertum zugewandten Bürgergruppen aus (»statistical societies«), die Studien zur Erforschung der Alltagswelt von Industriearbeitern auf den Weg brachten. Sie wollten die zerstörerischen Effekte des Manchesterkapitalismus erfassen und durch geeignete Maßnahmen, vor allem durch Sozialgesetze abbremsen. Mit erstaunlich methodenkomplex angelegten Recherchen (»cross-examination«) – etwa Beobachtungsbögen, standardisierte Item-Listen, Leitfäden für die Befragung der Betroffenen – wurde die Welt der Arbeiter durchleuchtet. Die abgefragten Themen reichten vom Lesestoff über den religiösen Glauben, die Ausstattung der Küche, Art und Umfang der sanitären Einrichtung bis zur Anzahl der Personen pro Bett (»overcrowing«) (Marsh 1982:14f.). Kennzeichnend für die bürgerliche Perspektive dieser »social surveys« war jedoch, dass »das Thema Arbeitslöhne weitgehend ausgeklammert wurde. Als Grund für die pathologischen Zustände wurde entsprechend die Verstädterung, nicht aber das Fabriksystem verantwortlich gemacht« (Schnell et al. 2011:18).

Die Faszination der Datenrecherche erfasste auch Privatgelehrte, Volkskundler und Historiker, im Bestreben, ihre Befunde mit Hilfe statistischer Verfahren zu objektivieren. In den 1830er-Jahren blühten in verschiedenen Städten Englands Geschichtsvereine und Historikerkommissionen auf, die Informationen über Herkunft, Arbeitsformen und Lebensweisen der Menschen ihrer Region beschafften. Hinzu kam die Feldforschung von (oft selbsternannten) Sprachkundlern und Archäologen, die mit Spaten und Strichlisten die Überbleibsel vergangener Kulturen sortierten; von Historikern, die nach kulturprägenden Konstanten fahndeten, um den Nationenbegriff mit Inhalt zu füllen, und von Volkskundlern, die darauf aus waren, massenhafte Verhaltensmuster fremder Ethnien als deren rassische Eigenheiten auszuweisen.

Die »Manchester Statistical Society«

Unter all diesen Aktivitäten gilt die Gründung der *Manchester Statistical Society* (MSS) im Jahre 1833 als herausragend – die Gesellschaft existiert noch heute. Ihre Rechercheure, meist Autodidakten, erprobten verschiedene Erhebungsmethoden: Datengenerierung, Auswerten von Dokumenten und Befragungen mit professionellen Interviewern, den sog. Agenten. In einer Erhebung über Handwebereien befragten vier Agenten während 17 Monaten rund zwei Drittel der Bevölkerung Manchesters (vgl. Kern 1982:72). »Widersprüche konnten dadurch aufgehellt, mangelhafte oder falsche Aussagen identifiziert, Materiallücken konnten geschlossen werden« (Zeisel 1975:116).

Allerdings war und blieb die von den Mitgliedern eingenommene, die Stoßrichtung der Recherchen prägende Sichtweise diejenige des Establishments. Beispielsweise, so berichtet der Sozialforscher David Elesh, wurden die von einer parlamentarischen

Kommission erhobenen Daten über krankmachende Arbeitsbedingungen in den Textilfabriken als widersprüchlich abgetan. Angeblich ließen sie »keine überzeugenden Schlussfolgerungen über die Auswirkungen von Fabrikarbeit zu«. Wenn es zutreffe, dass die Arbeiter einen »mangelhaften Gesundheitszustand« aufwiesen, dann sei dies »keine notwendige Folge ihrer Beschäftigung«, weshalb gesetzgeberische Schutzmaßnahmen entbehrlich seien (zit. nach Kern 1982:70). Die beiden Verfasser der Studie, Gründungsmitglieder der MSS, waren selbst Textilfabrikanten.

Immerhin bewirkten die Statistikvereine, dass nun das Parlament vermittels spezieller Ausschüsse und Kommissionäre profund recherchierte *Sozial-Enqueten* durchführen ließ; diese untersuchten im Laufe der 1840er-Jahre nun aus neutraler Sicht die Arbeitsbedingungen in den Fabriken und legten deren gesundheitszerstörerische Effekte offen. Die Stichhaltigkeit der Befunde erklärte sich aus der Unabhängigkeit der Rechercheure gegenüber Partikularinteressen namentlich der Fabrikbesitzer und Warenhändler. Sie schufen damit ein neues Gütekriterium für Erhebungsverfahren: Die Researcher durften mit dem Gegenstand ihrer Recherche keine eigenen Interessen verbinden, auch sollten sie bei ihren Befragungen unvoreingenommen (ergebnisoffen) unterwegs sein.

Enquete-Recherche: Methodenmix und Gegencheck

Die von den parlamentarischen Ausschüssen im England der 1840er-Jahre durchgeführten Enqueten zeugen von hohem Rechercheniveau. Die »commissioners of inquiry« erkannten bald, dass jede einzelne Methode spezifische Verzerrungen erzeugt. Um den Realitäten näher zu kommen, wurden verschiedene Erhebungsverfahren kombiniert: »Befragungen und Verhöre [...] wurden durchgeführt; schriftliche Unterlagen, z. B. Akten und Gutachten wurden gesammelt und ausgewertet; wenn nötig, griff man auch zum Mittel der direkten Beobachtung vor Ort, um die Verhältnisse klarzustellen« (Kern 1982:77).

Man erkannte auch, dass die vielfach eingesetzten Fragebögen die Sachverhalte nach Maßgabe der gewählten Definitionen (Kategorien) festlegen: Über welche Indikatoren lässt sich zum Beispiel das »Bildungsniveau«, über welche der »moralische Charakter« der Arbeiter erfassen? Im ersteren Fall dachte man an die Alphabetisierung (wer hat seine Heiratsurkunde korrekt unterschrieben?), im zweiten an das Vorstrafenregister – und wusste, dass damit doch nur Symptomatisches erfasst werden würde.

Hinzu kamen die Unwägbarkeiten bei der Durchführung der Interviews. Sollte man die Arbeiter oder besser deren Ehefrauen befragen? Würden die Antworten verfälscht oder umgekehrt genauer, wenn die Befragung in der Art eines Kreuzverhörs abliefe? Und wie könnte man quasi als Faktencheck die Auskünfte der Befragten überprüfen? Beispiel: Weil die Arbeiterfrauen bei Nennung ihrer Ausgaben für Lebensmittel »aus Vorsicht« eher untertreiben würden, »wurden die Bücher der

Ladeninhaber geprüft und mit den Aussagen der Befragten verglichen« (zit. nach Kern 1982:74, der sich auf die Angaben im »Journal of the Statistical Society of London«, Vol. IV, London 1841, bezieht).

Der Leipziger Methodiker Gustav Cohn (1840–1919) wertete die Arbeitsweise der britischen Kollegen aus und verfasste 1877 ein lehrreiches Kompendium über die Enquete-Recherche. Über das Befragen schrieb er, man werde niemals »die Leute zur Wahrheit zwingen können, selbst wenn man sie für die Verweigerung des Zeugnisses straft [...] und die Vereidigung einführt«. Zum Ziel führe viel eher die »geschickte Verbindung und Confrontation entgegengesetzter Interessen und Meinungen, sofern dies nur in lebendiger Wechselrede und mit der nöthigen Übung geschieht. Ein sachkundiger Fragesteller versteht aus dem lediglich das eigene Interesse vertretenden Zeugen eine Wahrheit herauszulocken, die objektiver ist als jene einseitige Ansicht der Dinge es versteht« (Cohn 1877:19).

Auch bei der Auswertung der Daten wurde den Forschern klar, dass man Eigenheiten einer Gruppe nur interpretieren könne, wenn man auch Vergleichsgruppen befragt. Hinzu kam die Erkenntnis, dass Korrelationen keine Ursachen erklären. Beispielsweise fand ein Rechercheur heraus, dass sich unter verurteilten Straftätern viel mehr Bildungsschwache befanden – und hielt den Bildungsmangel für die Ursache der Kriminalität. Daraufhin wurde er belehrt, dass man vom Bildungsstand (=abhängige Variable) nicht auf Kriminalität (=unabhängige Variable) schließen dürfe.

Solche Lernprozesse führten zu hoher Kompetenz der Researcher und so auch zu zutreffenden Befunden der Enquetes, unbesehen des Umstands, dass die Forscher oftmals die Position des etablierten Bürgertums einnahmen. Karl Marx und Friedrich Engels, die den ausbeuterischen Frühkapitalismus Englands radikal kritisierten, stützen ihre Analysen zu großen Teilen auf just diese Sozialforschungen. Dies zeige, »dass ›bürgerliches‹ Material also offenbar auch geeignet war, eine antibürgerliche Emanzipationsschrift zu untermauern« (Kern 1982:81): Je nach Wirkungsmodell lassen sich Sachzusammenhänge sehr unterschiedlich deuten.

Die journalistische Recherche: Es begann mit dem Augenzeugenbericht

Die »statistical societies« und die parlamentarischen Enquetes mit ihren Strukturaussagen prägten die eine Seite des englischen Empirismus. Die andere galt der sinnlichen Erfahrung aus der Nähe. Diese interessierte sich für konkrete Fallgeschichten und recherchierte vermittels der teilnehmenden Beobachtung. Sie produzierte keine Statistiken, sondern lieferte hautnah erlebte und erzählte *Augenzeugenberichte*. Dies ist die journalistische Seite der britischen Vorliebe für die Empirie.

»Scripted reality« im 18. Jahrhundert
Als den ersten authentischen, journalistisch verfassten Augenzeugenbericht kann man die Schilderung von Gajus Cacilius Plinius (Plinius der Jüngere) über den Vesuvausbruch und die Zerstörung von Pompeij im Jahre 79 n. Chr. zählen (in: Briefe, Brief VI/20). Doch war er weniger bedeutsam hinsichtlich der Recherche, als vielmehr für die Geschichte der Reportage (Näheres siehe Haller 2006:29 f.). Auf der Suche nach dem ersten recherchierenden Augenzeugen werden mitunter Publizisten aus dem frühen 18. Jahrhundert ins Bild gebracht, allen voran der Kaufmann, Weltreisende, Pamphletist und Publizist Daniel Defoe (1660–1731), der nicht nur Romane, sondern auch empirisch abgestützte Geschichten schrieb, in welchen er »realistisch erfundene« Protagonisten (Malborn 1999) mit solide recherchierten Umständen und Begebenheiten vermischte. Seine bekannteste Collage ist die Story über die ungeheure Pestepidemie in London im Jahre 1665 (Defoe war damals fünf Jahre alt gewesen), die rund hunderttausend Tote gefordert hatte. Sein 1722 publiziertes, von vielen Leser als authentisch (miss)verstandenes Buch »Die Pest zu London« (Original: *A journal of the plague year*) würde man heute als Doku-Drama dem Genre »scripted reality« zurechnen. Dies wäre aber nicht das, was ich mit diesem Lehrbuch über das Recherchieren vermitteln möchte.

Die empirisch recherchierte, also an den Tatsachen orientierte und authentisch erzählte Reportage ist ein Kind des 19. Jahrhunderts und in gewisser Weise das Komplementär zu den Sozial-Enqueten. In den 1840er-Jahren entdeckten *britische Zeitungsmacher* das Thema Armut und so auch die Welt der Arbeiter und die grausamen Umstände ihrer industriellen Ausbeutung. Anhand augenscheinlicher Recherchen am Ort des Geschehens vermittelten sie dem gebildeten Publikum, wie es in den Fabriken, den Elendsvierteln und Obdachlosenheimen zuging – Verhältnisse, die das etablierte Bürgertum als ähnlich exotisch-befremdlich empfand wie die Reiseberichte aus Übersee. Nur waren es keine Weltreisenden, sondern Reporter, die mit der

Methode der teilnehmenden Beobachtung, manchmal auch getarnt als Almosenempfänger (»under cover«) über das Elend erzählten, das sich nur wenige Kilometer entfernt ereignete.

Mayhow: Sozialforscher und Journalist

Der vermutlich erste Protagonist dieses Genres war Henry Mayhew (1812–1887), den Wikipedia in einem Atemzug »englischer Sozialforscher, Journalist, Stückeschreiber« nennt. 1850 veröffentlichte Mayhew eine handfest recherchierte Artikelserie über die Lebensumstände der Armen im *Morning Chronicle*, die wegen ihrer authentischen Storys auf lebhaftes Interesse stieß. Während der folgenden zwei Jahre recherchierte Mayhew auch die Vorder- und Hintergründe des sozialen Elends und publizierte seine Sozialreportagen als Fortsetzungs-Storys in preisgünstig zu kaufenden Quartalsheften: *London Labour and the London Poor.* Etwa zehn Jahre später kam die überarbeitete Serie unter demselben Namen in Buchform heraus (Mayhew: London 1861).

Das Herausragende dieser Arbeit bestand darin, dass Mayhew wohl erstmals die Verfahren der Sozial-Enquete mit denen des vor Ort recherchierenden Reporters verknüpfte: Er durchforschte die von den Societies und Kommissionen erarbeiteten Statistiken, verteilte seinerseits Fragebögen an Fabrikanten und Geschäftsleute, holte sich Einschätzungen bei Ökonomen, durchstreifte die Armenviertel, befragte und begleitete viele Betroffene und suchte sich typische Fälle, die den Recherchebefund anschaulich machten.

Diese Mehrebenen-Methode beeindruckte das Publikum, weil es die abstrakten Strukturaussagen der Daten (Hintergrund) dank der qualifizierenden Aussagen gut ausgewählter Personen und Situationen sowie der Schilderung von Szenen (Vordergrund) nicht nur verstehen, sondern auch miterleben konnte – ein Verfahren, das erst rund 50 Jahre später mit den großen Sozialreportagen und Features Eingang ins journalistische Reporterhandwerk fand (Haller 2006:86 ff.).

Die Presse als »Vierte Gewalt«

Die große öffentliche Resonanz, die Mayhews Enthüllungen auslösten, deuten es schon an: Die Herausbildung der journalistischen Rechercheverfahren wurde vom normativen Konzept der *informationsoffenen, demokratisch verfassten Gesellschaft* (=Demokratiepostulat) befördert. Zuerst in England, dann in den USA, im späten 19. Jahrhundert auf dem europäischen Kontinent wurde den journalistischen Medien unter dem schützenden Dach der Pressefreiheit die Funktion zugeschrieben, Vorgänge und Ereignisse von allgemeiner Bedeutung auszuleuchten und offenzulegen. »Die Pflicht eines Journalisten gleicht der eines Historikers«, schrieb 1852 der damalige *Times*-Redakteur Henry Reeve, er müsse »vor allem die Wahrheit finden und seinen Lesern nicht vorsetzen, was die Regierung sie wissen lassen will« (zit. nach Requate 1995:47).

Dieser auf politische Unabhängigkeit pochende Journalismus wird in England seither »fourth estate« (Vierte Gewalt) genannt. Das Schlagwort entstammt der Parlamentsdebatte im Jahr 1803, als um die Zulassung der Presseberichterstatter gestritten und diese endlich bewilligt wurde. Es wird dem Philosophen, Staatsdenker und Parlamentarier Edmund Burke zugeschrieben, der sich für die unabhängige Presse einsetzte (Carlyle 1908:392). Nicht von ungefähr wurde diese Formel vom Chefredakteur der Times, John T. Delane für sich reklamiert: Die Journalisten wollten mit rückhaltloser Berichterstattung und aufdeckenden Recherchen die Machenschaften der politischen Elite ans Licht bringen und so der Beurteilung durch die »public opinion« zuführen – eine Funktionszuweisung, die in Deutschland erst nach Gründung der Bundesrepublik unter dem normativen Begriff »öffentliches Interesse« maßgeblich wurde.

In Großbritannien bewirkte bereits im Fortgang des 18. Jahrhunderts die Demokratisierung der politischen Institutionen, die Debattenkultur in den politischen Clubs sowie auch der Ausbau der Informationsfreiheit, dass eine breite Bürgerschicht nach parteipolitisch unabhängigen, zudem regierungskritischen Berichterstattungen und nach skandalträchtigen Geschichten verlangte. Der andere, nicht minder berühmte Satz von John Delane aus dem Jahre 1852 »Die Presse lebt von Enthüllungen« verrät, dass die Storys der in den Milieus schnüffelnden Reporter für hohe Auflagen sorgten.

Beide Qualitäten – der Grundsatz der politischen Unabhängigkeit als Grundpfeiler der »Vierten Gewalt« und die Schlüssellochperspektive der Enthüllungen – wurden von den Leserschaften geschätzt; sie sicherten den Markterfolg und damit auch die Meinungsmacht der Presse (vgl. Requate 1995:46).

Die neuen Themen: Missstände und Korruption

Journalistisches Misstrauen galt bereits damals dem Einfluss von Interessenverbänden, den krummen Geschäften der Importeure und dem Elend der Armen ebenso wie der geheimniskrämerischen Kabinetts- und Komplottpolitik der politischen Elite. Die Wiedergabe kompromittierender Äußerungen einer Staatsperson oder die schonungslose Beschreibung eines Missstands wirkten per se enthüllend. So waren zum Beispiel die Augenzeugenberichte des *Times*-Kriegskorrespondenten William Howard Russell über das Debakel der britischen Armee während des Krim-Krieges 1854/55 sensationelle Enthüllungen, die ganz England in Aufregung versetzten und Yard Aberdeens Regierung schließlich zum Rücktritt zwangen.

Viele *Times*-Recherchen erreichten jene Offenlegung staatlicher Handlungen und Vorgänge, die John Delane den an Wahrheit gebundenen Auftrag des Journalisten nannte. Die heute geläufigen, mitunter überfrachteten Formeln über die Aufgabe des Journalismus, »Vierte Gewalt« im Staate zu sein, waren seinerzeit in England und den USA plausibel (zumal »estate« nicht bedeutungsgleich ist mit »Gewalt«), weil sie den Anspruch meinten, durch zutreffend recherchierte, mithin sachrichtige Offenlegung von Missständen eine öffentliche Kontrolle der Staatsgeschäfte überhaupt erst möglich zu machen.

Dem britischen Journalismus des 19. Jahrhunderts kam der Umstand zu Hilfe, dass die sozialen Lebensverhältnisse dank der Strukturrecherchen vor allem der parlamentarischen Enquetes vergleichsweise gut erforscht waren. Auch wenn dieser Wissensfundus von den Journalisten eher ausnahmsweise ausgewertet wurde, so gab es doch immer wieder Publizisten, die diese Erhebungen als Referenz für ihre Themen und Berichterstattungen nahmen. Zutreffend und mit entsprechendem Kontextwissen über Beschlüsse und Ereignisse im Sinne des *objective reporting* zu schreiben: Dies entsprach dem Leitbild des angelsächsischen Journalismus seit der Mitte des 19. Jahrhunderts – eben jene dem Historiker verwandte quellenkritische Chronistenarbeit, von der Delane 1852 gesprochen hatte.

Das Prinzip Unabhängigkeit – ein Verkaufserfolg

Allerdings kam das Leitbild des *objective reporting* zuerst in den USA und dort bereits in den 30er-Jahren 19. Jahrhunderts auf – als eine Marketing-Strategie der neuen Massenblätter gegen die einseitig berichtenden Parteizeitungen. Vorreiter war der von James Gordon Bennett 1835 gegründete *New York Herald*. Über sein publizistisches Selbstverständnis schrieb Bennett im Mai 1835 in der Sondernummer seines *Herald*: »We shall support no party – be the organ of no faction or coterie, and care nothing for any election or any candidate from President down to a constable« (zit. nach Requate 1995:38).

Nicht die offiziellen Mitteilungen und Kolportagen, sondern eigens recherchierte Informationen möglichst umfassend und aus unabhängiger Sicht anbieten: Dieses Konzept brachte dem *Herald* einen beispielgebenden Erfolg. Populistischer Nachahmer war die *penny press*. Deren neutrales, an den Sensationen orientiertes News-Reporting garantierte »universelle Verkäuflichkeit, unabhängig von der weltanschaulichen Bindung der Klientel – und damit auch eine hervorragende Basis für das Anzeigengeschäft« (Redelfs 1996:38). Diesem Konzept folgten dann in den 1870er-Jahren die neu gegründeten Nachrichtenagenturen sowie auch zahlreiche englische Zeitungen, die mit ihren Newsstorys ein breiteres, politisch heterogenes Lesepublikum in den Städten für sich gewinnen wollten.

Die Großstadt und der Boulevard

Wegen der in den deutschen Staaten wirksamen Pressekontrolle (Lizenzzwang, Zensur, staatliches Anzeigenmonopol), aber auch wegen der obrigkeitsgläubigen Grundhaltung vieler Zeitungsleute blieb dort die Recherche lange Zeit das, was sie war: ein Fremdwort. Sie kam nicht von ungefähr erst nach Aufhebung des staatlichen Anzeigenmonopols und Lizenzzwangs (Mitte des 19. Jahrhunderts) allmählich auf. Geburtshelfer waren die *Generalanzeiger*. Sie bedienten analog zu den Massenblättern im englischsprachigen Raum mit parteipolitisch neutraler Haltung ein breites Lesepublikum in den rasant wachsenden Großstädten. In ihren Lokalteilen gingen sie Vorgängen wie auch Missständen mitunter recherchierend nach. Vorbildlich wirkte in dieser Hinsicht das 1872 gegründete *Berliner Tagblatt* mit seinen enthüllenden Polizeigeschichten, die im Übrigen einen hohen Unterhaltungswert besaßen und reißenden Absatz fanden (vgl. Requate 1995:384 f.). Dies lag indessen weniger an der journalistischen Informationsleistung, eher am boulevarden Themenfeld (Kriminalität, Prominenz, Tabubruch), welches entsprechende voyeuristische Bedürfnisse befriedigte.

Wissenschaft und Journalismus: die Entdeckung der Soziografie

Seit dem 18. Jahrhundert waren die Sozialforscher fasziniert von der »großen Zahl« (Kern 1982:50). Wie oben beschrieben, waren sie überzeugt, mit Hilfe statistischer Datensammlungen wie Naturwissenschaftler Gesetzmäßigkeiten im massenhaften Verhalten von Bevölkerungsgruppen erkennen zu können. In der Wissenschaftsgeschichte wird hierfür der Belgier Adolphe Quetelet (1796–1874), Erfinder der »Moralstatistik«, als ein Hauptvertreter genannt (vgl. Schnell et al. 2011:20).

Der Glaube an die Mega-Strukturen

In den Augen Quetelet war das Individuelle eine zufällige Besonderheit; von dieser müsse man abstrahieren und mit Hilfe abstrakter statistischer Daten die gesellschaftlichen Strukturen ermitteln und als Einflussgrößen herausarbeiten. Beispielsweise wollte er beweisen, dass Art und Umfang menschlicher Verbrechen einzig durch die jeweilige gesellschaftliche Ordnung und ihren sozialen Zustand determiniert seien. Anhand der Polizeistatistiken der Jahre 1826 bis 1831 schrieb er in seinem 1835 publizierten Buch über die Geheimnisse der »soziale Physik« dies: »Wir können im Voraus aufzählen, (…) wieviele Fälscher, wieviele Giftmischer es geben wird, fast so, wie man im Voraus die Geburten und Todesfälle angeben kann, die einander folgen müssen« (zit. nach Kern 1982:40).

Dieser Ansatz, verbunden mit seinen quantifizierenden Big-Data-Verfahren, gehörte zur neuen Ära der Massengesellschaft, zu den mechanisierten Industrien und den Millionenstädten mit ihrer anonymen Alltagswelt (der Leiter des Preußischen Statistischen Büros, Ernst Engel, war von Quetelets Ansatz fasziniert und übernahm diesen für seine Big-Data-Recherchen).

So beeindruckend manche statistischen Zusammenhänge auch waren: Die Erkenntnisse blieben abstrakt und lebensfremd. Der Sozialforscher Auguste Comte, auf den der Begriff »Soziologie« zurückgeht, ein Zeitgenosse Quetelets, monierte sowohl den Mangel an Theorie als auch an konkreter Empirie, »denn auf der einen Seite muss jede positive Theorie sich auf Beobachtungen stützen und auf der anderen Seite bedarf unser Geist einer Theorie, um sich der Beobachtung hingeben zu können« (Comte 1974:3 f.). Im Sinne Comtes kam es bald auch zu einer gegen die Statistiker gerichteten Gegenbewegung.

Die Begeisterung für die Mikrorecherche am Ort

Gegen die abstrakte Quantifizierungsrecherche entwickelte der Franzose Frédéric Le Play die qualitativ verfahrende Fallstudie: die *Mikrorecherche am Ort*. Während seines Ingenieurstudiums in Paris unternahm er mehrere Studienreisen in die Niederlande, an die Saar, in den Harz und nach Berlin. Seine Betriebsbesichtigungen nutzte er, um den Alltag und die Lebensweisen der Arbeiter und ihrer Familien genau zu beobachten. Ihm wurde deutlich, dass die vielen Facetten der individuellen, familialen und kollegialen Beziehungen in den statistischen Daten verloren gingen. Man komme, so folgerte er, den Verhältnissen viel eher auf den Grund, wenn man genügend Fälle direkt beobachte, nach durchgängigen Merkmalen suche und dann typische Fälle auswähle und monografisch festhalte. Dass auch dieses Verfahren dazu verleitet, vor allem das zu finden (zu sehen), was man zu finden erwartet, d. h. vorurteilsbestätigend zu selektieren: Diese Erwägung kommt in Le Plays Methodenreflexionen nicht vor.

Unterwegs mit der »monografischen Beobachtung«

In den folgenden Jahren, nun Professor an einer Hochschule für Bergbau, bereiste Le Play fast alle Industrieländer Europas und studierte das Familienleben der Arbeiter. Nach Maßgabe seiner zunehmend konservativen Haltung definierte er die Familie als Basis der sozialen Verfassung der Gesellschaft. In den vielen hundert Monografien, die in seinem 1855 in Paris publizierten Werk »Les ouvriers européens« versammelt sind, wollte er u. a. zwei durchgängige Bedingungen für das »Glück der Gesellschaft« entdeckt haben: Jeder müsse im Kontext seines Familienlebens »sein täglich Brot« haben und jeder solle »das Gesetz der Moral« (insb. Ordnungs- und Sparsinn) praktizieren – erstaunlich einfache Antworten für eine vieljährige Forschungsarbeit. Vielleicht war hier das Vorurteil einer der Antwortgeber, jedenfalls stellten spätere Sozialforscher die Aussagekraft ausgewählter Fälle sowie die Authentizität verschiedener seiner Monografien in Frage, zumal Nachprüfungen ergaben, dass Le Play mitunter schlampig recherchiert hatte (Reuß 1913:86 ff.).

Unter der Sicht der Methodengeschichte liegt die Bedeutung le Plays erstens darin, dass er das wissenschaftliche Recherche-Instrumentarium um das Verfahren der *monografischen Beobachtung* erweitert hat. Und zweitens in der Idee, aus einer größeren Zahl von Fallstudien wenige »typische Fälle« (pars pro toto) zu identifizieren, um das von ihm Erkannte anschaulich zu machen. Zwar vermochte Le Play nicht einzusehen, dass sich die Auswahl solch typischer Fälle nur anhand von Strukturkenntnissen, nicht aber nach Maßgabe subjektiv-intuitiver Eindrücke rechtfertigen lässt. Andere Sozialforscher indessen sahen die Chance, die in der Verbindung von quantitativen und qualitativen Rechercheansätzen steckt: Das datenbasierte Strukturwissen über den Gegenstand liefert genügend Anhaltspunkte, um typische Fälle auswählen und beschreiben zu können. Die so gewonnenen monografischen Fallstudien ermöglichen es, das Realverhalten der Menschen in ihrem Lebensalltag besser zu verstehen.

»Mit offenen Augen durch die Welt«

Als richtungsweisend für diese fruchtbare Verschränkung mehrerer Recherchierverfahren zu einem *komplexen Methodenset* gelten die Arbeiten des Frankfurter Privatgelehrten Gottlieb Schnapper-Arndt (1846–1904). Er interessierte sich für die von Karl Marx erwähnte »hausindustrielle« Bevölkerung, und hier für den Übergang vom Bauernleben zum kargen Dasein als Heimarbeiter.

Nahe bei Königstein im Taunus besuchte er in einem Hochtal die dortigen Bewohner. Er beschaffte sich sozialstatistisches Material, um den Strukturhintergrund zu verstehen, wertete Dokumente und Presseberichte aus; er beobachtete und befragte die Leute, studierte Polizeiakten und produzierte selbst Mikrostatistiken über die Tagesverläufe und Lebensweise der Bauern, Arbeiterinnen und Arbeiter inklusive deren Budgets. Er registrierte die Wohnverhältnisse, die Nahrung und den physischen Zustand, zudem die moralische Verfassung auch der Frauen und Kinder, die in der Nagel- und Drahtwarenfabrikation ohne jede soziale Absicherung schufteten.

Aus seinen Recherchen entstand die Soziografie »Fünf Dorfgemeinden aus dem Hohen Taunus – eine sozialstatistische Untersuchung über Kleinbauerntum, Hausindustrie und Volksleben«, die 1883 in Buchform erschien (Neuauflage Allensbach/Bonn 1975) und die noch heute ein lehrreiches Beispiel für das Zusammenspiel wissenschaftlicher und augenscheinlicher Recherche darstellt, zudem konkret-anschaulich geschrieben und mit episodischen Erzählungen angereichert.

Schnapper-Arndt sei »durch und durch Empiriker. Er ging mit offenen Augen durch seine Welt, unvoreingenommen und lernfähig«, schreibt der Sozialwissenschaftshistoriker Horst Kern (1982:61) – Qualitäten, die für den seriösen Rechercheur, ob Wissenschaftler oder Journalist, unabdingbar sind.

Der *Verein für Socialpolitik*

Gegenüber England kam in Deutschland »die Umbildung zur kapitalistischen Industriegesellschaft« mit enormer Verzögerung erst im letzten Viertel des 19. Jahrhunderts in Fahrt (Schnell et al. 2011:23). Und wie zuvor in England und Frankreich, so entdeckten nun auch in Deutschland die bürgerlichen Gruppen und Parteien die Sozialforschung, um die »soziale Lage« der Arbeiter zu verstehen und problemlösende sozialpolitische Reformen anzuregen.

Der nach britischem Vorbild 1872 in Eisenach ins Leben gerufene »Verein für Socialpolitik« führte in den folgenden vier Jahrzehnten zahlreiche Enqueten durch, zuerst über die Effekte der Fabrikgesetzgebung, dann über das Lehrlingswesen, weiter über die Landwirtschaft, über Wohnungsnot und über den Wucher, dem insbesondere die kleinbäuerliche Bevölkerung unterworfen war. Großes Aufsehen erregte die 1889 veröffentlichte Enquete über die Arbeitsverhältnisse der Hausindustrie (Schäfer 1971:197).

Es war Schnapper-Arndt, selbst Mitglied des Vereins, der bei manchen dieser Studien die in methodischer Hinsicht noch fragwürdigen Rechercheverfahren monierte: die mangelnde Qualität der Datenbasen und den Dilettantismus bei der Durchführung und Auswertung von Befragungen. Beispielsweise wurden Aussagen von Interessensvertretern und Betroffenen vermischt und singuläre Äußerungen kurzerhand verallgemeinert. Diese Kritiken halfen; nach und nach professionalisierte sich die sozialwissenschaftliche Recherche nach dem Muster »learning by doing«.

Die Rechercheure des *Vereins für Socialpolitik* übten sich vor allem in der Fragebogentechnik. Beispielswiese entwickelten sie für ihre Enquete über »Die Verhältnisse der Landarbeiter im ostelbischen Deutschland« 1892 zwei Fragebögen: einen ausführlichen, zu Teilen standardisiert, der an die persönlich adressierten Gutsbesitzer ging und nicht nur nach Größe und Art der Güter, sondern auch nach der Beschäftigung ihrer Arbeiter, nach deren Einkommen, nach Arbeitszeiten und Bildungsmöglichkeiten, nach Frauen- und Kinderarbeit sowie Alters- und Krankheitsversorgung fragte. Um der Vergleichbarkeit willen brachte man viele Fragegegenstände in die Form von Antwortkategorien. Der zweite Fragebogen ging an die »Generalberichterstatter« größerer Bezirke und stellte in der Art eines Leitfadens Einschätzungsfragen zu speziellen Problemfeldern.

Die Erhebung lief postalisch. Vom ersten Fragebogen wurden 3.180 verschickt; 2.277 kamen zurück, was einem Rücklauf von 72 Prozent entspricht. Der zweite Fragebogen erreichte 562 Personen, doch nur 291 sandten ihn ausgefüllt zurück. Ob und wie sich die Antwortenden vom Gesamt der Befragten unterschied, wusste man nicht (Heckmann 1979:52). Mit der Auswertung der gesamten Erhebung wurde der damals 28-jährige Max Weber betraut.

Max Weber und die »Werturteile«

Fünfzehn Jahre später engagierten sich die inzwischen renommierten Brüder Alfred und Max Weber mit einer großangelegten Enquete über »Berufsschicksale der Industriearbeiter« mit der ebenso schwierigen wie bedeutsamen Forschungsfrage: Wie (weit) wird die Persönlichkeit des Arbeiters durch die Eigenart der modernen Fabrikorganisation geprägt? Rahmenbedingungen und Umstände der Arbeiterexistenz waren bereits erforscht. Das Forschungsinteresse richtete sich nun drauf, wie diese Gegebenheiten auf die Befindlichkeiten der Industriearbeiter wohl einwirken – eine diffizile Frage, weil es um die psychische Verfassung der Menschen ging und man Antworten indirekt vermittels von Indikatoren zu finden hoffte.

Für die weitere Ausformung der methodischen Recherche gewann diese Enquete auch aus einem weiteren Grund Bedeutung. Die Brüder Weber wollten – im Unterschied zu den Mitforschern Robert Liefmann, Rudolf Goldscheid und Gustav Schmoller – keine auf sozialpolitisch gewollte Zwecke gerichtete, sondern eine allein wissenschaftlich intendierte Aufklärung. In mehreren Aufsätzen (zw. 1904 und 1909) erläuterte Max Weber diese Sicht der Dinge: Die empirische Forschung (zu der auch das methodische Recherchieren zählt) solle zwar praxisrelevante Fragen beantworten; doch es könne niemals ihre Aufgabe sein, »bindende Normen und Ideale zu ermitteln« (Weber 1985:149 f.). Sie solle, mit anderen Worten, nicht im Dienste politischer Wert- oder Zweckvorstellungen stehen, vielmehr ›nur‹ Aufklärung betreiben – gegebenenfalls auch Aufklärung darüber, welche Werturteile bei welchen Teilen der Gesellschaft verbreitet sind.

Die damit verlangte scharfe Trennung zwischen der sozialpolitischen und der sozialforscherischen Intention (»Zwecke«) ging in die Wissenschaftsgeschichte unter dem missverständlichen (von Weber benutzten) Begriff »Werturteilstreit« ein. Für die Recherche müsste man aus Webers Ansatz, konsequent gedacht, schlussfolgern, dass ihr nur eine zweckfrei-instrumentelle Funktion zukäme. Offen bleibt hier, auf welche Weise das Forschungsinteresse entsteht, das die Forschungsfrage und damit auch den Gegenstand und die Methoden determiniert. Immerhin war man sich soweit einig, dass der Sozialforscher in erster Linie zur Aufgabe habe, *»festzustellen und objektiv zu beweisen, daß etwas ist«*; nur so komme eine *»objektive Verständigung über irgend etwas, was ist«*, zustande (Sombart 1909:567 ff.). Von Max Weber vehement abgelehnt wurde indessen die Vorstellung, die Sozialforscher sollten darüber hinaus im Dienste eines politischen Ziels, etwa eines irgendwie gewollten »Volkswohls« stehen. Dass die Nähe der Sozialforscher zu unternehmerischen Interessen zu ideologieverdächtigen Deutungen führen kann, zeigte uns ja bereits das Beispiel der englischen *Statistical Societies.*

Doch auch umgekehrt: Unser Schnelldurchgang durch die Geschichte der Rechercheverfahren machte deutlich, dass sich das Aufklärungsinteresse von normativen Vorstellungen – zum Beispiel über das, was Glück oder Freiheit oder Gerechtigkeit in der Lebenswelt einer Gesellschaft bedeutet und stärkt – sich nicht einfach abtrennen lässt. In den seither vergangenen hundert Jahren wurde gelernt, dass die Sozialwissenschaft über ihre mit der Forschungsfrage verbundenen, oftmals impliziten Wertvorstellungen selbst reflektieren und ihre eigenen Interessen offenlegen muss. Denn diese Vorstellung (oder, in der Begrifflichkeit von Habermas: das Erkenntnisinteresse) definiert die Forschungsfragen und den Forschungsansatz, aus dem sich die Methodenwahl ableitet. Beispiel: Hinter der Analyse eines Arbeitslosenregisters und seiner Kategorien stehen andere Verwertungsinteressen als hinter der teilnehmenden Beobachtung des Arbeitsalltags in einem Arbeitsamt (heute sprachlich zur »Agentur« verfremdet) oder dem der Familie eines Arbeitslosen.

Dieser innere Zusammenhang wird vor allem dort deutlich, wo das Aufklärungsinteresse nicht auf Strukturbeschreibungen, sondern auf soziale Konflikte gerichtet ist.

Denn die Wahrnehmung eines sozialen Konflikts impliziert bereits die Idee der Konfliktlösung (normativ gedacht: Modelle sozialer Gerechtigkeit), letztlich auch sozialpolitisches Handeln mit seinen Handlungsalternativen.

Die Praxis der Feldforschung

Als die von Alfred und Max Weber geleitete Enquete über die Befindlichkeiten der Industriearbeiter zwischen 2009 und 2011 in der Feldphase war, zeigten sich Rechercheprobleme, die auf solch normativ zu erklärende Interessen zurückgingen. Die Hauptuntersuchung sollte aus einer schriftlichen Befragung der Arbeiter sowie der Beobachtung von Arbeitsabläufen in den Betrieben bestehen. Die Erhebung scheiterte fast vollständig, weil annähernd alle befragten Arbeiter eine Kooperation verweigerten: Von rund 12.000 verteilten Fragebögen wurden nur 740 ausgefüllt (Bernays 1910).

Über die Gründe jener strukturellen Verweigerung wurde damals viel spekuliert und publiziert. Rechercheure berichteten, dass die Vertrauensleute der Gewerkschaften den akademischen Forschungszielen misstrauten. »Das ganze Verfahren macht auf mich den Eindruck, als ob die Berliner Ortsverwaltung (des Metallarbeiterverbandes, M. H.) dieser Professorenerhebung eine Art passiven Widerstand entgegengesetzt hätte« (zit. nach Kern 1982:98). Zudem fanden wohl viele Arbeiter, dass sie derart intime Dinge – ihre persönlichen Empfindungen und Einstellungen – nicht über einen anonymen Fragebogen einer distanziert-akademisch wirkenden Professorenrunde preisgeben wollten. Nur die junge Sozialforscherin Marie Bernays, die die Erhebung in der *Gladbacher Spinnerei und Weberei AG* durchführte, war erfolgreich. Im Unterschied zu ihren Kollegen hatte sie selbst Erfahrungen als Fabrikarbeiterin gesammelt. In dem zu untersuchenden Betrieb war sie zunächst während mehrerer Monate in der Rolle einer Spulerin tätig und baute in der Belegschaft Vertrauen auf. Sie hatte gegenüber der Unternehmensleitung ihre Forschungsabsicht offengelegt und man hatte ihr Unterstützung zugesagt. Die anschließende Fragebogenerhebung lief offen und ohne Misstrauen ab – und war erhebungstechnisch ein voller Erfolg: praktisch alle Arbeiter machten mit (Bernays 1910).

Letztlich führte diese so aufwendig in Szene gesetzte Enquete zu keinen bemerkenswerten Erkenntnissen über die psychische Verfasstheit der Arbeiter. Denn diesem Erhebungskonzept »mangelte es an einer überzeugenden methodischen Erfassung der subjektiven Dimension: der Einstellungen, Orientierungen und Verhaltensweisen, die die Arbeiter in der Konfrontation mit den objektiven Lebensverhältnissen ausbilden« (Kern 1982:100). Wie gesagt: Die Ausnahme war die Fallstudie von Marie Bernays.

Die Entdeckung der sozialempirisch recherchierten Reportage

Das Ausnahmebeispiel Marie Bernays zeigt die Probleme der akademischen Recherche im Umgang mit ihren Objekten: Sollte der Rechercheur eine möglichst distanzierte Position einnehmen und ganz neutral beobachten – oder darf er sich auf die Verhältnisse einlassen, gar seine persönlichen Beobachtungen und subjektiven Erlebnisse in die Auswertung einbeziehen?

Das Besondere der teilnehmenden Beobachtung

In der Tradition des angelsächsischen Empirismus wollten die Forscher die Phänomene, Strukturen oder Zusammenhänge so beschreiben, wie wenn es den Beobachter am Ort nicht gegeben hätte: Die Recherche sollte für jeden rational nachvollziehbar, von anderen gegebenenfalls auch wiederholt werden können (auch wenn sich in der sozialen Welt das Objekt fortlaufend verändert und insofern zu neuen Befunden führt). Die große Popularität der statistischen Methoden war ja auch dem Glauben geschuldet, dank der quantitativen Verfahren den Beobachter ausgeschaltet und insofern *objektive Ergebnisse* gewonnen zu haben. Deren besonderer Erkenntniswert wurde darin gesehen, dass sie allgemein gültig seien: Dem Erkenntnisinteresse der tonangebenden Sozialforscher zufolge hatte das Allgemeine gegenüber dem Besonderen den höheren Erkenntniswert.

Demgegenüber entdeckten Soziografen, Schriftsteller und Publizisten die stärkere Aussagekraft des Besonderen als Ausprägung, oft genug als Brandmahl des Allgemeinen. Nicht die statistischen Korrelationen, sondern das Eigentümliche, hier: die individuellen Arbeiterschicksale, offenbarte die psychischen Effekte kapitalistischer Ausbeutung. Nicht Zahlen, sondern anschauliche Einzelfallrecherchen konnten zeigen, wie es kommt, dass inmitten der statistisch gesehen prosperierenden Gesellschaft so viele Menschen vor Hunger starben. Nicht Fragebogenkategorien, sondern arrangierte Szenen brachten den Nachweis, dass entgegen der Sozialgesetzgebung Menschen de facto wie Sklaven gehandelt wurden.

Den Zugang zur dunklen Seite der kapitalistischen Industriegesellschaft fanden nicht die Sozialwissenschaftler, sondern die Journalisten, ausgestattet mit dem Werturteil, dass ihre aufdeckenden Recherchen, indem sie Missstände enthüllen, im Dienste der Menschenwürde stehen. Die Methode der Wahl war die materialreich *recherchierte teilnehmende Beobachtung*, journalistisch formuliert: die verdeckte, meist »under cover« durchgeführte Reportage.

Die Mobilisierung der öffentlichen Meinung

Am 4. Juli 1885, einem Samstag, erschien die Londoner Morgenzeitung *Pall Mall Gazette* mit einer auf der Titelseite groß aufgemachten Warnung: »Diejenigen, die zartbesaitet oder prüde sind, auch jene, die so gutgläubig und naiv sind, dass sie die grausame Realität Londons nicht ertragen – ihnen allen wird ausdrücklich angeraten, die Zeitungsausgabe vom Montag, 6. Juli sowie die folgenden drei nicht zu lesen.«

Die Warnung wirkte. Als am Montag die Zeitung mit der Schlagzeile »The Maiden Tribute of Modern Babylon« herauskam, war der Skandal perfekt. Denn die Geschichte handelte davon, dass hochgestellte Londoner sich Mädchen im Kindesalter von 13 oder 14 Jahren als Sexsklavinnen kauften. Es seien (mit ärztlichem Attest vorab bestätigte) ahnungslose Jungfrauen, über deren Entsetzen sich die Herren amüsierten. Geliefert wurde die »unverdorbene Ware« von Zuhälterinnen, die in den Armenvierteln der Stadt nach geeigneten Mädchen Ausschau hielten. Das Schutzalter, so forderten soziale Organisationen, sollte endlich auf 16 Jahre heraufgesetzt werden, doch die Herren Parlamentarier schoben die Gesetzesnovellierung auf die lange Bank.

Die Artikelserie war sofort in aller Munde und führte innerhalb weniger Tage zu Protestkundgebungen und Eingaben ans Unterhaus. Denn das, was da geschildert wurde, waren authentische Berichte und unverblümte Schilderungen, wie man sie bislang noch nicht gelesen hatte. Sie stammten aus der Feder des *Pall Mall*-Chefredakteurs William Thomas Stead, einem 46-jährigen Mann aus streng protestantischem Elternhaus, verheiratet und Vater von sechs Kindern, der fünf Jahre zuvor nach London gekommen war, in der Überzeugung, dass die Presse die Missstände aufdecken und die öffentliche Meinung zugunsten der Schwachen und Armen mobilisieren müsse.

Stead glaubte an die Segnungen der Demokratie und hoffte, dass eine *kritische Öffentlichkeit* die Politik zwingen werde, für mehr Gerechtigkeit zu sorgen. Ähnlich wie Charles Dickens (»Oliver Twist«) wollte er das durch Privilegien zementierte Unrecht und das mit der rasanten Industrialisierung entstandene Elend in Englands Großstädten aufdecken. Doch im Unterschied zu Dickens wollte er keine Romane schreiben, sondern Tatsachen schildern.

Er recherchierte in den Armenvierteln, unter Obdachlosen und in Krankenhäusern. Er beobachtete und befragte, bis er verstanden hatte, wer die Profiteure sind und wer die Verlierer. Stead war auch ein guter Verkäufer seiner Themen. Er wusste, wie eine Schlagzeile klingen muss, wenn sie von den Kolporteuren ausgerufen wird. Und wie weit ein Bericht zugespitzt werden darf, ehe die Obrigkeit einschreitet oder ein Strafverfahren droht. Der Schriftsteller und Literaturkritiker Matthew Arnold (1822–1888), ein Zeitgenosse, schrieb voll Anerkennung, Stead habe den Journalismus neu erfunden (Neiman1957: 84–92). Von Arnold stammt der Begriff »new journalism«.

Die Under-Cover-Recherche des William Thomas Stead

In der Zeit, als Stead die Redaktionsleitung der *Pall Mall Gazette* übernahm, kämpften mehrere Frauenorganisationen mit Unterstützung der Heilsarmee gegen die grassierende Kinderprostitution. London galt in ganz Europa als »Sündenbabel«, wo Kinder vergewaltigt und anschließend an Bordellbesitzer weitergereicht wurden. Wenn sie fliehen konnten, fanden sie kein Recht, weil sie vor dem Richter als Minderjährige nicht aussagen durften und die Zuhälterinnen behaupteten, sie hätten sich freiwillig hingegeben.

Stead und seine Mitstreiter wollten diese skandalösen Zustände so aufdecken, dass beim Gesetzgeber keine Ausreden, keine Verharmlosungen oder Verschleppungen mehr möglich würden. Stead legte sich eine andere Identität zu und nahm mit einschlägigen Zuhälterinnen Kontakt auf. Ihnen gegenüber spielte er die Rolle des potenten Kunden, der »frische, gute Ware« wünsche. Nach und nach brachte er die Zuhälterinnen dazu, immer ausführlicher über ihre Geschäftspraktiken zu erzählen. Weitere *Pall Mall*-Journalisten recherchierten ebenfalls verdeckt; sie agierten auf der Seite der Prostituierten, eine Mitarbeiterin spielte auch mal Bordellbesitzerin, um herauszufinden, ob Polizisten und Staatsanwälte mit unter der Decke steckten.

Doch Stead wollte nicht nur Berichte Dritter (also Kolportagen), sondern unwiderlegbare Beweise. Zu diesem Zweck gab er sich als Kunde aus und ließ sich ein 13-jähriges Mädchen bringen, das von der Zuhälterin zuvor mit Chloroform betäubt worden war. In seiner Hotelsuite hatte er verdeckt beobachtende Zeugen installiert. Nach dem Kauf ließ er die Unversehrtheit attestieren und übergab das Mädchen der Heilsarmee; diese brachte sie nach Frankreich, damit sie nicht verfolgt und erpresst würde.

Im Viktorianischen England, wo bereits ein nackter Frauenfuß als obszön galt, wirkte die Anschaulichkeit, mit der Stead die Vorgänge beschrieb, als ungeheuerlich. Die Überschriften der Serie (»The Violation of Virgins«, »How Girls Were Bought and Ruined«, »A Child of Thirteen bought for £5«) empörten die Vertreter der Upperclass. Sie sorgten dafür, dass der Großhändler W. H. Smith, der zudem alle wichtigen Verkaufsstellen besaß, den Vertrieb der Zeitung verweigerte. Doch sie bewirkten damit das Gegenteil: Sogleich meldeten sich hunderte Freiwillige, um die Zeitungsausgaben zu verkaufen. Die Heilsarmee übernahm die Organisation des gesamten Straßenverkaufs; viele Schriftsteller, auch Bernhard Shaw, telegrafierten und boten Unterstützung an. Vor der Druckerei bildeten sich große Menschentrauben, die sich die jeweilige Ausgabe aus der Hand rissen; schon am Nachmittag wurden Steads Geschichten auf dem Schwarzmarkt zum fünffachen Preis gehandelt. Die Auflage, regulär um 12.000, explodierte regelrecht. In der Woche im Juli 1885, während der die Serie lief, wurden mehr als hunderttausend verkauft.

Wenige Wochen nach den Enthüllungen beschloss das Unterhaus die Gesetzesänderung und erhöhte das Schutzalter von 13 auf 16 Jahre. Allerdings hatte die Enthüllungsgeschichte ein Nachspiel: Die Eltern des 13-jährigen Mädchens, sie hieß Eliza Armstrong, gaben an, dass sie niemals gefragt worden seien und es sich demnach um eine (strafbare) Entführung gehandelt habe, die Stead und seine Leute organisiert hätten. Es war ein gefundenes Fressen für die Justiz. Sie machte Stead und seinen Mitstreitern den Prozess und steckte den Journalisten, nun endgültig ein Volksheld, für drei Monate ins Gefängnis (Haller 2012:106 f.).

Die Entwicklung der investigativen Recherche

Die vom Journalisten Stead verwendeten Methoden machten Schule: das Rollenspiel, exemplarische Fälle, welche pars pro toto analysiert wurden, Experimente in Form inszenierter Szenen, verdeckte Situationsbeobachtungen unter Hinzuziehung von Zeugen. Beispielgebend war auch Steads Umsetzung der Ergebnisse in Form authentisch und hautnah erzählter, griffig aufbereiteter Erlebnisgeschichten (Reportagen).

Diese Form der *recherchierten Reportage* leistete nicht nur Aufklärung, sondern vermittelte den Lesern auch das Gefühl, dass die sozialen Missstände überwindbar seien. Die boomenden Industrieregionen jener Zeit – neben England vor allem der Osten der USA – waren geprägt von krassen sozialen Gegensätzen und den für die Betroffenen undurchsichtigen Machtstrukturen. Die recherchierten Geschichten gaben den Schuldigen wie auch den Opfern ein Gesicht. Sie stellten Öffentlichkeit her und nannten, um in der Journalistensprache zu bleiben, für alle Leser erkennbar Ross und Reiter.

Auch in den USA entwickelten neu gegründete Wochenmagazine die auf Enthüllung gerichtete, vermittels teilnehmender Beobachtung authentisch erzählte Skandalrecherche. Das Neue lag auch darin, dass nicht mehr über Ereignisse berichterstattet, sondern die Verhältnisse aus der Sicht der Betroffenen (bzw. der Schwächeren) aufgegriffen und zum Gegenstand der Recherche genommen wurden. Die Publizisten erkannten, dass ihre enthüllenden Storys nicht nur viele Leser fanden; sie machten auch die Machtverhältnisse »von unten« erfahrbar und erzielten damit große emotionale Wirkung. Reporter, die mit riskanten Methoden »*under cover*« recherchierten, verfügten über eine hohe Glaubwürdigkeit, wenn sie Korruption, unlautere Machenschaften und Ausbeutung durch brutale Großunternehmer anprangerten.

Fast zeitgleich mit Steads *Pall Mall*-Enthüllungen begann in den USA die Ära der *Muckraker*, der »Miststocherer«, wie Präsident Theodore Roosevelt in einer Rede im April 1906 diesen populär gewordenen Journalismus verärgert nannte (die Metapher entlehnte er dem Erbauungsschriftsteller John Bunyan aus dem 17. Jahrhundert, der das Märchen vom Mann erzählte, der auf seine Gabel starrt, mit der er den Mist zusammenkehrt, und nicht sieht, dass ihm zum Tausch eine kostbare Krone gereicht wird). Bald aber galt die Muckraker-Etikette in der Öffentlichkeit als Auszeichnung für unbestechlich recherchierende Journalisten, die, gestützt von der politischen Bewegung des »progressive movements«, mit ihrem »investigative reporting« die Perspektive der Zukurzgekommenen einnahmen (Redelfs 1996:76). Die Intention jener Rechercheure war deutlich: Man wollte – auch gegen den Widerstand mächtiger Gruppen und einflussreicher Personen – hinter die Kulissen blicken, die Umstände und Hintergründe analysieren und die Akteure grell ausleuchten.

Journalistinnen recherchieren investigativ

Unter ihrem Pseudonym Nellie Bly erlangte die amerikanische Reporterin Elizabeth Cochrane (1864–1922) große Popularität. Sie schmuggelte sich mit wechselnden Alias-Namen in Behörden, Krankenhäuser, Gefängnisse und Unternehmen ein, um enthüllend recherchieren und authentisch schildern zu können. Gerade erst 22-jährig, wurde sie Reporterin bei der *New York World*, einer Zeitung, die zum Pulitzer-Konzern gehörte. 1886 untersuchte sie die Zustände in einem Asyl für nervenkranke Frauen auf der New Yorker Blackwell's Island im East River. Um die Situation der Frauen genau erfassen zu können, ließ sie sich als Patientin einweisen. Authentisch schilderte sie, wie man mit den Patientinnen umging und zeigte auf, dass viele psychische Erkrankungen auf entwürdigende Lebensumstände dieser Frauen zurückgingen. Ihre Artikelserie »Ten Days in a Mad-House« erschien 1887 (auf Deutsch: Bly, Berlin 2012). Das verdeckte Recherchieren wurde in den folgenden Jahren ihr Markenzeichen – aber nicht nur dieses. Denn ein Jahr später sollte sie im Auftrag ihrer Zeitung Jules Vernes Roman »In 80 Tagen um die Welt« einem Realitätscheck unterziehen. Also reiste sie auf Vernes Reiseroute um den Globus und schaffte die Tour in 72 Tagen, 6 Stunden und 11 Minuten. Ihr Mut, dieses Abenteuer ohne männliche Begleitung durchgestanden zu haben, ermutigte viele ihrer Leserinnen, sich aktiv für die Rechte der Frauen einzusetzen.

Zu den berühmtesten Enthüllungsrecherchen jener Jahre zählt die Arbeit der Reporterin Ida M. Tarbell (1857–1944) über die korrupten Geschäftspraktiken von Rockefellers Standard Oil Company, eine Recherche, für die ihr Verleger Samuel McClure rund 50.000 Dollar ausgegeben haben soll. Tarbell, naturwissenschaftlich ausgebildet, hatte gelernt, dass es darauf ankommt, alle Seiten des Problems (bzw. alle Parteien eines Konflikts) darzustellen; auch war sie überzeugt, dass sie bei ihren Lesern nur mit sachrichtigen, detailgenauen und allgemeinverständlichen Darstellungen Glaubwürdigkeit gewinne. Ihre Enthüllungen erschienen als Serie über 20 Artikel im *McClure's Magazine* von November 1902 bis Juli 1903 und Dezember 1903 bis Oktober 1904 unter dem Titel »The Story of Rockefeller – History of the Standard Oil

Company«. Ihre in den Folgejahren weitergeführten Recherchen darüber, wie Rockefeller Antitrust-Bestimmungen umging und Mitbewerber in den Bankrott trieb, führten schließlich dazu, dass US-Präsident Roosevelt 1905 eine Untersuchungskommission einsetzte; im November 1906 wurde gegen Standard Oil Anklage erhoben.

Unterwegs mit dem Kochgeschirr
Der Schriftsteller und Journalist Upton Sinclair (1878–1968) war ein bedeutender Vertreter des »investigative reporting«. In seiner 1962 erschienenen Autobiografie schrieb er über seine Zeit als »muckraker«: »Also begab ich mich im Oktober 1904 nach Chicago und lebte sieben Wochen lang unter den Lohnsklaven des Rindfleischtrusts; so nannten wir sie damals [...] Ich streifte herum; dünn und bleichgesichtig, teils aus Unterernährung und teils vor Entsetzen. Mir schien, als stünde ich vor einer wahren Festung der Unterdrückung. Wie diese Mauern durchbrechen oder abtragen? [...] Ich saß abends in den Wohnungen der Arbeiter, der ausländischen wie der einheimischen; sie berichteten, und ich notierte alles. Tagsüber durchforschte ich die Schlachthöfe und meine Freunde riskierten den Arbeitsplatz, um mir zu zeigen, was ich sehen wollte. Ich war kaum besser gekleidet als die Arbeiter und merkte, daß der einfache Trick, ein Kochgeschirr zu tragen, mir überall Zugang verschaffte [...] Wollte ich irgendwo genauer recherchieren, ging ich mehrmals durch denselben Raum. Ich durchstreifte den Stadtteil, sprach mit Rechtsanwälten, Ärzten, Dentisten, Krankenschwestern, Polizisten, Politikern, Immobilienmaklern [...]« (zit. nach Herms 1978:31).

Sozialforschung und Sozialreportage

Auch in den Großstädten des europäischen Kontinents entdeckten verschiedene Journalisten, die sich über das soziale Elend empörten, die Rolle des recherchierenden Reporters, der nicht distanziert berichten, sondern über seinen Augenschein authentisch erzählen will. Im deutschen Sprachraum beispielgebend war der Österreicher Max Winter (1870–1937), seit 1895 Reporter der sozialistischen *Arbeiter-Zeitung*. Für seine um die Jahrhundertwende publizierten *Sozialreportagen* etwa über die Obdachlosen von Wien (1898) wählte er dieselbe Methode der verdeckten Recherche per teilnehmender Beobachtung wie Cochrane, Sinclair und zuvor Stead (vgl. Riesenfellner 1987:192 ff.).

Aufsehen erregte seine 1902 publizierte Reportage über die »Kanalstrotter«: Lumpenproletarier, die Knochen und Fett aus der Wiener Kanalisation fischten, um sie an die Seifenindustrie zu verkaufen. Um mit diesen Menschen in Kontakt zu kommen, stieg er als Strotter verkleidet in die Wiener Unterwelt.

Mehrere große Themen recherchierte Winter – auch darin wie Stead und Tarbell – mit sozialwissenschaftlicher Gründlichkeit. Auf die akribische Materialbeschaffung und -auswertung folgte die offene, manchmal auch verdeckte teilnehmende Beobachtung, sodann Gespräche mit Zeugen, mit Betroffenen und Akteuren, je nach Objekt mal mit, mal ohne Leitfaden. Er selbst nannte manche seiner Artikel und Artikelserien auch »Studien«, »Untersuchungen«, »Forschungs-« oder »Inspektionsreisen« (Houska 2003).

Von 1905 bis 1908 untersuchte er die ausbeuterischen Arbeitsbedingungen in den Fabriken im Böhmerwald. Er wertete Beschwerdebriefe aus, untersuchte Pachtverträge, analysierte Gesetzestexte und befragte Personen seines Vertrauens vor Ort. Seine augenscheinlichen Reisen zu den Fabriken unternahm er inkognito. Seine Ergebnisse veröffentlichte die *Arbeiter-Zeitung* im Sommer 1908 in einer achtteiligen Serie: »Die Blutsauger des Böhmerwaldes«.

Winters größter journalistischer Erfolg war »Der Fall Hofrichter«, den er 1910 publizierte. Dank akribischer Aktenauswertungen und vieler Befragungen konnte er Missstände und Willkür der Militärgerichtsbarkeit so stichfest belegen, dass diese in der Folge reformiert werden musste. Seinen beträchtlichen Rechercheaufwand erläuterte er im Text, um die Objektivität der Sachverhalte hinter der Geschichte herauszustellen. Zugleich sicherte ihm die Offenlegung seines Vorgehens auch Glaubwürdigkeit und Respekt (vgl. Houska 2003; Haas 2006).

Über die journalistische Recherchearbeit schrieb Max Winter 1914, der Journalist solle »alles mit eigenen Augen schauen, und was man sich nicht zusammenreimen kann, durch Fragen bei Kundigen herausbekommen, dabei aber nie vergessen, mit welchen persönlichen Interessen der Befragte an die Sache gekettet ist und danach die Antwort einschätzen, werten, anwenden. Nie etwas besser wissen wollen, erst sich belehren lassen durch das Geschaute und Erfragte, Beobachtete und Nachgelesene, dann aber ein eigenes Urteil bilden« (in: Chemnitzer Volksstimme 1914, Quelle: http://anno.onb.ac.at/cgi-content/anno?aid=aze).

Dem Beispiel Max Winter folgte der aus Prag stammende, in den 20er-Jahren berühmt gewordene »rasende Reporter« Egon Erwin Kisch, dessen besondere Stärke freilich weniger in der Recherche als im schriftstellerischen Erzählen zu finden ist (Näheres: Haller 2014:184 ff.).

Wissenschaft und Journalismus: Die soziale Wirklichkeit erkennen und verstehen

Die von Journalisten vom Schlage Max Winters genutzte Methodenvielfalt, ihr Spiel mit Distanz (Daten) und Nähe (Authentizität) verhalf ihren Sozialreportagen zu einer Tiefenschärfe, von der die damaligen Sozialwissenschaftler nur träumen konnten. Ihre große Popularität wirkte auch auf sozial engagierte Intellektuelle, die ihrerseits einen Beitrag zur Aufklärung der sozialen Lage der Arbeiter leisten wollten.

Eine besondere Rolle spielte hierbei der Theologe Paul Göhre (1864–1928), der »die volle Wahrheit über die Gesinnung der arbeitenden Klassen, ihre materiellen Wünsche, ihren geistigen, seelischen, religiösen Charakter« in Erfahrung bringen wollte (Göhre 1891:2). In der Art der Sozialreporter spielte er während mehrerer Monate die Rolle des Fabrikarbeiters und verfasste darüber ein Buch (»Drei Monate Fabrikarbeiter und Handwerksbursche«), das wiederum Arbeiter veranlasste, Göhre ihre Berufsbiografien mitzuteilen. Daraus entstand eine von Göhre klug edierte Sammlung sogenannter Arbeitermemoiren (Göhre 1905). »Als subjektives Dokument«, so die Einschätzung des Wissenschaftshistorikers Kern, seien solche Memoiren besonders ergiebig, »indem sie den Arbeiter als wahrnehmende, interpretierende und handelnde Instanz, als Subjekt, ins Zentrum rücken« (Kern 1982:104).

Social Survey und Social Research

Im Unterschied zum Deutschen Reich, wo die Sozialwissenschaften, kaum geschaffen, sich an den Universitäten in politischen und akademischen Richtungskämpfen zerrieben, kam in den USA schon zu Beginn des 20. Jahrhunderts die angewandte Sozialforschung (»social research«) zur Blüte. Als Initianten wirkten die Sozialreportagen der Muckraker. Die von ihnen aufgezeigten Missstände wurden von Bürgern, Politikern und Unternehmern als Folge der in kurzer Zeit chaotisch gewachsenen Agglomerationen interpretiert. Nun wurde für mehrere Städte das Konzept des »social survey« entwickelt. Dies waren mehrmethodisch angelegte Großstudien, die mit statistischen (Datenerhebungen) und qualitativen Verfahren (Interviews, Beobachtung) die städtischen Lebensbedingungen untersuchten. Nicht Wissensmehrung, sondern praktische Ratschläge zur Sanierung der lokalen Missstände war deren Zweck.

In der Geschichte der Sozialempirie stößt man hier auf den Namen Paul Kellogg. Er führte mit dem *Pittsburgh Survey* (1909–1914) wohl als Erster solch eine komplex angelegte Studie durch und erweiterte die klassischen (weiter oben beschriebenen) Erhebungsmethoden um qualitative Verfahren der teilnehmenden Beobachtung am Ort. Als besonders ertragreich gilt der 1914 aufgelegte *Springfield Survey*. Shelby Harrison, sein Leiter, fasste die Besonderheit seiner Studie so zusammen: »Der Survey verknüpft wissenschaftliche mit journalistisch-praktischen Aktivitäten« (zit. nach Kern 1982:182).

Komplexe Welt – komplexe Empirie

In Deutschland flachte der anhaltende Methodenstreit – induktive (empirische) versus deduktive (theoriegeleitete) Herangehensweise; normative versus wertfreie Forschung – Ende der 20er- Jahre ab. Zu danken war dies vor allem Paul F. Lazarsfeld (1901–1976) und der von ihm 1927 gegründeten »Österreichischen Wirtschaftspsychologischen Forschungsstelle« in Wien. Dort gelang es den Forschern unter Einsatz verschiedenster Erhebungstechniken, »komplexe Erlebnisweisen empirisch zu erfassen. Der oft behauptete Widerspruch zwischen ›Statistik‹ und phänomenologischer Reichhaltigkeit war sozusagen von Anbeginn unserer Arbeiten ›aufgehoben‹, weil gerade die Synthese der beiden Ansatzpunkte uns als die eigentliche Aufgabe erschien« (Jahoda et al. 1975:14).

Als methodische Meisterleistung wird noch heute die *»Marienthal-Studie«* von P. F. Lazarsfeld, M. Jahoda und H. Zeisel gefeiert: 1931 untersuchten die Forscher im kleinen Ort Marienthal in Niederösterreich, wie die Arbeiterfamilien subjektiv ihre Arbeitslosigkeit erlebten und wie sich diese auf deren Psyche auswirkte. Die Forscher wollten keine Theorie überprüfen, sondern erst das Phänomen verstehen, es erklären und dann den Wirkungszusammenhang deuten. Sie unternahmen die bis dahin sorgfältigsten und umfassendsten empirischen Recherchen. Zuerst beleuchteten sie ihr Thema über möglichst viele verschiedene Zugänge: Auswertung historischer Dokumente, Befragungen, qualitative Interviews. Darauf folgten die begleitende Beobachtung, Hausbesuche zwecks Augenschein, Rollenspiele u. a. m.

Die Recherchen hatten einen ungewöhnlichen Umfang: Auf der Datenebene erfassten die Forscher die Bevölkerungsdaten, die Wahlergebnisse und Vereinsmitgliedschaften; zudem werteten sie die Buchhaltung des Konsumvereins, die Ausleihlisten der Bibliothek und die Zeitungsabonnements aus. Anschließend, im Rahmen der Beobachtungen, wurden bei 478 Familien die Wohnverhältnisse, ihre Familiengröße, ihre Haushaltführung u. Ä. registriert. 62 Betroffene gaben ihre vollständige Lebensgeschichte zu Papier. Die Forscher ließen des Weiteren »Zeitverwendungsbögen« ausfüllen, die Mahlzeiten erfassen und Schulaufsätze der Kinder auswerten, ebenso die Antworten eines von Jugendlichen organisierten Preisausschreiben zur Frage »Wie stelle ich mir meine Zukunft vor?«. Weihnachtsgeschenke, Arztbesuche und Gasthausumsätze wurden protokolliert, ebenso die Gesprächsthemen in öffentlichen Lokalen und die Auskünfte der Lehrer über Leistungsschwankungen ihrer Schüler (vgl. Jahoda et al. 1975:26 ff.).

Für diesen – in der Sozialforschung ungewohnten, den Sozialreportern entlehnten – Rechercheansatz war kennzeichnend, dass die Rechercheure nicht als (befremdlich wirkende) Beobachter auftreten sollten, »sondern dass sich jeder durch irgendeine, auch für die Bevölkerung nützliche Funktion in das Gesamtleben natürlich einzufügen hatte« (Jahoda et al. 1975:27). So wurden beispielsweise Schnittmusterzeichen- und Mädchenturnkurse eingerichtet; andere Forscher arbeiteten in politischen Vereinen mit oder führten Kleider-Spendenaktionen durch, um Vertrauen aufzubauen. Dieses von Marie Bernays (im Team von Max Weber) erprobte Vorgehen, verbunden mit dem Mehrmethodenansatz, diente dem Ziel, zu möglichst umfassend-gültigen (heute möchte man sagen: zu holistischen) Ergebnissen zu gelangen. Die theoriegläubigen und daher deduktiv denkenden Sozialwissenschaftler jener Zeit hatten mit diesem Ansatz große Probleme, denn »die analytische Verarbeitung [...] folgte dem Lazarsfeldschen Konzept der Zusammenfassung und Verdichtung zu einer [...] Einschätzung, die die Forscher nicht auf einer theoretischen Ebene entwickelten, sondern mit der sie den Gesamteindruck wiedergaben, den sie durch ihren Aufenthalt in Marienthal gewonnen hatten« (Kern 1982:173).

Sozialforschung: Mit komplexen Methoden die gesellschaftliche Lebenswelt ergründen

Nach 1933, in der Folge der sogenannten Machtergreifung der Nationalsozialisten und des »Anschlusses« Österreichs ans Dritte Reich, emigrierten viele Sozialwissenschaftler und Sozialreporter nach Amerika. In den USA hatten sich seit den 1920er-Jahren – neben dem Boom der »Social Surveys« – zwei unterschiedliche Sozialforschungsrichtungen etabliert. Sie repräsentieren einerseits die quantitative (auf Strukturaussagen gerichtete) und andererseits die qualitative (auf Befindlichkeiten und deren Kontexte gerichtete) Forschung. Mit allen Risiken und Nebenwirkungen.

Individuelle Lebensgeschichten im Fokus

Für den besonderen Erkenntniswert der *qualitativen Feldforschung* steht der Name *Chicago School.* Ihre Forscher stellten keine abstrakten, sondern »praktische«, freilich nur komplex zu beantwortende Fragen. Und dafür war ihnen (fast) kein Rechercheaufwand zu groß. Gleich ihre erste große Untersuchung, publiziert in den Jahren 1919 bis 21 – »The Polish Peasant« – erregte wegen ihrer Aussagekraft großes Aufsehen. Bei diesem (auch umfangmäßig) Monumentalwerk der empirischen Sozialforschung ging es um polnische Bauern, die in die USA eingewandert waren und im Zuge ihres Anpassungsprozesses ihren Zusammenhalt nach und nach verloren. Was bedeutete dies für sie, für ihre Lebensgestaltung und -bewältigung in der neuen Welt? Diese eher sozialanthropologische Sichtweise erforderte vor allem deskriptive Recherchemethoden. Deren Wichtigste: die detailgenaue Rekonstruktion individueller Lebensgeschichten (»case studies«).

Unter der Leitung von William I. Thomas und dem aus Polen stammenden Florian Znaniecki wurden alle greifbaren Zeitungsberichte, dann rund 15.000 Briefe (Korrespondenz der Auswanderer mit ihren in Polen verbliebenen Familien), Tagebücher, Biografien sowie Dokumente von Behörden und Gerichten, Berichte der Immigranten-Organisationen und Kirchgemeinden sowie Gutachten von Experten systematisch ausgewertet. Die Forscher hielten originäres Material – Tagebücher und Briefe vor allem – für wertvoller als die aggregierten Aussagekonstrukte, die man über Fragebogenerhebungen generiert.

Die deskriptive Herangehensweise der »Chicagoer« stand durchaus in der Tradition der journalistischen Sozialreporter, wenn auch erheblich umfassender und systematischer als jene. Die Verfasser der Studie schrieben, man müsse als Sozialforscher »an die menschliche Erfahrung und ihre subjektive Verarbeitung herankommen, also Bereiche, die […] durch statistische Darstellung von Massenphänomenen nicht erfasst werden könnten. Denn solche Phänomene seien doch nur Symptome für unbekannte kausale Prozesse und deshalb bestenfalls für Hypothesen brauchbar« (zit. nach Kern 1982:187).

Der Forschungsbericht bestand aus zwei Teilen: zum einen die minutiöse Dokumentation des verwerteten Materials (Wiedergabe etwa ganzer Briefserien), zum andern die theoriegeleitete Analyse und Interpretation des beschafften Materials. Bemerkenswert sind die kritischen Erwägungen der Verfasser in Bezug auf ihre Fallgeschichten. Sie druckten mit ihrem Bericht beispielsweise die umfangreiche Biografie eines eingewanderten Polen, um die persönlichen Probleme zu zeigen, die sich dem Mann in der industriekapitalistischen US-Gesellschaft stellten. Sie arbeiteten dabei durchaus journalistisch, indem sie die Darstellungen des Autobiografen einem Gegencheck unterzogen und die Abweichungen in Fußnoten festhielten. Die Auslassungen und Verzerrungen in der Autobiografie seien keine »Fehler«, sie würden vielmehr die subjektive Verarbeitung der Lebensumstände kenntlich machen, schrieben die Autoren.

Die Studien dieser Gruppe waren auch deshalb so rechercheintensiv, weil sie sich auf die Details der konkret-individuellen Biografien, der Denkweisen und Befindlichkeiten ihrer Objekte einlassen wollten, um das soziale Verhalten von Personen in seiner Ganzheit zu erfassen. Dieses Anliegen führte später zum berühmten sogenannten Thomas-Theorem: »If men define situations as real, they are real in their consequences« (Thomas und Thomas 1928:572). Derselbe Kerngedanke in deutscher Soziologensprache: »Die ›subjektiven‹ Wirklichkeitskonstruktionen der Menschen sind ein genuiner Bestandteil der ›objektiven‹ sozialen Welt« (Pries 2015:27). Dabei war den Forschern das Repräsentationsproblem der Fall-Auswahl durchaus bewusst; sie plädierten daher für die Auswahl repräsentativer Einzelfälle (Thomas 1921:1834 ff.).

Allerdings hielt die von ihnen getroffene Wahl in Bezug auf den polnischen Einwanderer ihren eigenen Anforderungen nur bedingt stand; deren Repräsentativität wurde behauptet, aber durch keine Datenrecherche belegt (Thomas 1921:1908 ff.). Bei journalistischen Fallgeschichten können solche Auswahlprobleme verschmerzt werden, sofern sie als singuläre Storys präsentiert werden; bei einer wissenschaftlichen Untersuchung wird indessen die Aussagekraft der ganzen Analyse eingeschränkt, wenn die Fälle nicht nachweislich dem Pars-pro-toto-Grundsatz genügen. Mit den Worten des Wissenschaftshistorikers Kern: »Die mangelhafte Relevanzbestimmung gab den biographischen Passagen der Untersuchung eine gewisse Zufälligkeit« (Kern 1982:188).

Der Sozialforscher im Slum

Spätere Untersuchungen der »Chicago School« zeigen eindrucksvoll, was deren komplex angelegte Verfahren der teilnehmenden Beobachtung zu leisten vermochten. In der Wissenschaftsgeschichte gilt die 1943 publizierte Studie »Street Corner Society – the Social Structure of an Italian Slum« als ein Meisterwerk (Lindner 2004). Der

Verfasser William Foote Whyte (1914–2000) lebte mehrere Jahre im Bostoner Stadtteil North End, davon rund 18 Monate bei einer italienischen Familie. In diesem Stadtteil, in dem sich vor allem italienische Immigranten niederließen, herrschten Gangs und Banden; die Kriminalitätsrate war entsprechend hoch und das Alltagsleben für diejenigen, die nicht zu den Clans gehörten, riskant. Whyte zeigte in eindrücklicher Weise, wie in jenem Stadtteil Banden als soziales Netz funktionieren; wie sich Jugendliche einfügen und die Banden miteinander rivalisieren; wie Politik, Clanzugehörigkeit und Sozialverhalten zusammenspielen und das ganze Gefüge stabilisieren. Für die Fallstudie entschied sich Whyte, die Innensicht des Sozialgefüges am Exempel einer Gruppe von Bewohnern zu beschreiben, die aus derselben italienischen Stadt immigriert waren.

In der 2. Auflage (1955) erläuterte Whyte in einem umfangreichen Anhang seine Rechercheverfahren, insbesondere seine teilnehmende Beobachtung: wie er den Kontakt aufgenommen und Vertrauen zu den Protagonisten aufgebaut habe; wie weit er die Untersuchungsziele offenlegen und wie er Informanten auswählen und einbeziehen konnte – ein Vorgehen, wie es auch die Sozialreporter vom Zuschnitt Max Winters begonnen hatten.

Was denken und wollen die Leute?

Quasi in Konkurrenz zur *Chicago School* blühte in den USA zeitgleich die *quantitative Forschung* in Gestalt der Einstellungsforschung und der Meinungsumfragen auf, angetrieben von den Wahlprognosen (»pre-election-surveys«) der großen Zeitungen und Magazine (vgl. Converse 1987:13ff.). Das Forschungsinteresse war darauf gerichtet, was die Menschen wirklich denken und welche Einstellungen (Haltung, Meinung, Überzeugung) sie tatsächlich besitzen – Fragen, die weniger mit Recherche, dafür mehr mit Marketing und Prognostik zu tun haben. Solche auf Prognosesicherheit zielende Erhebungen lassen sich mit qualitativen Methoden (etwa der Beobachtung oder der Befragung von Meinungsführern) nicht machen. Manche Zeitungen schickten deshalb eigens dafür angeworbene Befrager durch die Straßen ihrer Städte, um mit Zetteln und Urnen Probewahlen (»straw votes«) durchzuführen.

Das »Literary-Digest-Desaster«

Was denkt die Mehrheit der Leute? In den rasant anwachsenden Metropolen der industriellen Ballungsräume war dies eine faszinierte Frage, für die sich die Zeitungsleser, die Warenproduzenten, die Handelsketten und die Politiker interessierten. Schon seit der Zeit des Ersten Weltkriegs ließ die Wochenzeitschrift *Literary Digest* die Meinungen ihrer Leser über eigens angestellte Befrager ermitteln. Um zuverlässige Wahlprognosen (»polls«) – ein Auflagenrenner – publizieren zu können, verschickte das Magazin eine Art Vorwahlzettel an viele Millionen Leser und an Telefonbesitzer (weil deren Anschrift zugänglich war). Der Rücklauf war jeweils hoch und die von der Redaktion aus den Antworten destillierte Prognose grosso modo zutreffend. Im Laufe der 20er-Jahre gewann die Zeitschrift bundesweit hohe Reputation und erreichte gegen Ende der 20er-Jahre bei einer verkauften Auflage von knapp einer Million mehr als vier Millionen Leser.

Und dann kam das Jahr 1936. Bei den Wahlen im Herbst wurde US-Präsident Franklin D. Roosevelt von Alf Landon, republikanischer Gouverneur von Kansas, herausgefordert. Wie in den Jahren zuvor, hatte *Literary Digest* an rund zehn Millionen US-Bürger – Autobesitzer, Telefonbesitzer, Abonnenten – ihre Vorwahlzettel versandt, von denen rund 2,8 Millionen ausgefüllt zurückkamen. Eine überraschend große Mehrheit der Antworten votierte für Alf Landon. Drei Tage vor den Wahlen, in seiner Ausgabe vom 31. Oktober, sagte *The Literary Digest* voraus, dass Alf Landon 370 der 531 Wahlmännerstimmen gewinnen werde. Dann aber gewann Roosevelt mit einer beachtlichen Mehrheit von rund 60 Prozent der Stimmen. Seither ist das »Literary-Digest-Desaster« in der Geschichte der Meinungsforschung ein geflügeltes Wort. Die Zeitschrift *Literary Digest* verlor rasant an Auflage, wurde fusioniert und wenig später ganz eingestellt (Näheres: Bryson 1976:184 f.; Reinboth 2007:239 f.)

Das Missverständnis der Journalisten: Sie hielten die schiere Menge der Antworten für eine solide Aussage über das künftige Wahlverhalten. Sie sahen nicht, dass ihre Leserschaft, dass die Auto- und Telefonbesitzer zur eher gut situierten Mittelschicht gehörten, die sich auch gern schriftlich artikuliert. Dem gegenüber blieben die vielen Millionen männlichen Arbeiter, zumal jene, die unter den Folgen der Weltwirtschaftskrise 1928 zu leiden hatten, bei den Umfragen stumm, nicht aber an den Wahlurnen (Bryson 1976:185).

Die Entdeckung der Stichprobe

Es waren die Sozialforscher, die erkannten, dass man Stichproben bauen sollte, die in den für das Wahlverhalten relevanten Merkmalen die Grundgesamtheit der Erwachsenenbevölkerung abbilden (»repräsentieren«). Dies war nicht einfach, weil es damals nur wenige Daten zur Soziodemografie der US-Bevölkerung gab, deren Zuverlässigkeit zudem je Bundesstaat und Region schwankte. Jedenfalls entschieden sich die Meinungsforscher für sog. Merkmalsquoten (Anteil Frauen, Anteil höhere Schulbildung, Anteil Städter, Anteil Berufstätige u. Ä.): Entsprechend dieser Anteile an der Gesamtbevölkerung wurde die Stichprobe zusammengesetzt. Und so bedeuteten die Wahlen von 1936 auch einen Sieg der mit Stichproben operierenden Demoskopie, den ihr Vorreiter George H. Gallup (1901–1984) errang: Sein *American Institute of Public Opinion* hatte den Wahlausgang anhand von nur 1.500 Personen recht genau vorausgesagt. Von da an verzichteten alle großen Zeitungen und Zeitschriften auf eigene Prognosen und übernahmen die »polls« von Gallup (Näheres siehe https://en.wikipedia.org/wiki/Gallup_(company)#Gallup_Poll). 12 Jahre später, anlässlich der Präsidentschaftswahlen 1948, erlebte Gallup seinerseits ein Desaster: Sein Institut gab eine falsche Prognose (Wiederwahl Harry Trumans), die auf Verzerrungen der Quoten zurückgingen. Seither gilt die Flächenstichprobe (Random-Verfahren) als realitätsnäher und wurde zur Standardmethode der großen US-amerikanischen, später auch der deutschen Demoskopie-Institute (Allerbeck 1985:56).

The People's Choice: Noch näher an der Wirklichkeit

Die aus Deutschland in die USA emigrierten Sozialwissenschaftler stießen auf diese drei Forschungswelten: zum einen die berühmten, doch nach und nach aus der Mode gekommenen großen »social surveys« mit ihren eher opportunistischen Zwecken. Des Weiteren die hervorragend entwickelte qualitative Sozialforschung aus Chicago. Und drittens die neue, bereits boomende quantitative Meinungsforschung (Demoskopie). Alle drei Richtungen wurden an den führenden US-Universitäten sowohl wissenschaftlich als auch zweckgerichtet weitergeführt; die für den deutschen Raum typische Spaltung zwischen akademischer und angewandter Forschung fand nicht statt.

Für das aufklärungsstarke Zusammenspiel der drei Welten steht abermals der Name Paul F. Lazarsfeld. Als österreichischer Emigrant eignete er sich in den USA sogleich die neuen Forschungsmethoden – das stichprobengestützte »survey research« – an. Zuerst an der Universität Princeton, dann an der Columbia-University in New York untersuchte er, ob und wie die Massenmedien (insbesondere das damals mächtigste Medium Hörfunk) auf das Denken und Handeln der Menschen einwirken. Vier Jahre nach Gallups Sieg, anlässlich der Präsidentschaftswahlen 1940, führte Lazarsfeld eine methodisch wegweisende Erhebung durch, die 1944 unter dem Titel *The People's Choice* publiziert und wegen ihrer richtungsweisenden Methodologie eine der bedeutendsten Forschungen der Sozialempirie wurde.

Erstens brachte Lazarsfeld die Erfahrung mit, dass simple Fragebögen wie die von 1936, welche analog zum Wahlzettel ein paar Aussagen zum Ankreuzen enthielten, den Empfindungen der Befragten nicht gerecht werden. Sein Team entwickelte Interviewverfahren, die standardisierte mit halboffenen Fragen kombinierte und ihren Themen zu größerer Tiefenschärfe verhalfen. Zweitens verfeinerte das Team die Stichprobengenerierung. Drittens wurden die Befragungsinstrumente so konstruiert und deren Gegenstände (items) so kategorisiert, dass eine systematische, vergleichende Analyse der Datenreihen (Kreuztabellen) möglich wurde.

Die Studie lieferte damit die erste multivariate Datenanalyse in den Sozialwissenschaften (Schnell et al. 2011:36; 436). Diese gehört seither zu den basalen Analyseverfahren, wenn Daten erhoben und Merkmalsgruppen der Befragten (Variable 1) mit den Daten der Antwortkategorien (Variable 2) in Beziehung gesetzt werden – ein Verfahren, das heute auch zum handwerklichen Know-how der Big-Data-Recherche in der Welt des Datenjournalismus gehört.

Journalismus: Vom Augenschein zur Schreibtisch-Recherche

Weil die Printmedien als private Wirtschaftsunternehmen organisiert sind, stehen die Verlage seit jeher im harten Wettbewerb um Reichweite und Anzeigenkunden. Mit der besseren Geschichte schneller als die Konkurrenz auf der Straße bzw. auf Sendung zu sein, war schon damals für viele Redaktionen lebenswichtig. Für diesen – rechercheverhindernden – hohen Aktualitätsdruck steht das Jahr 1904. Damals gründete der Berliner Verleger Karl Ullstein die Boulevardzeitung *B. Z. am Mittag*, die er als die »schnellste Zeitung der Welt« rühmte: »[...] zwischen 10 und 11 Uhr [stürzen] bereits die Redakteure in die Setzersäle, um im engsten Kontakt mit der Setzerei die neuesten Nachrichten zu verarbeiten. Zum Schluß wird das letzte eintreffende Material den hereinjagenden Boten geradezu aus den Händen gerissen und der Satz, während die Form bereits geschlossen wird, in letzter Sekunde in die Seite eingefügt [...] 15 Minuten nach Redaktionsschluß speien 26 Maschinen in rasender Geschwindigkeit die Auflage in verkaufsfertigen Exemplaren aus« (Ullstein 1929:230).

Respekt vor Grubenhunden

Was es bedeutet, wenn Zeitungsredakteure die eingehenden Nachrichten ohne Überprüfung veröffentlichen, weiß man spätestens seit dem 18. November 1911. An jedem Tag erschien in der *Neuen Freien Presse* in Wien ein aufsehenerregender Beitrag über ein angebliches Erdbeben in der zum Habsburger k.u.k.-Reich gehörenden Region Kattowitz unter dem Titel »Wirkungen des Bebens im Ostrauer Kohlerevier«.

Der von einem Dr. Ing. Erich von Winkler verfasste Beitrag berichtete dem staunenden Lesepublikum, dass ein »im Laboratorium schlafender Grubenhund« schon eine halbe Stunde vor dem Beben unruhig geworden und das Personal alarmiert habe. Einige besser informierte Leser hätten sich wundern können, dass der Verfasser von einem Hochdruckzylinder an einer Dynamomaschine und einem Elektromotor für Dampfüberhitzung schrieb, zudem über einen Spannungsabfall im Transformator von wörtlich 4,7 Atmosphären und des Weiteren von verbogenen Schaufeln einer Person-Turbine. Den fachkundigen Lesern in den Bergwerken in Kattowitz jedenfalls fiel dies auf. Vermutlich bellten sie wie der imaginäre Grubenhund.

Nichts zu lachen hatten die Redakteure der Zeitung, die diesen Schmarrn für bare Münze nahmen und den Text unverändert veröffentlichten. Sie wussten nicht, dass in der Sprache der Bergwerker die kleine, auf Schienen laufende, von Hand gezogene Lore schon seit dem 16. Jahrhundert »Hund« genannt wird. Unter Tage also Grubenhund.

Seither gilt im Journalismus der »Grubenhund« als Synonym für absichtsvoll einer Redaktion untergejubelte *Fakes* – es ist ein größeres und vor allem gefährlicheres Tier als die durch manche Redaktion flatternde Ente, weil der »Hund« wie der Wolf im Schafspelz daher kam und zudem als »Dr. Ing.« Kreide gefressen hatte. Sein Erfinder hieß in Wahrheit Arthur Schütz, von Beruf tatsächlich Bergbau-Ingenieur. Er hatte sich über das wichtigtuerische und zugleich naiv-ahnungslose Redigieren der Zeitungsleute geärgert und verband mit seinen zahlreichen, bis in die 1920er-Jahre immer aufs Neue lancierten Fakes auch eine pädagogische Absicht: Die Redakteure sollten sich von ihrer Autoritätsgläubigkeit befreien und mit Informanten und Informationen kompetent und kritisch umgehen, also Informationen nicht einfach übernehmen, wenn sie von einer hochgestellten Person zu kommen schienen. Schütz reklamierte den quellenkritisch recherchierenden Journalismus, der erst überprüft, ehe er publiziert. »Grubenhund ist das Symbol der Verulkung vorgetäuschten Universalwissens«, schrieb Arthur Schütz in seiner Fake-Sammlung, »der Protest gegen die angemaßte Autorität der Druckerschwärze in allen, besonders aber in technischen Dingen« (in: Der Grubenhund, Neuaufl. 1996:38).

Immerhin: Im Laufe der folgenden Jahrzehnte ermöglichten die neuen technischen Kommunikationsmittel, allen voran das Telefon, vom Schreibtisch aus den Informationsgehalt zu prüfen oder Befragungen und Interviews aus der Distanz durchzuführen. Die Schreibtisch-Recherche öffnete neue Wege der Quellengewinnung, der Überprüfung und Erweiterung von Aussagen und Fakten. »Die andere Seite« anzugehen, einen Experten beizuziehen, bei der Quelle zurückzufragen: Diese Rechercheverfahren etablierten sich jetzt neu auch im Tageszeitungsjournalismus.

Doch noch ehe sich daraus eine neue, technikbasierte Recherchekultur entwickeln konnte, versank der Journalismus in Deutschland und Österreich in den politischen Schlammschlachten der ideologisch aufgeheizten Parteipresse, der es nicht um Sachaufklärung, sondern um Agitation und Gesinnung ging. Im Fortgang der 1930er-Jahre wurde der Journalismus wie auch die Sozialforschung mehr und mehr in den Dienst der faschistischen Regimes gebracht und instrumentalisiert. Eigenständiges Recherchieren war in Mittel- und Südeuropa (mit Ausnahme Dänemarks und der Schweiz) praktisch nicht mehr möglich. Die »gleichgeschalteten« Medien im Deutschen Reich wie auch der Journalismus in Italien und Spanien hatten vor allem propagandistische Funktionen zu erfüllen.

Doch dieser Verweis auf die politischen Verhältnisse ab 1933 genügt nicht, um die unterschiedliche Bedeutung der Recherche zwischen dem angloamerikanischen und dem deutschsprachigen Journalismus nachzuvollziehen. Prägend waren Unterschiede in Bezug auf die Professionsnormen, die Berufsrollen und nicht zuletzt die redaktionelle Organisation (vgl. Weischenberg 1995:381–389).

Der Hang zur Konfektionierung

In den angloamerikanischen Redaktionen hatte sich schon im 19. Jahrhundert eine Arbeitsteilung zwischen recherchierenden Reportern (»reporting«) einerseits und textverarbeitenden Redakteuren (»editing«) andererseits herausgebildet. Zum »reporting« zählte nicht nur die Berichterstattung über Ereignisse, sondern auch die eigenständige Recherche, die als »Story« umgesetzt wurde. Demgegenüber arbeiteten die Redaktionen des deutschen Sprachraums seit jeher anders: Hier walteten die Redakteure als Generalisten, die auch selbst berichteten, zudem redigierten und kommentierten. Das Berufsbild des Reporters wiederum blieb – Ausnahme: der Polizeireporter – mit der literarischen Tradition des Erzählers verbunden (vgl. Haller 2006[5]:40 ff.). Mit Recherche verband man oft kaum mehr als das Beschaffen von Aussagen; der Redakteur stützte sich auf die Informationen aus zweiter Hand.

Allerdings veränderte sich auch in den USA die Art des Recherchierens, doch hier vornehmlich als Folge der vom Medienwettbewerb begünstigten Konfektionierung der journalistischen Produkte. Vor allem in den neu gegründeten Nachrichtenmagazinen (stilbildend: *Time Magazine*) fungierten die Reporter als Rohstofflieferanten, während die Redakteure am »desk« die Rolle des Editors übernahmen. Ihre Recherchen dienten nun vornehmlich dem Zweck der Überprüfung (»checking«) und Komplettierung überbrachter Informationen, die dann am Redaktionspult zur *Nachrichtengeschichte* zusammengeschrieben (»rewriting«) wurden. So kam im Fortgang der 30er-Jahre die Gattung der sogenannten »factstory« zur Blüte, während die mit den Muckrakers begonnene Ära des sozial engagierten »investigative reporting« beim Publikum keinen großen Anklang mehr fand und verschwand (vgl. Redelfs 1996: 84 f.).

Recherche als Fact-checking

An der Herausbildung des tonangebenden *Newsstory-Schreibstils* hatte auch das bereits 1843 gegründete britische Wirtschaftsmagazin *The Economist* großen Anteil: Seine dezidiert unparteilich abgefassten, Autorenkennung vermeidenden Berichte in der Tradition des »objective reporting« dienten vielen Magazinmachern als Vorbild.

Stilprägend wirkten aber auch die zu riesigen Agenturen angeschwollenen Depeschendienste. Seit dem Ersten Weltkrieg besaßen sie ein international tätiges, weit gespanntes Korrespondentennetz mit eigenen Übermittlungssystemen, die nicht nur Meldungen, sondern auch Eigenberichte mitsamt recherchiertem Hintergrund an die Redaktionen lieferten – und meist dem (von den Berichterstattern im amerikanischen Bürgerkrieg 1861–1865 aus übermittlungstechnischen Gründen entwickelten) Gliederungsschema der *umgekehrten Pyramide* folgten: Das Wichtigste steht als das Kürzeste an der Spitze.

Die heiligen Fakten

Dieses Muster fand seine Rechtfertigung im schier unerschütterlichen Glauben an die von subjektiven Eindrücken und Wertungen freie, als »objektiv« bezeichnete Nachricht – ganz im Sinne der im 19. Jahrhundert mit der Massenpresse aufgekommenen, nun dogmatisch gebrauchten Formel: »Fakten sind heilig, beim Kommentieren bist Du frei.« Die Originalformulierung »comment is free, but facts are sacred« entstammt einem Essay des britischen Publizisten Charles P. Scott (1846–1932) aus dem Jahre 1921, den er als Herausgeber des *Manchester Guardian*, Vorläufer des *Guardian*, verfasste (www.theguardian.com/commentisfree).

Dieses Credo gewann unter US-Journalisten einen positivistischen Klang, indem man überzeugt war, dass der Journalist, unbesehen seines politischen oder psychosozialen Standorts, in der Tatsachenschilderung *Wahrheit* und *Wirklichkeit* zur Einheit bringen könne. »Das Geschehene hat sich genauso zugetragen, und es darf keinen Grund geben, an der Wahrheit des Berichts zu zweifeln«: Dieser Anspruch an den Pressebericht wurde in den Journalismus-Seminaren dem recherchierenden Nachwuchs als Maxime jeder Berichterstattung eingetrichtert. Die ebenso tief- wie weitsichtige Studie des Publizisten Walter Lippmann (»Public Opinion« 1922) über die von den Medien erzeugte Vorstellungswelt wurde von den Praktikern ignoriert.

Eine bedeutsame Äußerung einer wichtigen Persönlichkeit zum Beispiel hatte der Desk-Redakteur zu überprüfen; war das Zitat den Quellen zufolge zutreffend, galt es als objektiv wahr und durfte ohne Angabe der Umstände (Ort, Zeit, Kontext) und oft auch ohne Nennung des Kolporteurs, also der Sekundärquelle (etwa andere Zeitung, Pressesprecher, Sekretär, Ehepartner) als sogenanntes Quote verwendet werden. Das Gleiche galt für die Schilderung eines Ereignisablaufes: Hatte der Redakteur – so gut es eben ging – die Sachrichtigkeit eines Hergangs überprüft, brauchte er diese Schilderung nicht als die Kolportage einer mutmaßlich zutreffenden Version (etwa durch indirektes Zitieren) kenntlich zu machen, sondern präsentierte sie im Indikativ ohne Nennung von Zeugen.

Diese Verfahren wurden nach der Gründung von *Time – the weekly news magazine* durch Briton Hadden und Henry R. Luce im März 1923 beispielgebend. Wahr und objektiv, dabei aber glatt und spannend zu lesen, respektlos in der Haltung und doch reich an human touch: Die *Time*-Nachrichtenmagazin-Geschichte blieb bis in die 50er-Jahre selbst für manche Tageszeitungsredaktion das Vorbild des modernen Journalismus, getreu der *Time*-Devise, dass die Story den Eindruck von Allwissenheit und Vollständigkeit vermitteln und ihre objektivistische Schreibe – gemildert durch farbig geschriebene Personalisierungen – als unbezweifelbar gelten müsse.

Die Story als Fakten-Elaborat

Jenem Informationsjournalismus lag eine übersteigerte Faktengläubigkeit zugrunde: Es sollten nur gesicherte Tatsachen, und diese neutral und wertfrei mitgeteilt werden – was freilich zu einer lebensfernen Nachrichtenstruktur führen würde, die selbst keine Sinn- oder Handlungszusammenhänge herstellen kann.

Um ihren Stoff in die Form der Story zu bringen, sie lebensnäher, interessanter und, vor allem, sinnvoll darzustellen, lernten zuerst die amerikanischen Journalisten, später auch ihre englischen Kollegen, spezielle Storytechniken. Federführend war hier in den 30er-Jahren das »interpretative reporting« (vgl. hierzu das Standardwerk von MacDougall zit. nach [6]1977:147 f.): Neben der »newsstory« wurden second-hand-recherchierte Erzählungen verfasst, die sich mehr für das »wie« und »warum« eines Vorgangs interessierten als für die nackten Fakten des »wer, wann, was, wo?«.

Beide Muster – die »newsstory« und das »interpretative reporting« – verbanden sich schließlich zur heute noch praktizierten *Newsmagazine-Story.* Dies ist die am Schreibtisch konstruierte, einer elaborierten Erzähldramaturgie folgende, aber mit gesicherten Fakten, mit authentischen Szenen, Personen und Begebenheiten reich durchsetzte Geschichte, die das Erzählte zugleich auch interpretiert.

Freilich erzeugt dieser Typ des Storytellings eine dem Leser verborgen bleibende Verdoppelung der Wirklichkeitsebenen: Die Story konstruiert eine eigene, meist durch die Dramaturgie definierte *künstliche Wirklichkeit,* die zwangsläufig in einigem Abstand zur Ebene der Wahrnehmung des *real Geschehenen* verbleibt (vgl. Enzensberger [2]1965:78 f.; Charnley [3]1975: 15 f.; Hohenberg [4]1980:37 f.).

Das Ideologische an diesem Storytelling-Journalismus ist darin zu sehen, dass die Verdoppelung verschleiert wird. Der Leser soll die künstliche Wirklichkeit der Story für die ihr zugrundeliegende »objektive« Realität halten – eine Technik, die zuerst von den anglo-amerikanischen Magazinen und Illustrierten, später in der Bundesrepublik auch von deutschsprachigen Wirtschafts- und Nachrichtenmagazinen zur Kunstform entfaltet wurde.

Seit damals wird allerdings die Frage diskutiert, wie weit die Nachrichtenmagazine von *Time* über *Newsweek* und *Der Spiegel* bis zur *Wirtschaftswoche* und *Profil* sowie den Neugründungen der letzten Jahre diesem Schema der *Newsmagazine-Story* noch nacheifern sollen (vgl. u.a.: Just/Magnus 1967; Landgrebe 1994). Tatsächlich haben die europäischen Nachrichtenmagazine nach und nach ihr Inventar an Darstellungsformen und -stilen erweitert. *Der Spiegel* etwa entdeckte in den 60er- und 70er-Jahren zur Schreibtisch-Recherche auch die Vor-Ort-Recherche, die Reportage, den analytischen Essay, den traditionellen Kommentar mit und ohne Pseudonym.

Doch zurück zum anglo-amerikanischen Informationsjournalismus: Die seit der Ära der Sozialreportage mit publizistischem und ökonomischem Erfolg praktizierte *offensive Recherche* blieb lange Zeit das Markenzeichen des *Newsmagazine-Journalismus*: Nicht nur Informationen prüfen und hinterfragen, sondern auch Strukturen erfassen, Trends ausleuchten und geheim gehaltene Fakten über Maßnahmen, Entscheidungen und Machenschaften beschaffen, überprüfen und publik machen. Das mit dieser Tätigkeit verbundene berufliche Rollenverständnis distanziert sich vom Berichterstatter und Newsmanager; es stellt sich vielmehr in die Tradition der machtkritisch eingestellten Sozialreporter und Muckrakers der Jahrhundertwende: Nicht Gutgläubigkeit prägt ihre Haltung, sondern Skepsis.

Aufdeckende Recherche und öffentliches Interesse

Es war die Nixon-Ära, während der es in den USA zu einer kräftigen Neubelebung der aufdeckenden Recherche kam, die seither »*investigative reporting*« genannt wird. Das Attribut »investigativ« (das lateinische *investigare* bedeutet »aufspüren« und »genau untersuchen«) zeigt an, dass es um verborgene Vorgänge geht, meist Missstände (wie: Korruption, Steuerhinterziehung, illegales Regierungshandeln), für deren Enthüllung ungewöhnlich großer Aufwand betrieben werden muss: Ein investigativer Reporter arbeitet mitunter Monate oder Jahre, ehe er seinen Report veröffentlicht. Der britische Journalistikwissenschaftler Hugo de Burgh definiert, der investigative Journalist habe »to discover the truth and to identify lapses from it in whatever media may be available« (https://en. wikipedia.org/wiki/Investigative_journalism).

Auch wenn die Bezeichnung erst in den 1960er-Jahren aufkam, so ist man sich in der US-amerikanischen Journalismusforschung einig, dass im Grunde die *Muckrakers* die Methoden der investigativen Recherche entwickelt und genutzt haben, damals noch überwiegend per Augenschein und Befragungen, während nun, in den 60er-Jahren, die Kommunikationstechniken, bald auch die Datenverarbeitung einen immer größeren Einfluss gewannen. Bedeutsam wurde in den 80er-Jahren die Verbindung zwischen Erlebnisreportage und datengestützter Strukturanalyse – darin vergleichbar mit der Methode der teilnehmenden Beobachtung durch Sozialforscher wie der oben beschriebene William Foote Whyte und seine Forscherkollegen der Chicago School.

Einer der ersten »Investigators«, die den Computer für systematische Datenbank-Recherchen und -analysen nutzten, war Leon Dash, Reporter der *Washington Post (WP)*. Er wollte von erlebten, erzählten und beobachteten Einzelfällen auf Strukturen schließen. 1986 publizierte die *WP* seine Artikelserie über Teenager-Schwangerschaften im Schwarzen-Ghetto Washingtons, die großes Aufsehen erregte. Seine Arbeitsweise erläuterte er später in einem (als Bericht veröffentlichten) Interview: »Um die Ursachen dafür zu erforschen, dass auffällig viele marginalisierte Jugendliche im Alter von 14 oder 15 Jahren Kinder zur Welt brachten, zog der Reporter für 17 Monate in eines der ärmsten Viertel der Stadt. Er teilte den Alltag der Nachbarfamilien, die er im Abstand von mehreren Monaten immer wieder interviewte. Dabei änderte sich das Ergebnis der Gespräche, je besser sie ihn kennenlernten und ihm vertrauten« (Redelfs 1996: 239). Auch in späteren Arbeiten behielt Dash seine Arbeitsmethode bei, Erzählungen und Augenscheinliches mit sozialempirischer Feldforschung zu verknüpfen. Für sein Porträt einer Familie, deren Mitglieder den überwiegenden Teil ihres Lebens im Gefängnis verbrachten, das die *WP* 1994 publizierte, erhielt die Zeitung den Pulitzer-Preis.

Von My-Lai zu Watergate

Beispielhaft für diese Methode war die aufsehenerregende Enthüllung des von einer US-Einheit begangenen Massakers My-Lai (1968) durch den Freelancer Seymour Hersh, ein Schock, der den Anfang vom Ende des Vietnam-Kriegs brachte. Noch enger mit der Nixon-Ära verbindet sich der für das 20. Jahrhundert vermutlich bedeutendste Scoop der investigativen Recherche: die sogenannte Watergate-Affäre (1972–74), die schließlich Nixon zum Rücktritt zwang. Das Schlagwort steht für die von den beiden Reportern Bob Woodward und Carl Bernstein in mehrjähriger, unermüdlicher Puzzle-Arbeit geleistete Aufdeckung des Amtsmissbrauchs inklusive krimineller Machenschaften, die Präsident Richard Nixon in Auftrag gab. Bedeutsam war diese Rechercheleistung auch deshalb, weil hier keine Profi-Truppe eines Nachrichtenmagazins, sondern zwei Lokalreporter einer Regionalzeitung – der *Washington Post* – an der Arbeit waren und das taten, was John Delane 110 Jahre zuvor mit der Presse als »fourth estate« meinte: Die Journalisten sollen die Handlungen der politischen Machtträger dem kontrollierenden Auge der Öffentlichkeit unterziehen. »Watergate« ließ den Mythos der Investigation wieder auferstehen, und seither zählt die investigative Recherche auch zum Job von Lokalreportern.

Bahnbrechend wirkte die Watergate-Affäre noch in anderer Hinsicht: Zielführend waren behördeninterne Informationen, die ein (damals) Unbekannter den beiden Journalisten zuflüsterte. Weil sich der Informant mit den Journalisten meist in einer Tiefgarage verabredete, wurde ihm der (einem Porno-Film entlehnte) Decknamen »Deep Throat« zuteil. Rund drei Jahrzehnte später enttarnte sich jener *Whistleblower* selbst: Es war Mark Felt, seinerzeit stellvertretender Direktor des FBI. Reporter, die als kritische Beobachter des Geschehens arbeiten, werden in den USA seither als »watchdogs« bezeichnet: Wachhunde der Demokratie (Näheres über den US-amerikanischen Enthüllungsjournalismus in der Beitragssammlung: Pilger 2005).

In den folgenden Jahrzehnten vernetzten sich die investigativ arbeitenden US-Journalisten in mehreren Berufsorganisationen. Die zwei Erfolgreichsten sind das Büro »Investigative Reporters and Editors« (IRE) und das 1997 gegründete »International Consortium of Investigative Journalists« (ICIJ), auf das ich unten zurückkommen werde. Die besondere Bedeutung des ICIJ hängt mit dem Trend zum Datenjournalismus und – im Zeitalter des Internets – zur internationalen Vernetzung zusammen.

Die neuen Maximen des deutschen Journalismus

Beim Neuaufbau der deutschen Publizistik nach dem Ende des Nationalsozialismus diente der vergleichsweise standfeste anglo-amerikanische Newsjournalismus als Vorbild. Die per Lizenzvergabe der Alliierten gegründeten Blätter verpflichteten sich, zwischen der Berichterstattung und der Meinungsäußerung klar zu trennen. »Als erster verpflichtender Grundsatz stand allem voran: Die klare Trennung zwischen Nachricht und Meinung. Denn mit Hilfe bewußter Verwischung der Grenze zwischen beiden hatte der Nationalsozialismus die Öffentlichkeit irregeführt«, umriss die *Frankfurter Allgemeine Zeitung* jenes publizistische Prinzip (FAZ vom 7. Mai 1960).

Das Credo der *neutralen Distanz* wurde auf die Bedingungen der Nachrichtenbeschaffung ausgedehnt. Die *Frankfurter Allgemeine Zeitung* schrieb damals: »Die Wahrheit, die ganze Wahrheit soll man aus der Zeitung erfahren, ohne Einschränkung durch falsche Rücksichten – auch nicht durch Rücksichten auf die Regierung in Bonn« (FAZ vom 4.03.1961). So kühn diese Worte auch klingen, der Recherchierjournalismus war damit nicht gemeint, vielmehr die Frage, ob Meldungen der Presseagenturen etwa aus Rücksicht auf Interessengruppen unterdrückt würden. »Gibt es Ereignisse, die nicht in der FAZ ihren Niederschlag finden?«, lautete die rhetorische Frage. »Ein solches Unterdrücken gibt es nicht!« (*FAZ* vom 25. Februar 1961).

Die Überlegung, dass wichtige Nachrichten von den Urhebern verschwiegen oder, umgekehrt, in der Informationsüberflutung untergehen könnten, reifte in der *FAZ*-Redaktion erst Jahrzehnte später, als sich die Public Relations professionalisiert und das Internet die Informationswelt radikal verändert hatte.

Das Rollenverständnis des *Spiegel*-Rechercheurs

Dass im Nachkriegsdeutschland die für den Recherchierjournalismus basale Haltung – glaube keiner Quelle per se und suche nach solchen Informationen, die von den Quellen zurückgehalten werden – Verbreitung finden konnte, ist zu großen Teilen dem Nachrichtenmagazin *Der Spiegel* zu verdanken. Sein Gründer und damaliger Chefredakteur Rudolf Augstein (1923–2002) schuf zwei wichtige Voraussetzungen, damit sich der Recherchierjournalismus im *Spiegel* entfalten konnte.

Die eine betraf das Selbstverständnis des *Spiegel*, dessen Redakteure mit Machtinhabern respektlos und mit jeder (freiwillig) angebotenen Information skeptisch umgehen, die Distanz halten sollten gegenüber Dritten und deren Interessen. Und die davon überzeugt sind, dass die Wahrheit nicht im Offensichtlichen, viel eher im Verborgenen steckt.

Die zweite Voraussetzung betraf die redaktionelle Ausstattung, sozusagen die Recherchier-Infrastruktur: genügend befähigte Leute, genügend Zeit, genügend Spesenmittel – und ein umfassendes, von professionellen Dokumentaristen betreutes

Pressearchiv (»Dokumentation«) für den Ereigniskontext (insb. Vorgeschichte) und den Informationsabgleich.

Mit beiden Voraussetzungen stellte sich die dritte Erfolgsbedingung ein: das Image. *Der Spiegel* galt seit Beginn der 1960er-Jahre als das öffentlich wirksamste Enthüllungsmedium in Deutschland. Also pilgerten diejenigen, die etwas aufdecken wollten (etwas aufgedeckt sehen wollten), mit ihren geheimen Akten und vertraulichen Dossiers im Koffer zum *Spiegel* nach Hamburg, von dem sie auch wussten, dass er die journalistische Berufsnorm des Quellenschutzes hochhielt.

Manch sensationelle *Spiegel*-Enthüllung war nicht das Ergebnis investigativer Recherche, sondern Zuträgern und Informationsverkäufern geschuldet. Die aus Sicht des öffentlichen Interesses bedeutsamsten Erfolge betrafen Spenden-Affären rund um FDP und CDU, die folgenreichste war die sogenannte Flick-Affäre im Jahre 1981. Und die vielleicht spektakulärste Enthüllung betraf die Affäre um den Ministerpräsidenten von Schleswig-Holstein, Uwe Barschel, im September 1986, als dessen Pressesprecher Reiner Pfeiffer in Begleitung eines Rechtsanwalts in der *Spiegel*-Redaktion erschien und »auspackte« (wie *Spiegel*-Chefredakteur Erich Böhme glaubte); mutmaßlich war er von der SPD-Spitze in Schleswig-Holstein auf den *Spiegel* angesetzt worden (Bericht der *Stern*-Rechercheure Lambrecht, Müller, Sandmeyer in: Leif 1998:80 ff.).

Die Festschreibung der »öffentlichen Aufgabe«

Allen Einwänden zum Trotz sind die Verdienste des *Spiegels* um den Recherchierjournalismus in Deutschland von historischer Bedeutung. Seine auf Unbestechlichkeit und Quellen-Skepsis gestützte Haltung bescherte ihm 1962 mit einer Titelgeschichte über die Bundeswehr (»Bedingt abwehrbereit«) die sogenannte *Spiegel-Affäre* (Augstein 2003:123 ff.) – die ihrerseits das Bundesverfassungsgericht veranlasste, aufgrund von Artikel 5 Absatz 1 des Grundgesetzes (Gewährleistung der Pressefreiheit) dem Journalismus eine »öffentliche Aufgabe« zuzuschreiben. Und diese erfordere eine eigenständige Informationsbeschaffung: »Soll der Bürger seine politischen Entscheidungen treffen, muss er umfassend informiert sein.« (BVerfGE 20, 162 ff. 174/175).

Die ab Mitte der 60er-Jahre geschaffenen Landespressegesetze konkretisieren in Paragraf 3 die »öffentliche Aufgabe« so: »Die Presse erfüllt eine öffentliche Aufgabe, wenn sie in Angelegenheiten von öffentlichem Interesse Nachrichten beschafft und verbreitet, Stellung nimmt, Kritik übt oder auf andere Weise an der Meinungsbildung mitwirkt.«

Diese Gesetze sichern den Journalisten privilegierte Informationsrechte, indem die Behörden ihnen gegenüber in der Regel zur Auskunft verpflichtet sind. Im Gegenzug wurden die Journalisten an spezifische Sorgfaltspflichten gebunden, deren Wichtigste darin besteht, Informationen auf größtmögliche Richtigkeit zu prüfen und »so wahrheitsgemäß wie möglich« zu berichten. Mit diesen und weiteren Rechtsetzungen war der verfahrensrechtliche Boden für die basale Recherchearbeit (die Informationsbeschaffung und -überprüfung) gut bestellt.

Katharine Graham, damals Verlegerin der *Washington Post* und *Newsweek*, schrieb zum 70. Geburtstag des *Spiegel*-Gründers: »Rudolf Augstein und seine Redakteure haben demonstriert, was vielleicht der Dreh- und Angelpunkt des journalistischen Metiers ist: daß es die Demokratie nicht gefährdet, sondern sie stärkt, wenn staatliche Autoritäten hinterfragt, kritisiert werden und ihnen, wenn es denn sein muß, die Stirn geboten wird« (*Spiegel Spezial* 1993:155).

Medienfunktionen im Wandel des Zeitgeists

Die respektlos-machtkritische Haltung des *Spiegel* deckte sich mit dem Zeitgeist, der oftmals auf das Schlagwort »68er-Generation« verkürzt wird. Ähnlich wie in den USA, veränderte sich damals in vielen Redaktionen das Selbstverständnis der Journalisten: weg vom Verlautbarer, hin zum informierten Kontrolleur politischer und wirtschaftlicher Macht.

In verschiedenen seriösen Tageszeitungen wurde Raum für eigenrecherchierte Skandal- und Hintergrundberichte geschaffen. Auch in den öffentlich-rechtlichen Sendeanstalten entstanden Magazinformate für kritischen Journalismus (das Erste war die Magazinsendung *Panorama*), deren enthüllende Recherchen für politischen Konfliktstoff sorgten.

Doch in den folgenden Jahrzehnten wandelte sich das Meinungsklima, die politischen Kontroversen verloren an öffentlicher Aufmerksamkeit. Und mit dem Untergang des Staatssozialismus im Osten 1989 verschoben sich die Themeninteressen weiter in Richtung Konsumismus. Jener Trend lässt sich am Wandel der Titelthemen des *Spiegel* und des *Stern* nachzeichnen: Lebenshilfe, Psychologie, Freizeitkultur, Gesundheit und Fitness, Familie, Heldengeschichten und Prominenz gewannen an Raum.

Ebenfalls seit den 1980er-Jahren professionalisierten die Behörden, Einrichtungen und Unternehmen ihre Öffentlichkeitsarbeit. Mit offensiven Strategien unterlaufen sie oftmals die Arbeit recherchierender Journalisten. Eine Studie wies bereits Mitte der 1980er-Jahre nach, dass auf der Bundesländerebene die Politikberichterstattung in den Medien überwiegend auf die Öffentlichkeitsarbeit der Behörden zurückgehe (Baerns 1985). Als wirksamste PR gilt allemal eine offensive Informationspolitik, die ihre Zwecke mit dem Gestus vermittelt, sie wolle von sich aus alles offenlegen.

Der verunsicherte Journalismus

Im Rückblick auf das erste Jahrzehnt des 21. Jahrhunderts erscheint der Journalismus in Bezug auf seine gesellschaftliche Rolle als stark verunsichert. Zu den zuvor genannten Trends kam die wirtschaftliche Krise vor allem der Printmedien hinzu, ausgelöst von den stetigen Auflagen- und Anzeigenrückgängen, in deren Folge Redaktionen zusammengelegt und Personal abgebaut wurde – zulasten ihrer Rechercheleistung.

Diese Medienkrise wurde wiederum durch die Veralltäglichung des Internets verschärft: Anfang des neuen Jahrhunderts besaßen acht von zehn deutschen Haushalten einen unbegrenzten Internetzugang (Flatrate), rund zehn Jahre später verfügten neun von zehn jungen Erwachsenen über ein internetfähiges Endgerät (Engel/Breunig 2015:310 ff.). Die zahllosen pseudoaktuellen Informationsangebote des Web sowie die Partizipationsmöglichkeiten der Social Media gaben vor allem den jüngeren Erwachsenen das Gefühl, sich unabhängig von den etablierten Medien kostenlos auf dem Laufenden halten zu können. Die Gatekeeper-Rolle des Journalismus stand in Frage, ebenso seine über Recherchen zu erbringenden Eigenleistungen.

Die im zweiten Jahrzehnt in Europa sich ausbreitende Verunsicherung – der Islamismus und die Terrorattacken, die wachsende Flüchtlingsflut, die Krise der Euro-Währung, die prekäre Zukunft der Europäischen Union, die anschwellende Resonanz rechtsnationaler Sprüche, Bewegungen und Parteien – richtete sich auch gegen den etablierten Journalismus und seinen Informationsauftrag. Beachtliche Bevölkerungsteile unterstellten den Leitmedien, sie hätten die Rolle des interessensneutralen Beobachters aufgegeben und sich in den Dienst der politischen Machtelite gestellt (Maurer 2003, 2004; Krüger 2016). Verschiedenen Erhebungen zufolge sank der Anteil, der dem Journalismus Glaubwürdigkeit zuspricht, auf einen historischen Tiefstand. Aufgrund dieser Entwicklungen zeigt sich der Recherchierjournalismus im zweiten Jahrzehnt von einer nachhaltigen Funktionskrise gezeichnet, deren Ausgang noch offen ist (Haller 2016:187 ff.).

Andererseits haben in Deutschland verschiedene Journalisten wie auch Medienredaktionen schon in der Zeit der Jahrtausendwende aus der Krise des Recherchierjournalismus Konsequenzen gezogen. Im Jahre 2000 wurde von namhaften Rechercheuren das »Netzwerk Recherche e. V.« gegründet, das mit beachtlichen Erfolgen die Berufsrolle des Rechercheurs und das handwerkliche Know-how der investigativen Recherche im Zeitalter des Internets vermittelt, diskutiert und stärkt. Auch haben sich verschiedene Medien entschlossen, gemeinsame Rechercheteams aufzustellen (beispielsweise 2014 die zwei Rundfunkanstalten NDR und WDR mit der *Süddeutschen Zeitung*). Andere arbeiten mit internationalen Recherche-Netzwerken zusammen, um grenzüberschreitend ermitteln und die komplexen Verfahren der Datenanalysen anwenden zu können (siehe Infokasten »Panama Papers«).

Panama Papers: Investigative Netzwerk-Recherche

Große internationale Beachtung fand 2016 die Enthüllung, dass Panama als Drehkreuz und Ankerplatz für Milliarden illegal transferierter Dollar fungiert. (»Panama Papers«).

Den Darstellungen der *Süddeutschen Zeitung* zufolge wurden ihr von einem anonymen Whistleblower »John Doe« im Frühjahr 2015 interne Daten der panamaischen Kanzlei Mossack Fonseca angeboten. Dabei handelte es sich um vertrauliche Unterlagen, die auf zahlreiche Steuer- und Geldwäschedelikte sowie den Bruch von UN-Sanktionen durch Kunden dieses Unternehmens hinwiesen. »Mit der Übergabe der Daten der Panama Papers waren keine inhaltlichen Bedingungen verbunden«, betont die Redaktion der *SZ* auf ihrer Website.

Der Datensatz war so umfangreich, dass ihn eine Redaktion in einem Land nicht auswerten, schon gar nicht verstehen konnte. »Die SZ entschied, die Daten gemeinsam mit dem *International Consortium of Investigative Journalists* (ICIJ) auszuwerten« (SZ-Darstellung). Im Fortgang der Datenanalysen wuchs die Kooperation auf rund 100 Medien in 76 Ländern. Insgesamt wurden 12 Millionen Dateien entschlüsselt bzw. lesbar gemacht, die rund 370.000 Offshore-Firmen mit Namen und Adressen enthielten (Angabe des ICIJ).

Im Rahmen der Kooperation entwickelte das in Washington beheimatete Team des ICIJ ein spezielles Netzwerk für dieses *data-based r*esearch-Projekt. Damit gelang es laut ICIJ, die rund 380 Journalisten aus aller Welt, die im Laufe eines Jahres Zugriff auf die Daten erhielten, zum Stillschweigen zu verpflichten. Aus Sicht der Süddeutschen Zeitung »war dieses Management die ganz große Leistung des ICIJ«, zumal man in vergangenen Zeiten mit kooperierenden Kollegen in anderen Ländern keine guten Erfahrungen gemacht habe. Mit den Worten eines SZ-Redakteurs: »Den meisten Journalisten ist das eigene Hemd näher, also der Scoop für das eigene Blatt.«

Aufgrund der Rechercheergebnisse – die beteiligten Medien, darunter *Le Monde, Guardian, Nowaja Gaseta* und *El Pais,* starteten mit der Veröffentlichung Anfang April 2016 – gerieten weltweit Politiker, Konzerne und prominente Persönlichkeiten unter Druck. So musste der isländische Ministerpräsident Sigmundur Gunnlaugsson, nachdem sein privater Geldtransfer publik wurde, am 6. April 2016 von seinem Amt zurücktreten.

Die international organisierte Netzwerk-Recherche in der Art der *Panama Papers* gewinnt auch deshalb an Bedeutung, weil sich mit der Finanzwirtschaft auch Korruption und Kriminalität globalisiert haben. Waffenhandel und Kriegsgüter zum Beispiel, aber auch Finanztransaktionen (insbesondere Schwarzgeld) bleiben für nationale Rechercheure meist unsichtbar. Diesen global agierenden Geldschiebern kann nur auf die Spur kommen, wer international im Team zu recherchieren versteht (Näheres Obermayer/Obermaier 2016:319 ff.).

Das Zusammenspiel von Forschungsmethoden und Rechercheverfahren

Werfen wir zum Abschluss dieses Schnelldurchgangs durch die Geschichte des Recherchierens einen kurzen Blick auf aktuelle Trends in der Welt der empirischen Sozialforschung.

In den USA wurden, wie oben gezeigt, im Laufe der ersten vier Jahrzehnte des 20. Jahrhunderts aus dem Gegenüber von qualitativ-induktiven und quantitativ-deduktiven Verfahren komplexe Methodologien entwickelt: Anstelle nur abstrakter Datenerhebungen oder nur fallbezogener Recherchen werden die zu untersuchenden Themen zerlegt und methodenplural auf unterschiedlichen Ebenen bearbeitet: Demoskopie bei Strukturfragen (inklusive Einstellungen), Experimente und Tests bei Verhaltensfragen, Fallstudien für die Soziografie und deren lebensweltliche Kontexte.

Dabei spielt die kooperative Partnerschaft zwischen universitärer und angewandter Sozialforschung eine bedeutsame Rolle. Sozialforscher übernahmen in der Tradition der »Social Surveys« und später des »Survey Research« auch beratende Funktionen gegenüber der Politik. Deren Problemfragen aus der Urbanitäts-, Sozial- oder Bildungspolitik wurden mit mehrmethodisch angelegten Untersuchungsdesigns operationalisiert. Viele Forschungsergebnisse besaßen deshalb einen doppelten Nutzen: Zum einen leisteten sie zuhanden der Auftraggeber einen aufklärenden Beitrag zur Problemlösung, zum andern führten sie zu Hypothesen über die Dynamik sozialer Prozesse, die sich vermittels weiterer Studien überprüfen und verbessern ließen.

Eingreifende und bewirkende Forschung

In der Sozialforschung gilt die Mitte der 1960er-Jahre von James S. Coleman (1926–1995) im Auftrag des US Departments of Education durchgeführte Studie (Titel: »Equality of Educational Opportunity« 1966) als herausragendes Exempel für die gesellschaftspolitische Relevanz methodenklug verfahrender Forschung (Diekmann 2011:41).

Coleman durchlief wie viele bedeutsame Sozialforscher einen eher disruptiven Karriereweg. Zunächst absolvierte er ein naturwissenschaftliches Fach (Bachelor) und arbeitete als Chemieingenieur bei Eastman-Kodak. Nach zwei Jahren wechselte er zur Columbia-University, um in einem Graduiertenstudium Soziologie bei den beiden führenden Sozialwissenschaftlern Robert K. Merton und Paul F. Lazarsfeld zu studieren. Vor allem Lazarsfelds Konzept, gesellschaftliche und kollektive Wirkungszusammenhänge bis hinab zur Individualebene mit quantitativen Verfahren zu modellieren und mit qualitativen auszuleuchten, faszinierte ihn. Während seiner Professur in Baltimore erhielt er den Auftrag, eine Untersuchung über die für die Schuldbildung der schwarzen Population maßgeblichen Einflussgrößen durchzuführen. Daraus wurde eine der umfassendsten, teuersten und folgenreichsten Studien in der Geschichte der empirischen Sozialforschung. Sie wurde 1966 publiziert und wird seither als »Coleman-Report« zitiert.

Ausgangspunkt war das vom US-Kongress 1964 verabschiedete Gesetz gegen Rassendiskriminierung, demzufolge Schulen, in denen rassengetrennt unterrichtet wurde, keine staatlichen Geldmittel mehr erhielten. Zugleich sah das Gesetz eine empirische Untersuchung solcher Einflussgrößen vor, die Chancenungleichheit erzeugen. Die weit verbreitete Überzeugung (These) lautete, dass der Grad der Schulbildung in erster Linie von der Ausstattung der Schulen (Räume, Personal, Lehrmittel) abhinge. »Die These entsprach auch der Auffassung der Ökonomen, die die Schule als eine Art Fabrik betrachteten, in der mit ›Investitionen‹ [...] Bildungsleistungen ›produziert‹ werden« (Diekmann 2011:41).

Vor der Frage, ob sich die Schulausbildung je Hautfarbe, Nationalität und Religion differenziere, nahm Colemans Forschungsteam als Stichprobe 4.000 Schulen. Dort wurden vermittels von Fragebögen, Tests und Situationsbeobachtungen insgesamt rund 632.000 Schüler erfasst. Angesichts der noch sehr bescheidenen Computerleistung (Lochkarten) folgte eine unerhört aufwendige Datenerhebung und -analyse.

Colemans Befunde wirkten sensationell und führten zu einschneidenden politischen Maßnahmen. Denn entgegen den Erwartungen spielten die Ausstattungsmerkmale eine nur untergeordnete Rolle. Was war stattdessen einflussstark und könnte die Leistungsdifferenz zwischen weißen und schwarzen Schülern erklären? Mit Hilfe multivariater Regressionsanalysen wurden zahlreiche Faktoren (wie: Geschwisterzahl, Schulweg, Bildung und Einkommen der Eltern, Wohnsituation und -ort) durchgerechnet. Schließlich kam u. a. dies heraus: Je höher der Anteil weißer Schüler in einer Klasse, desto höher die Leistungen aller Schüler unbesehen ihrer Hautfarbe oder Ethnie.

Coleman interpretierte diese Befunde dahin, dass die weißen Schüler generell höhere Bildungsansprüche hätten und so ein stimulierendes Lernklima erzeugten: »Die öffentlich vorteilhafte Wirkung einer Schülerschaft mit einem hohen Anteil an weißen Schülern kann nicht per se auf die rassische Zusammensetzung der Schülerschaft zurückgeführt werden, sondern ist das Ergebnis einer solideren Bildung und höherer Bildungsansprüche, die man im Durchschnitt bei weißen Schülern findet« (Coleman 1966:35 f.).

Zwar wurden später im Rahmen von Sekundäranalysen und Nachfolgestudien Verfahrensfehler gefunden. Doch sie stellten die Hauptbefunde nicht in Frage. Man kam überein, dass der Mitschüler-Effekt tatsächlich gegeben, wenn auch nicht so stark ist, wie von Coleman behauptet. Das politisch folgenreiche Fazit des Reports lautete: Wenn nicht die Schulausstattung, sondern die Lernmotivation die Bildungschancen wesentlich beeinflusst, dann muss man die Schülerschaften durchmischen. Diese Folgerung wurde gerichtlich durchgesetzt, indem Schulbusse die farbigen Schüler aus ihren Wohngebieten in die »weißen« Schulen brachten (»busing«). Die *New York Times* nannte damals Coleman den »Busy Advocate of Gains for Negroes« (zit. nach Hunt 1985:81).

Aufschlussreich ist der Coleman-Report auch deshalb, weil die politische Umsetzung seiner Befunde das US-amerikanische Schulsystem in ein gigantisches Experimentierlabor verwandelte. Es kam auch zu unerwarteten Effekten. So bewirkte das »busing«, verbunden mit finanziellen Zuschüssen an die koedukativen Schulen, dass in manchen Stadtteilen der Anteil schwarzer Schüler stark anstieg und in der Folge viele weiße Familien ihren Wohnsitz in einen anderen Stadtteil verlegten – und damit erneut Segregation bewirkten. Daraus entspann sich eine hitzige Folgedebatte, an der sich Coleman erneut lösungsinteressiert beteiligte (Näheres bei Hunt 1985:79–86).

Die für Recherchestrategien aufschlussreiche Herangehensweise Colemans veranschaulicht mustergültig, wie hier »ein Wissenschaftler gleichermaßen kreativ und unvoreingenommen war« und mit seiner »empirisch-soziologischen [...] Untersuchung die praktische Gesellschaftspolitik und Sozialplanung in erheblichem Ausmaß beeinflussen kann« (Diekmann 2011:45). Dies stimmt vor allem deshalb, weil Coleman sich die mit den Anfangsthesen verbundenen Erwartungen des Bildungssystems nicht zueigen machte.

Die Coleman'sche Herangehensweise widersetzte sich dem systemtheoretischen Modelldenken; in theoretischer Hinsicht folgt sie dem Konzept der rationalen Entscheidung und rückte den handelnden Akteur in den Mittelpunkt – ein Ansatz, dem auch das Leitbild der journalistischen Recherche folgt: gesellschaftliche Prozesse und Gegebenheiten werden auf handelnde Akteure (individuelle wie auch korporative Akteure) und deren Handlungen zurückgeführt.

Das Drei-Ebenen-Modell

Für unser Thema zeigt die empirische Sozialforschung in der Folge der US-amerikanischen Survey Research-Tradition und dann des Coleman'schen Methodenverständnisses zweierlei auf:

1) Recherche- und Forschungsmethoden lassen sich bei komplexen Sozialthemen begrifflich nicht mehr sauber trennen, sie verbindet – um die Habermas'sche Formel zu erwähnen – das die Methoden determinierende Erkenntnisinteresse.
2) Die Verfahren bewegen sich, wenn es um komplexe Sozialthemen geht, auf drei Ebenen: Indem der Forscher auf der Makro-Ebene die kollektiv wirksamen Strukturen untersucht, denkt er zugleich an die Mikro-Ebene, auf der sich das Individualverhalten ausprägt. Und wenn er das Individualverhalten beobachtet, denkt er zugleich an die Effekte auf der Makro-Ebene – ein Konzept, bei dem auch die Meso-Ebene der Transformation stets gegenwärtig ist.

Versteht man das Drei-Ebenen-Konzept als ein der sozialen Wirklichkeit angemessenes Modell, dann kann die Meso-Ebene als Schmelztiegel beschrieben werden, der die sozialen Werte, Erwartungen und Zielwünsche, auch das Meinungsklima prägt und verändert.

Mit und seit dem Coleman-Report wird in den empirischen Sozialwissenschaften die Frage, wie Zustandsänderungen ursächlich interpretiert werden können, kontrovers diskutiert. »Wissenschaftler sind vor allem an Aussagen über Kausalbeziehungen interessiert, also an Beziehungen zwischen ›Ursachen‹ und ihren ›Wirkungen‹.« (Schnell 2011:205). Doch im Unterschied zum naturwissenschaftlichen Labor ist die soziale Wirklichkeit komplex und dynamisch; sie lässt sich nicht so vereinfachen, dass eine vermutete Ursache als Grund für ein verändertes Verhalten plausibel gemacht werden kann.

Der Naturwissenschaftler und Philosoph Rudolf Carnap veranschaulichte dieses Erkenntnisproblem am Beispiel eines Verkehrsunfalls: Je nach Betrachterperspektive gibt es ganz unterschiedliche Ursachenerklärungen. Für den Psychologen war es der aufgewühlte Gemütszustand des Fahrers; für die Polizei hingegen die Missachtung einer Verkehrsregel; der Straßenbauexperte hält vielleicht den zu glatten oder regennassen Straßenbelag für die Ursache, der Ökologe denkt an den blendenden Sonneneinfall, der Autoexperte hält den Bremsbelag für ungenügend. »Keiner dieser Leute aber hat die allgemeinere Frage beantwortet: Was war *die* Ursache des Unfalls? [...] Keine einzige Ursache kann als *die* Ursache herausgehoben werden [...]. Niemand kannte natürlich all die Tatsachen und Gesetze [...] Aber wenn jemand sie gekannt hätte, dann hätte er den Zusammenstoß voraussagen können [...]. Kurz zusammengefasst ist das Resultat unserer Analyse: Kausalbeziehung heißt Voraussagbarkeit.« (1969:191 f.).

Dieser Anspruch macht den entscheidenden Unterschied: Die Recherche beginnt mit einer Entdeckung und rekonstruiert deren Entstehungszusammenhang. Sie verwendet kausale Erklärungen nach Plausibilitätskriterien für den Bau eines Sinnzusammenhangs und vermeidet monokausale Deutungen. Dieses Vorgehen ähnelt in methodentheoretischer Hinsicht der »Abduktion« in der Denktradition von Charles Sanders Peirce (1839–1914). Das berühmt gewordene Zitat lautet: »Die Abduktion setzt bei Fakten ein, ohne dabei gleich zu Beginn eine bestimmte Theorie zu verfolgen, wenn sie auch von der Empfindung motiviert ist, dass eine Theorie zur Erklärung der überraschenden Fakten erforderlich ist.« (1958/7:218).

Die wissenschaftliche Forschung indessen kann sich mit diesem Verfahren nicht zufriedengeben. Denn sie will (meistens) nicht nur entdecken und rekonstruieren, sondern beobachtete Effekte unter dem Dach einer Theorie so weit generalisieren, dass sie auch eine Prognose ermöglichen (wie dies auch Coleman wollte): Wenn die Wirkgröße X in der Situation Y auf Personen mit den Eigenschaften A, B, C einwirkt, dann gibt es jedes Mal die messbare Veränderung A_1, B_1, C_1. Mit dieser Zielsetzung ist die

Forschung auf Laborsituationen angewiesen, mit denen sie möglichst viele Einflussfaktoren ausschließen kann. Es sind elaborierte Testverfahren fernab der Aufgabenstellung der Recherche.

Dieses Problem der Sozialwissenschaftler – eine veränderte Situation in ihrem Entstehungszusammenhang kausal zu deuten (Posch 1981:18) – wurde schließlich datenanalytisch angegangen: Der Statistiker Paul W. Holland schlug vor, die Beschreibung eines kausalen Effekts als »Interventionseffekt« zu bezeichnen. Damit meinte er die Differenz zwischen zwei Experimenten: Das eine Mal werden Objekte einer Wirkgröße X (=vermutete Ursache) ausgesetzt, das andere Mal werden diese Objekte – etwa in Gestalt einer Kontrollgruppe – dieser Wirkgröße X *nicht* ausgesetzt. Die Differenz wird dann als kausaler Effekt definiert (Holland/Rubin 1988).

Von den sozialwissenschaftlichen Statistikern kausal interpretiert wird demzufolge die Differenz des Mittelwertes zwischen zwei gemessenen Situationen. Freilich genügt diese künstliche Testanordnung den Anforderungen an eine wirklichkeitsnahe (=valide) Forschung noch nicht. Die »Interpretation der Mittelwertdifferenz als die Größe des kausalen Effekts ist nur dann gültig, wenn eine theoretische Annahme über die potenziellen Ergebnisse eines Experiments für alle Untersuchungsobjekte empirisch erfüllt ist.« (Schnell 2011:206). Um dieses Erfordernis zu erfüllen, müssten beim Experiment sämtliche Störfaktoren bekannt und unter Kontrolle sein, ein Anspruch, der in der Forschungspraxis nur näherungsweise eingelöst werden kann.

Wissenschaft und Journalismus: Verbindendes und Trennendes

Was journalistische Recherche mit empirischer Forschung verbindet

Wenn wir das in den Sozialwissenschaften des vergangenen Jahrhunderts entfaltete und durchgetestete Methodenwissen im Sinne der erwähnten Abduktion auf eingegrenzte Situationen und Gegenstände beziehen (wie dies bei der journalistischen Recherche die Regel ist – vgl. Haller 1987:313 ff.), dann bietet sich folgendes Vorgehen an:

Zuerst wird die Ausgangsfrage oder Problemstellung nicht mit Theorien begründet, sondern auf empirische Sachverhalte bezogen (in der Sprache des Journalismus: »heruntergebrochen«). Oft müssen diese erst deskriptiv beschafft oder ermittelt werden.

Im zweiten Schritt wird der Wissensstand über die Sachlage (Journalismus) bzw. der Forschungsstand (= gesicherte Ergebnisse vorausgegangener Studien) zum Thema beschafft und ausgewertet. Gegebenenfalls wird nun die eigene Untersuchungsfrage (in Bezug auf den Forschungsstand) zur Hypothesenbildung etwa über Ursachen- oder Wirkungseffekte umformuliert.

Die im dritten Schritt durchzuführende Informationsbeschaffung bzw. Datenauswertung verläuft zweistufig: Sie trennt die deskriptive (empirische) von der interpretierenden Ebene. Zur deskriptiven Ebene gehört zum Beispiel die sachgenaue Rekonstruktion des untersuchten Ablaufs, eines Wissensstandes oder einer Schlüsselsituation mitsamt der Akteure und deren Zuständigkeiten. Bei aggregierten Daten geht es um Häufigkeiten und Relationen der ermittelten Merkmale.

Methodenlogisch geschieht der Übergang von der Sach- zur interpretativen Ebene durch die vergleichende Analyse von widersprüchlichen Informationen wie auch von Daten, die in einem Erhebungszusammenhang stehen und über Korrelationen Auskunft geben.

Zur interpretativen Ebene gehören alle Erklärungen, Folgerungen und Begründungen. Sie betten die Daten oder Aussagen der deskriptiven Ebene in einen plausiblen Sinnzusammenhang. Es versteht sich, dass die interpretierende Ebene der deskriptiven nachgeschaltet ist.

Dieses hier knapp und abstrakt skizzierte Verfahren liegt der Beschreibung der Recherchierverfahren und -methoden im zweiten Buchteil zugrunde.

Das Trennende zwischen Wissenschaft und Journalismus

Jenseits dieser Verfahrens- und Methodenfragen gehören Journalismus und Wissenschaft verschiedenen »Systemen« an. Man kann nun Argumente zusammenstellen, die beides zeigen: die verbindenden und die trennenden Merkmale. Der Journalistik-Wissenschaftler Siegfried Weischenberg listete in der den Systemtheoretikern eigenen Sprache folgende Gemeinsamkeiten auf:

- Beide Systeme »wollen Wissen vermitteln« und »produzieren Informationsangebote«,
- beide wollen »ihren Informationsangeboten einen Sinn geben und dadurch der Gesellschaft bestimmte Dienste erweisen«,
- beide stützen sich »auf bestimmte professionelle Methoden«,
- beide liefern »Wirklichkeitsentwürfe«, die »um Objektivität bemüht [sind]«.
- (Weischenberg 1992:51).

Unterschiede sah er insbesondere in diesen Merkmalen:

- Wissenschaft suche nach »Regelmäßigkeiten«, während es im Journalismus »vor allem um Auffälligkeiten« gehe: »Nachricht ist, was sich unterscheidet.«
- Sache des Journalismus sei »die Entdeckung aktueller Probleme«; die Wissenschaft suche »die Lösung langfristiger Probleme«.
- Wegen ihrer Unterschiede sei eine »Verwissenschaftlichung« der journalistischen Methoden nicht hilfreich, zumal sie unter »Objektivität« Unterschiedliches verstünden: Im Journalismus handele es sich um ein eher technisches Merkmal (Verfahrensregeln und Darstellungsmuster). Dem gegenüber gehe es in der Wissenschaft um die Frage, ob »die Trennung von Subjekt und Objekt und somit werturteilsfreie Erkenntnis möglich ist oder nicht.« Allerdings – und da finden sich beide Welten wieder – glaubt auch die Wissenschaft, dank ›objektiver Forschung‹, die Wirklichkeit erfassen zu können. Und dies sei »von Selbstbeschreibungen des Systems Journalismus nicht so weit entfernt« (Weischenberg 1992:53).

Weitere relevante Unterschiede ergeben sich aus den unterschiedlichen Funktionszuschreibungen. Deren Wichtigste:

- Recherchierende Journalisten sollen zur Kritik und Kontrolle von Machtinhabern beitragen und hierfür ggf. auch Widerstände überwinden. Wissenschaftliche Forschung übt keine Machtkontrolle aus und soll während ihrer Feldarbeit auch keine Widerstände überwinden.
- Die journalistische Recherche bearbeitet zeitlich und räumlich eingegrenzte (d.h. singuläre) Vorgänge und betreibt meist Einzelfallstudien; wissenschaftliche Forschung ist an Verallgemeinerung interessiert und sucht nach den Bedingungen, unter denen die ermittelten Befunde im Rahmen einer Theorie eine größere Reich-

weite gewinnen (können). Dabei müht sie sich um eine »Logik der Verallgemeinerung von Einzelfallstudien« (Lazarsfeld 1935).

- Die ermittelnden und aufdeckenden Recherchierverfahren des Journalisten sind mit ihrem »abduktiven« Methodenspiel etwa der Kriminalistik deutlich näher als der wissenschaftlichen Forschung. Auch in der Kriminalistik geht es um die Aufklärung singulärer Vorgänge, also um Einmaligkeit und Eindeutigkeit, nicht um Generalisierung.

Der mit dem wissenschaftlichen Forschen verbundene – für die Reproduzierbarkeit der Befunde notwendige – Methodenzwang engt ein und bedeutet, dass manche Problemstellung für die empirische Forschung unzugänglich bleibt. In dieser Hinsicht ist die journalistische Recherche offener und freier, oft auch ungenauer, weil die Beschreibung real abgelaufener Prozesse zwangsläufig Unschärfen aufweist (beispielsweise die empfindungsreichen Narrationen Betroffener, die im Abgleich widersprüchlich, dabei nur begrenzt überprüfbar sind). Ihr Ziel ist die zutreffende Beschreibung und sinnmachende Deutung eines Ausschnitts aus der Lebenswelt der Menschen. Wie sie dies zielführend tun und was sie dabei unterlassen sollte, beschreiben die folgenden zwei Buchteile.

Zweiter Teil: Recherchierverfahren in der Berufspraxis

Inhalt

Übersicht

Was bringt die (Recherchier-)Reise durch Bibliotheken und Online-Datenbanken? Wie geht man mit Quellen um? Wie funktioniert eine Thesenüberprüfung? Was machen »investigative« Journalisten anders? Wann ist eigentlich eine Recherche abgeschlossen?

Auf diese und viele andere Fragen soll dieser Buchteil Antworten geben. Hier geht es um die Praxis der verschiedenen Recherchierverfahren, wie sie im beruflichen Alltag und vor allem im Umgang mit Nachrichten gebraucht werden.

Welches Verfahren auch immer gewählt wird: In erster Linie geht es darum, über ein Ereignis oder einen Vorgang möglichst viel möglichst präzise sagen zu können. Erst dann stellen sich weiterführende Fragen und Methoden. Dementsprechend ist dieser Teil des Buchs aufgebaut: Zuerst werden die grundlegenden, allgemein geltenden Verfahren vorgestellt, dann die weiterführenden; schließlich werden ausgewählte Spezialitäten behandelt.

Die wichtigste Recherchierarbeit: Das Überprüfen

Stimmt es überhaupt? Der akribische Faktenrechercheur, so erzählt der amerikanische Publizist Curtis D. MacDougall, kam in den 50er-Jahren des 20. Jahrhunderts deshalb wieder in Mode, weil die Zeitungsredaktionen plötzlich merkten, dass die angeblich so akkuraten Agenturberichte oft genug ungenau und schlampig abgefasst waren. Eine an der Universität von Minnesota 1936 durchgeführte Untersuchung ergab, dass von 591 Artikeln dreier Tageszeitungen von Minneapolis nur 54 Prozent fehlerfrei waren. Ähnliche Untersuchungen wurden später wiederholt, doch der Prozentsatz blieb im Großen und Ganzen der Gleiche. MacDougall berichtet zum Beispiel von einer Untersuchung kleinerer Vorstadt- und Landzeitungen von 1968, die ergeben haben soll, dass nur 40,1 Prozent der analysierten 322 Berichte in faktischer Hinsicht fehlerfrei gewesen seien (MacDougall 1987: 109).

Es gibt keinen Grund anzunehmen, dass im deutschsprachigen Raum die Fehlerquote etwa niedriger wäre – eher im Gegenteil: Studien wiesen nach, dass mitunter jeder zweite Bericht nach Einschätzung der Informanten fehlerhaft sei (vgl. Eckardt 2000). Der saloppe Umgang mit Informanten-Äußerungen, die unkritische Verwertung von PR-Pressetexten, aber auch mit Fundstücken aus Datenbanken, Archiven und Online-Angeboten (inklusive Wikipedia) führt zu einer Zunahme unzutreffender Sachaussagen.

Hinzu kommt, dass in vielen Redaktionen sich die Medienleute eher als Textmanager verstehen denn als pingelige Aufklärer ungeklärter Sachverhalte. Inhaltliche Fehler lasten sie meist dem Berichterstatter oder der Pressestelle an. Dabei gehört es genauso zur Aufgabe des redigierenden Redakteurs, die in einem Text enthaltenen Aussagen zu überprüfen – zumindest nach Maßgabe des kritischen Verstandes. Schließlich ist er die letzte Kontrollinstanz vor der Veröffentlichung, er besitzt zudem die notwendige Distanz zum Thema (der themenverliebte Rechercheur hingegen wird im Fortgang seiner Nachforschungen oftmals »betriebsblind«).

Die Recherche ist demnach zuallererst eine Technik zur Überprüfung von Informationen (= Aussagen über Sachverhalte), deren Urheber ja in aller Regel dem bearbeitenden Redakteur unbekannt sind. Zu überprüfen sind aber nicht nur Aussagen, sondern auch deren Quellen.

Quellenkontrolle

Wer ist der Überbringer der Information? Diese einfach scheinende Frage ist mitunter sehr vertrackt, weil es sich bei den überbrachten Informationen, schaut man genauer hin, meist um Kolportagen handelt. Da erzählt jemand etwas, das er von jemandem erfahren hat; und woher wusste es jener: Hat er es nicht auch erzählt bekommen bzw.

irgendwo gelesen – oder war er selbst zugegen? Es liegt auf der Hand, dass Primärquellen zuverlässiger sind als Kolporteure.

Doch die Primärquelle ist nicht per se zuverlässig. Denn sie könnte ja in eigener Sache sprechen, also eine bestimmte Intention verfolgen. Die Frage also ist: Wie steht der Informant zu dem, über das er informiert? Spricht er in eigener Sache (und darum vermutlich einseitig oder gar entstellend) – oder erzählt er mir von einem Vorgang, den er genau kennt, aber mit dem er keine persönlichen Absichten verbindet? Es versteht sich, dass der nicht-involvierte Informant zuverlässiger ist als jener, der in eigener Sache spricht.

Für die Quellenüberprüfung lauten die Kontrollfragen:

- *Ist der Informant zugleich Primärquelle?* (Beispiele: Augenzeuge, Experte, Tagungsteilnehmer, Mitreisender.) Wenn nein: Wer ist die Primärquelle und wie verlief der Informationsweg zum Informanten? (Beispiele: Twitter-Mitteilung eines Spitzensportlers über den DFB; Agenturmeldung aus einer Pressekonferenz; Vortragsskript einer Tagung; mündliche Benachrichtigung durch einen Akteur; Literaturhinweis als Quelle einer Aussage).
- *In welcher Beziehung steht der Informant zum Urheber?* (Beispiele: Er ist dessen Sprecher, dessen Partner, dessen Konkurrent, dessen politischer Gegner, dessen Opfer bzw. Geschädigter, dessen früherer Partner und heutiger Konkurrent usw.)
- *Ist die Primärquelle zugleich der Urheber bzw. ein Akteur im Geschehen?* (Beispiele: Newsletter eines Unternehmens, einer Partei; Interview eines Geschäftsführers; Schilderungen eines Künstlers oder Akteurs) Wenn ja: Welche Interessen verfolgt der Urheber/Akteur? (Beispiele: Marktzugang für ein Produkt; Erfolgsmeldung zur Steigerung des Aktienkurses; Zustimmung der Wähler zu politischen Aussagen.)
- *Wenn der Informant nicht die Primärquelle ist: Wird sie im vorliegenden Material genannt?* Wenn nein: Kann sie der Informant beibringen? Wenn ja: Wieweit kann der Informant deren Zuverlässigkeit einschätzen?

Dass etwa der Urheber oder Akteur ein alter Bekannter, ein netter Journalist oder ein freundlicher Regierungssprecher ist: Dies sind keine Garantien für seine Zuverlässigkeit, die eine inhaltliche Überprüfung entbehrlich machte. So gesehen darf vermutet werden, dass ein Bericht umso mehr Fehler und Mängel enthält, je naiver und/oder bequemer sein Autor oder Redakteur im Umgang mit den Quellen des Informationsmaterials ist.

Doppelregel: Erstens: Je offener der Informant über seine Motive spricht, desto eher darf ihm Vertrauen geschenkt werden. Zweitens: Je authentischer (Idealfall: Zeuge) und kompetenter (Idealfall: Experte) er ist, desto zuverlässiger sind seine Angaben.

Beispiel: An einem Sonntagnachmittag flatterte in einer norddeutschen Großstadt die Meldung der Polizeibehörde auf die Monitore der Lokalredaktionen, dass »46 albanische Asylbewerber mit zum Teil schweren Vergiftungserscheinungen« in die umliegenden Krankenhäuser eingeliefert worden seien.
In der Redaktion A griff der diensthabende Redakteur sogleich zum Telefon, rief den Pressesprecher der Polizei an und verlangte nähere Angaben zur mutmaßlichen Ursache. Der Sprecher sagte, es seien Proben von der Verpflegung genommen worden, entsprechende Befunde lägen in drei Tagen vor. Der Beamte gab indessen die Einschätzung, dass es sich nach Stand der Ermittlungen möglicherweise um eine Salmonellen-Lebensmittelvergiftung handele, die entweder auf den Verzehr von Softeis oder auf verdorbene Speisen, die sich die Betroffenen selbst zubereitet hätten, zurückzuführen sei. Der Redakteur verfasste seinen Bericht und stellte ihn unter dem Titel »Was löste den Infekt aus?« ins Blatt.
Die Redaktion B schickte sogleich zwei Lokalreporter an den Ort des Geschehens. Dort befragten sie als Erstes die Notfallärzte nach der Symptomatik, dem Verlauf und dem mutmaßlichen Auslöser der Vergiftungen. Dann klärten sie den Kreis der Betroffenen genau ab und befragten etwa zehn (Stichprobe) nach deren Essgewohnheiten und dem ersten Auftreten von Krankheitssymptomen. Im Anschluss wurden die am Ort eingetroffenen Vertreter der (für die Unterbringung zuständigen) Sozialbehörde und (die aufsichtführende) Innenbehörde befragt. Deren Angaben wurden den hinzugekommenen Sprechern des Flüchtlingsrats vorgelegt; umgekehrt wurden die Behördensprecher mit der Kritik, die sich auf die Verpflegung der Asylanten bezog, konfrontiert. Nach zwei Stunden werteten die Reporter ihre Befragungen aus. Fazit: Erstens handelte es sich tatsächlich um mindestens 60 Asylbewerber, die sich aus acht verschiedenen Nationalitäten zusammensetzten, und die alle von der offiziellen Nahrung gegessen oder mit einem Esser direkten Kontakt gehabt hatten. Zweitens sprachen die Symptomatik und der Ereignisverlauf dafür (und nicht dagegen), dass es sich um eine durch die Verpflegung verursachte Salmonellenvergiftung handelte. Am andern Tag brachte die Zeitung einen großen Recherchenbericht unter der Überschrift: »63 Bewohner im Krankenhaus – Verdacht auf Salmonellen«. Drei Tage später lagen die bakteriologischen Beweise vor. Es handelte sich zweifelsfrei um eine – durch das mit der Verpflegung verabreichte Hühnerfleisch ausgelöste – Salmonellenvergiftung.
Redaktion A hatte nicht erkannt, dass hier die Polizei keineswegs ein sachneutraler Experte war, denn sie untersteht der – in dieser Sache parteilichen – Innenbehörde. Als neutrale Experten konnten hier einzig die Notfallärzte gelten. Alle anderen waren mehr oder weniger stark involviert und mussten darum »im Gegencheck« abgefragt und mit den Einschätzungen der je anderen Seite konfrontiert werden.

Faktenkontrolle

In einer Newsredaktion kann nicht jeder Text, der publiziert werden soll, vollständig überprüft werden. Doch je folgenreicher die Publikation für die am Geschehen Beteiligten sein wird, umso zwingender ist die wahrzunehmende Sorgfaltspflicht, so wahrhaftig (so zutreffend) wie möglich zu berichten. Vor allem, wenn es um ein brisantes Thema geht, wenn die Veröffentlichung Menschen, Organisationen oder Unternehmen Schaden zufügen und prozessträchtig werden könnte, ist ein exaktes »checking« sämtlicher Fakten sinnvoll.

Regel: Informationen, die nicht verifiziert werden können, müssen als Aussage einer konkreten Quelle – in direkter oder indirekter Rede (= kolportierend) – dargestellt oder ganz gestrichen werden. Ungesichertes Gerede muss als solches deutlich gekennzeichnet werden.

Die redaktionelle Faktenkontrolle nach dem *Verifikationsverfahren:*

- Jede Sachaussage im Text wird unterstrichen, jede Ursachenbehauptung wird zusätzlich farbig markiert, jedes Zitat in einer anderen Farbe.
- Dann wird für jede Tatsachenbehauptung, die nicht allgemein bekannt ist, wie auch für jedes Zitat die vom Artikelschreiber genannte Quelle neben oder in den Text geschrieben (bei PDFs über die Bearbeitungsfunktion).
- Anschließend prüft der Redakteur jede der genannten Quellen auf ihre Glaubwürdigkeit (etwa: ein namentlich bekannter Informant, ein Firmensprecher, die Presseagentur) oder ersatzweise ob der Verfasser seine Quelle belegen kann (Augenschein, Gesprächsnotizen, ein Dokument, eine Webseite oder ein Blogeintrag usw.).
- Bei strittigen Sachverhalten vergleicht der Redakteur die Aussagen nach Maßgabe der Zuverlässigkeit der Quellen.
- Schließlich beurteilt der Redakteur, ob kausale Darstellungen durch Ablaufschilderungen hinreichend belegt und plausibel sind.

Kaum nötig zu sagen, dass komplette Kontrollverfahren eher die Ausnahme sind. Dennoch sollte gerade der noch ungeübte Redakteur bei konflikthaltigen Recherchenberichten, die ihm zum Redigieren auf den Schreibtisch gelegt werden, ein solches »checking« der Fakten und Quellen vornehmen. Mit einiger Übung entdeckt er dann bald einmal die Schwachstellen einer Recherche auch ohne dieses aufwendige Verfahren.

Erfahrene Redakteure nutzen neben ihrem kritischen Verstand und ihrem Fachwissen auch handfeste Überprüfungsverfahren zur Kontrolle der für die Veröffentlichung bestimmten Texte. Es ließe sich so manche aufgeblasene Zeitungsente rechtzeitig zur Strecke bringen, wenn die textverarbeitenden Redakteure ihre Rolle im Sinne einer kritischen Instanz gebrauchen würden.

Beispiele: Die im Frühsommer 1983 mit riesigem Wirbel geplatzte Geschichte des Stuttgarter Militaria-Händlers Konrad Kujau alias Fischer, der für den *Stern* via Reporter Heidemann angebliche »Hitler-Tagebücher« fabrizierte, zeigte schlaglichtartig, wie nachhaltig selbst simple Überprüfungsregeln (wie: Prüfung des tatsächlichen Alters des Papiers) »vergessen« wurden – eine Folge des Vermarktungsjournalismus. Denn rund 10 Millionen DM waren dem *Stern* die gezinkten Kladden teuer gewesen, die er als *Scoop*, d. h. als historischen Enthüllungsknüller der staunenden Weltöffentlichkeit darbot. Statt der journalistischen Skepsis treu zu bleiben, war aus blindmachendem Erfolgszwang eingekauft worden. Der mit dem Skandal verbundene Glaubwürdigkeitsverlust wirkte sich nachhaltig auf die Reputation aus.

Kaum anders erging es dem *Spiegel*, als er bei einem sogenannten Historiker in Belgrad ein angebliches Beweisstück für die Schuld Kurt Waldheims als Nazi-Offizier während der deutschen Besetzung Jugoslawiens publizierte (Ausgabe 5/1988). Die zwei zuständigen Redakteure merkten nicht, dass jenes Dokument, ein Telegramm, – ähnlich wie im Fall Kujau – auf einem erst nach dem Krieg hergestellten Papier gedruckt war, eine Fälschung, die das Bundeskriminalamt innerhalb weniger Tage aufdecken konnte.

Sonder- und Ausnahmefälle

Verdachtsberichterstattung: Mitunter steckt der Rechercheur im Dilemma, dass er für die Hergangsüberprüfung nur einen Augenzeugen findet. Und wenn nun dieser Zeuge widerspruchsfrei erzählt? Wenn seine Erzählung mit den beschafften sonstigen Fakten übereinstimmt? Die Verlockung ist groß, den Zeugenbericht nun im Indikativ als objektive (= intersubjektiv überprüfte) Tatsache darzustellen. Oft geht das auch gut. Gleichwohl ist es seriöser, die Schilderungen als Aussagen dieses Augenzeugen (in direkter oder indirekter Rede) wiederzugeben. Dies ist im Übrigen zwingend, wenn die Veröffentlichung den Betroffenen Schaden zufügen könnte. Hier muss das öffentliche Interesse überwiegen und die journalistische Sorgfaltspflicht genau beachtet werden. Zudem müssen die Leser/Hörer/Zuschauer sogleich erkennen können, dass es sich um einen Verdacht und nicht um eine belegte Tatsache handelt (vgl. BGH, NJW 1977: 1288 ff.).

Erstes Beispiel: Als der Manager Lopez von General Motors/Opel in den Vorstand der Volkswagen AG wechselte, schrieb *Der Spiegel* über den Verdacht, Lopez habe Firmengeheimnisse aus dem Opel-Werk an VW verraten und General Motors deswegen gegen ihn Strafantrag gestellt (in: *Spiegel* 21/1993). Über die von Lopez gegen den *Spiegel* eingereichte Klage urteilte das Gericht, der *Spiegel* habe hier über die dem Verdacht zu Grunde liegenden *Tatsachen* berichtet, im Zuge der Recherchen auch VW einbezogen und detailliert befragt (d.h. der Sorgfaltspflicht genügt) und keine Vorverurteilung vorgenommen, vielmehr den ungesicherten Status der Informationen deutlich gemacht. Es handele sich auch nicht um eine leichtfertig erhobene Beschuldigung, da sich der *Spiegel* auf die Strafanzeige von General Motors bezogen habe (vgl. Fricke 2010:263.).

Zweites Beispiel: Das in den USA populäre 14-Tage-Magazin *Rolling Stone* veröffentlichte im November 2014 unter der Überschrift »A Rape on Campus« (»Eine Vergewaltigung auf dem Campus«) die Geschichte einer jungen Studentin an der renommierten Universität von Virginia. In dieser Geschichte erzählt die junge Frau eine schreckliche Begebenheit: Sie habe sich mit einem Studenten verabredet, der sie dann zu einer Party im Haus einer renommierten Studentenverbindung mitgenommen habe. Dort sei sie in ein Hinterzimmer gelockt worden, wo sie von sieben Männern aufs Brutalste vergewaltigt worden sei. Der Student, der sie mitgebacht hat, habe einfach nur zugesehen. Diese Gruppenvergewaltigung, so stand jetzt in dem Bericht des Rolling Stone, sei eine Art Initiationsritual, dem neue Mitglieder der Verbindung unterzogen würden. Die Story erzählt viele Details: welche Möbel in dem Zimmer standen, was die jungen Männer im Einzelnen getan haben und wie sie die verletzte Frau im Stich gelassen hätten. In der Story wird diese Studentin nur »Jackie« genannt, eine Abkürzung ihres tatsächlichen Namens. Auch wurden drei beteiligte Männer zitiert, alles indirekte Zitate aus dem Munde des Opfers. Die Autorin, die Journalistin Sabrina Rubin Erdely, erklärte dies damit, dass sie dem Opfer eine Stimme geben wollte. »Jackie« sei stark traumatisiert; deshalb habe sie Rücksicht nehmen wollen und deren Aussagen als Tatsachen übernommen.
Die Veröffentlichung löste an der *University of Virginia* einen Sturm der Entrüstung aus. Es gab Protestdemonstrationen über das Problem der sexuellen Gewalt gegenüber jungen Frauen.
Wenig später schöpfte ein Journalist der *Washington Post* Verdacht. Ihm kamen Zweifel, weil er mehrere Detailschilderungen für unglaubwürdig befand. Er machte eine simple Überprüfungsrecherche. Zum Beispiel prüfte er nach, ob zu dem angegebenen Datum im Haus der Studentenverbindung eine Party stattgefunden habe. Ergebnis: nein. Die als Hauptakteur beschriebene Person war kein Student und zur Tatzeit nachweislich verreist. Die angeblichen Zeugen dementierten alle Zitate und erklärten die Schilderung für erfunden – ein Fake. Sein 14 Tage nach dem Report publizierter Bericht führte nun umgekehrt zu heftigen Web-Attacken gegen die Zeitschrift »Rolling Stone«. Daraufhin beauftragte die Chefredaktion der Zeitschrift die Journalistenschule der Columbia University in New York, die Aussagen der Story zu überprüfen. Am 4. April 2015 wurde der Prüfbericht vorgelegt. Ergebnis: Für die Gruppenvergewaltigung gab es keine Belege. Viele wichtige Fakten in dem Bericht waren eindeutig falsch. Zwar wisse man nicht, ob der Studentin »Jackie« irgendwann und irgendwo etwas widerfahren sei. Man wisse aber, dass zur angegebenen Zeit am

angegebenen Ort mit den genannten Personen keine Vergewaltigung stattfand. Der Report listet zahlreiche handwerkliche Fehler der Verfasserin sowie der Redaktion auf. Am 6. April 2015 zog die Chefredaktion der »Rolling Stone« die Story offiziell zurück. Drei Monate später trat Chefredakteur Will Dana zurück. Auf die Zeitschrift kamen Schadensersatzklagen in Millionenhöhe zu. Den noch größeren Schaden haben jedoch tatsächliche Vergewaltigungsopfer, denen nun nicht mehr geglaubt wurde.
(www.rollingstone.com/culture/features/a-rape-on-campus-what-went-wrong-20150405).

Vertrauliche Quellen: Und was tut man, wenn der einzige Augenzeuge nicht genannt werden will, der Rechercheur also keine authentische Quelle nennen kann? Zunächst gilt: Der Rechercheur respektiert den Wunsch, Vertraulichkeit ist im Journalismus oberstes Gebot und durch Ziffer 5 des Pressekodex geschützt. Gleichwohl »verhandelt« er mit seinem Zeugen, vielleicht sind dessen Bedenken oder Ängste aus der Luft gegriffen. Beharrt aber der Zeuge auf Anonymität, dann sollte seine Zuverlässigkeit doppelt genau bei Dritten oder, wenn zu heikel, dann etwa mit Fangfragen überprüft werden.

Beispiele für solche Kontrollfragen: Stimmt seine Berufsangabe? (Stellen Sie Fachfragen aus seinem Berufsfeld.) Wie verlief seine Ausbildung? (Wo hat er welche Prüfungen mit welchem Grad abgelegt – und bei wem?). Hat er wirklich an dem genannten Ort gelebt? (Fragen Sie ihn, ob er das Restaurant in der nahegelegenen XY-Straße kennt.) Fragen Sie nach Bekannten oder Kollegen, die Sie wiederum befragen können.

Auch wenn sich der Zeuge als zuverlässig zeigt, sollte der Recherchenbericht die Quellenlage (= ein Zeuge, der nicht genannt werden will) nennen. Dies macht den Bericht glaubwürdiger als eine abgegriffene Allerweltsformel in der Art »gut informierter Kreise«.

Güterabwägung: Mitunter fühlt sich der überprüfende Redakteur unter Druck gesetzt und genötigt, die Überprüfung abzukürzen oder ganz fallen zu lassen. Die häufigsten Situationen:

- *Aktualitätsdruck:* Die Information ging an viele Web-Medien und soll schnellstmöglich online. Oder bei Printmedien: Sie kommt knapp vor Redaktionsschluss, also muss entschieden werden: fallen lassen oder drucken? (Berühmt ist der Fall Barschel auch, weil Barschels Pressereferent Pfeiffer mit seiner umfangreichen Enthüllungsgeschichte am Mittwoch zum *Spiegel* kam, am Freitagnachmittag bereits Redaktionsschluss war und am Sonntag Landtagswahlen. Die *Spiegel*-Chefredaktion ging auf Risiko und publizierte.)

- *Konkurrenzdruck:* Die Information könnte auch zur Konkurrenz-Redaktion gelangt sein. Was ist, wenn »die« zuerst damit kommen? (Aus Angst, nicht der Erste zu sein, bringen News-Websites immer mal wieder kapitale Falschmeldungen etwa über Potenzpillen aus Pflanzen, Burkini-Ausziehzwang, den Tod des Papstes oder das Baby des Popstars.)
- *Preisdruck:* Der Informant gibt zu verstehen, dass eine andere Redaktion seine mit der Informationsbeschaffung verbundenen Mühen »angemessen« entschädigen wolle. Soll man also das Scheckbuch zücken, auf die Gefahr hin, dass dann nur deshalb die Geschichte publiziert wird, weil dafür Geld bezahlt wurde? (Gehäuft kam dies bei *Focus* und dem *Spiegel* im Zuge der Politiker- und Parteispendenaffäre Ende 1999 vor.)

Es wäre realitätsfremd zu fordern, dass der *Gegencheck* (= Befragung derjenigen, auf die sich die Enthüllung bezieht) *immer* durchzuführen wäre. Zu verlangen ist aber, dass die Redaktion im justiziablen Sinne die Sorgfaltspflichten einhält und, vor allem, dass sie den möglichen Schaden für die Betroffenen berücksichtigt. Es geht dabei meist um die Abwägung zwischen öffentlichem Interesse und geschäftlichen Interessen oder um Schutzinteressen der Privatsphäre. Und hier sollte der Kodex des Deutschen Presserates Maßstab sein.

Die häufigste Recherchierarbeit: Vervollständigen

Mehr darüber wissen wollen: Ausgangspunkt jeder Recherche sollte eigentlich die *Neugier* sein: Die dem Redakteur vorliegenden – notabene überprüften – Informationen über einen Anlass, ein Ereignis oder einen Vorgang genügen (ihm) nicht. Er beginnt deshalb, Nachforschungen anzustellen. Allerdings auf die angeborene Neugier allein sollte er dabei nicht vertrauen, weil sonst jede Wasserstandsmeldung zu Recherchen Anlass geben könnte. Der zumeist schon überlastete Redakteur benötigt deshalb Kriterien, die gleichsam im Eilverfahren eine Einschätzung der *Relevanz* der vorliegenden Informationen im Verhältnis zum *Rechercheaufwand* (Zeit, Ressourcen) gestatten.

Relevanz-Kriterien

Als Kriterien für die Recherchierentscheidung sind folgende Einschätzungsfragen hilfreich:

- Hat das Ereignis bemerkenswerte *Auswirkungen* für einen Teil der Bevölkerung, also auch für die Leserschaft?
- Hat das Ereignis oder die Themenidee *eine symptomatische Bedeutung*, indem es auf eine Entwicklung, einen Trend verweist?
- Besteht an der Veröffentlichung (etwa entgegen der Geheimhaltungswünsche der Beteiligten) ein übergeordnetes Interesse?
- Wird der Vorgang auf das Alltagsleben der Bevölkerung (des Publikums) *Einfluss* nehmen?
- Ist die Kenntnis des Vorgangs für *die politische Meinungsbildung* von Bedeutung?

Jedes dieser Kriterien genügt, um einer Information *Relevanz* zu geben. Jede relevante Information führt zur Erweiterungsrecherche.

Meldungen, Berichte, Dokumente oder Pressemitteilungen, die in diesem Sinne *relevant* sind, prüft der Redakteur auf ihre Vollständigkeit: Geben die Ausführungen auf die fünf »W«-Fragen (wer, was, wann, wo, wie – die sechste »W«-Frage nach dem Warum bleibt hier meist offen) hinreichend Auskunft? Oft sind schon die Antworten auf die entscheidenden ersten *vier Sachverhaltsfragen* viel zu mager: *Wohin* genau reiste der Regierungsvertreter, nachdem er die Erklärung abgab? *Seit wann* genau ist das fragliche Produkt im Handel? *Wer alles* war am gestrigen Beschluss zur Umwelt-Initiative beteiligt? *Wie* kam die Autorin an diesen Kriminalfall? Und so weiter.

Doppelte Erweiterung

Bei der Erweiterung der Informationen sollte darauf geachtet werden, dass *zuerst* die Sachverhaltsfragen genau beantwortet werden. Die zwei wichtigsten Zielsetzungen der Vervollständigung:

- Alle *naheliegenden* Sachverhaltsfragen unter Einschluss der Frage nach der Quelle muss der Text beantworten können.
- Wenn sich das Geschehene weitgehend lückenlos rekonstruieren lässt, können die für den *Zusammenhang* maßgeblichen Aussagen ermittelt und plausibel gemacht werden.

Die für die *Deutung* zentralen Antworten auf Kausal- und Bedingungsfragen »Wie« und »Warum« haben meist spekulativen Charakter, weil jede plausible Antwort sehr genaue Kenntnisse über den Geschehenshergang, also erschöpfende Antworten auf die ersten vier »W« *voraussetzt.*

Typische Testfragen des Redakteurs für die Deutungsebene:

- »Was hat XY veranlasst, diese Entscheidung zu treffen/nicht zu treffen, diesen Schritt zu tun/zu unterlassen, etc.?«
- »Ich möchte wissen, welche Umstände und welche Maßnahmen dazu geführt haben, dass ...«
- »Wieso haben sich die fraglichen Personen so (und nicht anders) verhalten, wie es in diesem Bericht, dieser Kolportage etc. dargestellt wird?«

Wenn solche Fragen plausibel – und mit Sachverhaltsinformationen belegt – beantwortet werden können, ist die Recherche vollständig.

Regel: Der erste Schritt der Erweiterung geht nicht nach außen, sondern ins Zentrum des Geschehenen und sorgt für Detailgenauigkeit (wer alles? Seit wann genau? Wo auch noch? Usw.). Erst der zweite Schritt geht ins Umfeld und beschafft Informationen zur Einordnung und Gewichtung des Geschehenen (wie: Vorgeschichte, Analogien, Vergleiche, Beispiele).

Problem Pressematerial

Vor allem im *Lokalbereich* handelt es sich bei dem zu vervollständigenden Material meist um Informationen der Behörden, um amtliche Mitteilungen (wie: Polizeibericht) und um Pressemeldungen von Vereinen und Unternehmen. Wenn diese Informationen an einer Medienkonferenz abgegeben werden, sollte der Redakteur das

Material nicht einfach zufrieden in die Tasche schieben und Richtung Redaktion davonziehen, sondern *sogleich* überprüfen, ob es

- den Hergang und die Umstände hinreichend dokumentiert,
- den aktuellen Sachverhalt genau genug darstellt und
- die Beteiligten vollzählig aufführt.

Oftmals bietet das Informationsmaterial eine in Hochglanz gepackte Suada inhaltsleerer Formulierung. Dann muss die Kerninformation erst freigelegt, durch genaues Nachfragen geklärt und dann angereichert werden. Alle naheliegenden Fragen sollten beantwortet werden.

Für *Pressekonferenzen* gilt im Übrigen die Regel: Wichtige oder interessante Nachfragen nicht während der Konferenz stellen, sondern die Konferenz dazu nutzen, einen Telefontermin eine Stunde später zu vereinbaren, um dann die (gut vorbereiteten) Ergänzungsfragen zu stellen. Schließlich soll ja die Ergänzungsrecherche exklusiv sein.

Das Ganze aufrollen: Oftmals ist die Absicht des Rechercheurs, das vorliegende Material zu ergänzen, um einen »runden« Bericht machen zu können, bereits der Einstieg in eine *eigenständige größere* Recherche.

Beispiel aus einer süddeutschen Stadt: Es ging eine Polizeimeldung per E-Mail in der Redaktion ein: Am vergangenen Morgen um 7.00 Uhr sei die Feuerwehr ausgerückt wegen eines Dachstuhlbrandes in der Grünen Straße, welcher nach zwei Stunden unter Kontrolle habe gebracht werden können. Der Schaden müsse auf 1,8 Millionen beziffert werden.

In der Online-Zeitung war diese Meldung kommentarlos publiziert worden. Die Konkurrenz brachte einen Tag später einen größeren Eigenbericht – und der entstand folgendermaßen: »Warum«, so die Einstiegsfrage der cleveren Redakteurin, »gab es einen derart hohen Schaden bei einem eher kleinen Dachstuhlbrand?«

Ihre Nachfrage ergab, dass eine Firma, die im Parterre des Hauses ein Büro unterhielt, unter dem Dach ein Labor für chemische Analysen eingerichtet hatte – und dies in einem Wohngebiet. Die Redakteurin wurde stutzig. Nach längerem Hinterfragen brachte sie zutage, dass die Firma keine Bewilligung hatte, den Dachstuhl für gewerbliche Zwecke zu nutzen. Weitere Abklärungen ergaben, dass die Behörde von dem Labor hätte wissen müssen, denn die Nachbarn hatten schon wiederholt nachgefragt und reklamiert. Die zentrale, auf Deutung gerichtete Frage für den Fortgang der Recherche lautete nun: Warum ist die Baupolizei gegen den Firmeninhaber nicht eingeschritten? Ein ehemaliger Angestellter der Firma behauptete, der Unternehmer und der Behördenchef seien Vereinsfreunde, da wasche eine Hand die andere. Einen Beleg konnte die Rechercheurin aber nicht beibringen; so unterblieb zwar der Vorwurf der Kungelei, doch die Kritik an der Behördenschlamperei war deutlich genug. Im Gemeinderat kam es zu einer Anfrage, weitere Nachlässigkeiten der Behörde kamen ans Licht …

Das Beispiel zeigt, dass die nachforschende Rechercheurin nicht willkürlich, sondern methodisch vorgeht: Ausgangspunkt war das Fragliche, das Nichtplausible bzw. Ungeklärte (was im Übrigen kritisches Mitdenken auch beim Redigieren der Berichte von Mitarbeitern voraussetzt).

- *Als Erstes* formuliert die Rechercheurin das ihr Unklare als klare Frage (hier: »Wie kam es zu dem für einen Dachstuhlbrand ungewöhnlich hohen Schaden?«).
- *Als Zweites* sucht sie den »Einstieg« in die Recherche: Feststellung des Ereignisorts für den Augenschein, Auflistung beteiligter Personen, Auflistung von Auskunftspersonen.
- *Als Drittes* beschafft sie sich durch Augenschein und Befragung verschiedene Versionen über die ungeklärte Begebenheit (hier: Aussagen, die den hohen Sachschaden erklären sollen).
- *Als Viertes* prüft sie die Versionen auf Übereinstimmungen untereinander resp. gegenüber dem schon vorliegenden Material.
- *Als Letztes* entscheidet sie sich für die am besten belegte, plausibelste Version und referiert sie als mutmaßliche Erklärung/Begründung (in diesem Beispiel: Schlamperei der Baupolizei resp. der ihr vorgesetzten Behörde).

Risiken

So manche, als Erweiterung begonnene Vollrecherche führte nach ihrer Veröffentlichung zu peinlichen Berichtigungen, weil sich im Nachhinein herausstellte, dass die Ausgangsinformationen nicht oder nicht ganz zutrafen. Der Rechercheur unterließ deren Über-prüfung, weil er sie aus dem Internet oder einem vermeintlich neutralen Expertenpool gezogen hatte und für abgesichert hielt. Doch Irrtum: Auch Verlautbarungen eines Forschungsinstituts können unter bestimmten Gegebenheiten so fehlerhaft sein wie ein PR-Text oder eine Kolportage (erstes Beispiel). Mitunter verleiten eher triviale Ereignisse auch dazu, sie mit bunten Fantasien auszuschmücken und aufzuplustern, vorausgesetzt, im Ereignis stecken auch komische oder bizarre Aspekte (zweites Beispiel).

Erstes Beispiel: Die von einer Bremer Professorin in einer Expertise aufgestellte Behauptung, das AKW Krümmel habe radioaktive Strahlung abgegeben, wurde von vielen Medien unüberprüft übernommen, weil die Verfasserin als kompetente Expertin wahrgenommen wurde. Einige Medien erweiterten diese Behauptung und verfassten Schauergeschichten über die wahren Gründe gehäufter Leukämiefälle in der Elbmarsch. Schon nach wenigen Tagen brach die Geschichte in sich zusammen – nicht aufgrund journalistischer Recherchen, sondern dank anderer Wissenschaftler, die sich mit korrekten Daten an die Öffentlichkeit wandten. (Nachkonstruiert von Manfred Redelfs 1999:14 ff.).

Zweites Beispiel: Auf Sylt wurde eines Nachts der japanische Koch eines einfachen Imbiss-Lokals von zwei Handwerkern erschlagen. Vorgeschichte: Die beiden waren mit dem Essen unzufrieden und hatten die Bezahlung verweigert. Abends traf man sich zufällig wieder und es kam zu der tödlich endenden Prügelei. In der *Bild*-Zeitung erschien daraufhin diese Geschichte (Vorspanntext): »Sylt – Er zauberte kulinarische Köstlichkeiten im Nobel-Restaurant ›Billionaire‹ auf Sardinien, er kochte in Moskau für Michail Gorbatschow. Bei ihm speisten Denzel Washington, Phil Collins und Günther Jauch./ Jetzt wurde Miki Nozawa († 57) vor einem Sylter Nachtclub von Handwerkern erschlagen, weil ihnen das Essen des Sterne-Kochs nicht geschmeckt hatte.« Die Deutsche Presse-Agentur (dpa) übernahm die Geschichte unüberprüft und dichtete noch hinzu, der berühmte Koch sei »Spezialist für japanisch-italienische Fusionküche« gewesen. Daraufhin trat die schlimme Story vom welterfahrenen Star- und Sterne-Koch ihre Reise durch viele Medien an, darunter auch so seriöse wie *sueddeutsche.de*, *welt.de* und *spiegel.de*. Am selben Tag wurde sie von internationalen Agenturen und Deutschlandkorrespondenten abgeschrieben. So erschien die Story in vielen Ländern bis zu den australischen Medien. »Und mit einem Mal hat eine Imbissbude auf Sylt Michelin-Ehren« schrieb der Reise- und Foodjournalist Thomas Knüwer, der den Fall drei Tage später überprüfte (Quelle: http://www.gotorio.de/start/2013/5/17/wie-die-deutschlands-medien-einen-star-koch-erfinden-und-die.html).

Wie schnell aus einer per Suchmaschine flüchtig durchgeführten Umfeldrecherche eine sachlich falsche Erweiterung oder gar ein Fake wird, zeigte das zweite Beispiel. Der Vita des Kochs zufolge war dieser Jahre zuvor auch mal in einem Restaurant beschäftigt, in dem die eine oder andere Prominenz gespeist haben soll, unbesehen der Frage, ob und wann der fragliche Koch dort tätig war. Dies genügte den Redakteuren als Pseudo-Beleg dafür, dass es sich um einen »Sterne-Koch« gehandelt habe (Näheres in der oben genannten Quelle).

Die riskante Recherchiermethode: Die Thesen-Kontrolle

In zwei von drei Fällen, so bestätigen berufserfahrene Medienleute, steht im Zentrum der Recherchierarbeit der Versuch, diverse Behauptungen, Gerüchte und Vermutungen über die *Ursache* eines Ereignisses dahingehend zu *prüfen,* ob sie zutreffen. Man muss also einer Sache in faktischer wie auch in erklärender (deutender) Hinsicht auf den Grund gehen – und dies macht man in zwei Phasen:

1. Phase: Behauptungen oder Gerüchte über den *Hergang* sollen »hart gemacht« werden nach dem Motto: »Stimmt es tatsächlich, dass … ?« (Überprüfung).

2. Phase: Die nun verifizierten Aussagen über den Sachverhalt werden hinterfragt nach dem »Warum«-Schema: »Warum kam es dazu, dass … ?« (begründende Erklärung auf Plausibilität prüfen).

Wenn die Stimmt-es-überhaupt-Frage auf der ersten Stufe trotz nachfassender Überprüfung nicht beantwortet werden kann, dann kann auf die zweite Phase verzichtet werden, weil die Begründungen meist reine Spekulation bleiben. In diesem Falle sollte der Rechercheur die ganze Sache (mit Ausnahme der Spesenrechnung) am besten wieder vergessen. Ist er aber auf der Faktenebene fündig geworden, kann er nun anstelle des Gerüchts eine auf Sachverhalte und chronologische Ablaufinformationen abgestützte *Hypothese* entwickeln. Diese ist der Einstieg in die nun folgende Hauptrecherche.

Beispiel: Die 1997 vom Hamburger Institut für Sozialforschung in vielen deutschen Städten gezeigte sogenannte Wehrmachtsausstellung (»Vernichtungskrieg. Verbrechen der Wehrmacht 1941–1944«) präsentierte 801 Bilddokumente, auf denen tote Zivilisten sowie bewaffnete Wehrmachtsangehörige zu sehen sind, die sich, mit der Waffe in der Hand, neben den Leichen fotografieren ließen. Die These, die mit der Ausstellung bewiesen werden sollte, lautete: Die deutsche Wehrmacht war an schwersten Verbrechen gegen die Zivilbevölkerung sowie an der Vernichtung der Juden aktiv beteiligt. Diese These gilt im Übrigen seit den Nürnberger Prozessen von 1947/48 gegen deutsche Wehrmachtsgenerale als unstrittig. Also wollten die Aussteller mit ihrer Bilderdokumentation die von ehemaligen Wehrmachtsangehörigen verfochtene Gegenthese, die Wehrmacht habe im Krieg nur nach Kriegsrecht gehandelt, widerlegen und die Mitschuld der Wehrmacht ins allgemeine Bewusstsein heben. Die Aussteller waren so überzeugt, dass sie die von Kritikern vorgebrachten Zweifel an der Gültigkeit einzelner Bildzuweisungen mit Unterlassungsklagen und Prozessdrohungen konterten.

Als dann 1999 ein neutraler Sachkenner, der polnische Historiker Bogdan Musial in der renommierten Fachzeitschrift *Vierteljahreshefte für Zeitgeschichte* nachwies, dass zahlreiche Bilder vermutlich Gräuel der Sowjetischen Geheimpolizei und nicht der Wehrmacht zeigten, entbrannte eine öffentliche Diskussion über die Gültigkeit der Dokumente. Schließlich wurde die Ausstellung »zur Überarbeitung« geschlossen.
Dieses Beispiel aus der Welt der Wissenschaft, wo die Verpflichtung zur Wahrheit in viel strengerem Maße eine berufsethische Norm darstellt als im Journalismus, zeigt uns die Gefahr der Thesen-Gläubigkeit besonders deutlich: Die gut gemeinte Absicht, die Mitschuld der Wehrmacht augenfällig zu machen, verleitete die Ausstellungsmacher zu einem Vorgehen, das man »Vorurteilsbestätigungsrecherche« nennen könnte: Im Zweifelsfalle wurden Bilder von Gräueln mit fingierten Bildtexten der Wehrmacht angelastet (statt den Zweifelsfall zu klären). Als dann die Überprüfung die Fragwürdigkeit einiger Belege an den Tag brachte, stand die Glaubwürdigkeit der ganzen Unternehmung in Frage. Und weil die Ausstellung einige Falsifikate gezeigt hatte, konnten die Gegner die gesamte Schuldthese als Machwerk abtun.

Das Thema zerlegen

Handelt es sich bei dieser Ausgangsthese um einen komplizierten Sachverhalt, dann empfiehlt es sich, ihn in *verschiedene Aussagenelemente* aufzugliedern, von denen *jedes* Element wieder Ausgangspunkt einer Überprüfung wird.

Zu beachten ist dabei, dass durch Widerlegung oder Modifikation einzelner Aussagenelemente der Hergang des ganzen Geschehens, die Rolle und die Beweggründe der Akteure sowie die kausal zu deutenden Folgen verändert werden können, so dass sich die (Be-)Deutung des Gesamtzusammenhangs ändert.

Beispiel: Einem Lokalredakteur einer großen norddeutschen Stadt liegen zwei Meldungen vor. Die eine berichtet von der neuesten Enquête einer Gruppe Mediziner, derzufolge unter den als arbeitslos registrierten Jugendlichen unter 24 Jahren der Alkoholikeranteil in den vergangenen 12 Monaten um 50 Prozent angestiegen sei. Die zweite Meldung, die zufällig am gleichen Tag hereinkam, ist das monatliche Bulletin des Arbeitsamtes der gleichen Stadt. Darin heißt es, dass die Umschulungsangebote wie auch andere Hilfsangebote zur besseren Wiedereingliederung ins Berufsleben von jugendlichen Arbeitslosen immer weniger genutzt würden.
Die aufmerksame Redakteurin, die auch die erste Meldung gelesen hatte, vermutet einen Zusammenhang und stellt darum folgende Mutmaßungen als Hypothese auf: »Der soziale Druck, arbeitslos zu sein, und der damit verbundene Statusverlust ist für Jugendliche weit härter als für reifere Erwachsene; darum greifen Jugendliche eher zu Alkohol – und als Alkoholiker haben sie nicht mehr genug Selbstvertrauen, um eine Umschulung durchzustehen; sie sinken in eine resignative Haltung und verfallen

noch mehr dem Alkohol – ein Teufelskreis.« Um diese Hypothese recherchierend überprüfen zu können, wird sie nun in ihre *Elemente* gegliedert:
Der soziale Druck der Arbeitslosigkeit ist überraschend bei Jugendlichen größer als bei Erwachsenen.
Der damit verbundene Psychostress führt zum Trinken.
Erst der Alkoholkonsum mindert die an sich vorhandene Umlernbereitschaft.
Wer aus einer (Um)Schulung aussteigt, gibt sich selber auf und ist für eine Alkoholikerkarriere besonders anfällig.
Die Recherche, die jedes Aussagenelement überprüft, wird nun die eine oder andere Hypothese bestätigen, modifizieren oder auch widerlegen, so dass sich die Gesamtaussage verändert. Etwa: Die Aussagenelemente 1 und 4 stimmen, 2 und 3 jedoch nicht, denn die Recherche ergab, dass die Behörden mit ihren Umschulungskursen überhaupt nie auf die Interessen der Jugendlichen eingegangen waren, auch nicht auf die aktuelle Marktlage; deshalb verweigerten immer mehr Jugendliche die Umschulung. Als dann der Amtsleiter die Programme änderte und andere Kurse anbot, stieg die Beteiligung wieder, während sich der Alkoholikeranteil stabilisierte.

Solche Thesen-Überprüfungsrecherchen übersteigen oftmals das einfache Kontrollieren von Aussagen und Behauptungen, weil sie – etwa durch Befragung von Sachkennern und Betroffenen – Entwicklungen, Vorgeschichten, Einschätzungen von Experten u. a. beibringen müssen. Die Arbeit wächst darum zu einer eigenständigen Recherche, die dann in der Regel auch als *Eigenbericht* publiziert wird.

Die Grenze seriöser Überprüfungsarbeit ist im Übrigen allzu oft durch die knappe personelle Ausstattung der Redaktionen, vor allem der Newsrooms gesetzt: »Der Wille ist ja da, doch es fehlen uns die Leute«, wurde mir schon oft auf die Frage nach der hohen Fehlerquote, dem Hang zur Kolportage und der mangelnden Thesenkontrolle geantwortet.

Regel: Ausgangspunkt einer These ist nicht nur ein Sachverhalt, sondern meist eine plausibel scheinende Geschichte, die über Ursachen und Folgen erzählt. Der Einstieg in die Überprüfung besteht im Herausfiltern der Sachverhalte und ihrer Quellen. Erst im zweiten Schritt werden die Behauptungen über Gründe und Motive geprüft, indem sie mit der Fakten- und Quellenlage abgeglichen werden.

Sich begrenzen: Jeder Rechercheur kommt früher oder später an den Punkt, wo er sich zwischen den widersprüchlichen Darstellungen, die er gesammelt hat, für die zutreffende Version entscheiden müsste, ihm aber die Zeit für die Erarbeitung der Kriterien fehlt. Wer hier einfach abbricht, verheddert sich bald mal im Dickicht von Widersprüchen, das er bald nicht mehr zu durchdringen vermag. Ein Gefühl von Panik entsteht, der Rechercheur wird kopflos und bringt nicht einmal mehr das auf eine Linie, was er bereits beschafft hat. In dieser Situation empfiehlt es sich, keine Ursachenthesen aufzustellen, sondern die plausibelsten Versionen unter Angabe der Quellen nachzuerzählen (auch wenn man gerne erzählt hätte, wie es »wirklich« war ...).

Umgekehrt kann man, knapp gesagt, jedes Thema kaputtrecherchieren, wenn genug Zeit und Geldmittel gegeben sind: Bald einmal ist so viel Wissen über Umstände und Hintergründe angehäuft, dass der Wald vor so vielen Bäumen aus den Augen schwindet. Das eigentliche Recherchierthema, die Einstiegsfrage, geht verloren, ebenso der rote Faden. Der Bericht ufert aus, wird langatmig. Darum wird der kompetente Rechercheur an einem gewissen Punkt die alte Researcher-Regel befolgen müssen: »Go with what you've got« – nimm, was du hast, denk es durch und fang an zu schreiben! Dabei gilt dann die zweite, ebenso alte Researcher-Faustregel: »When in doubt, leave out« – im Zweifelsfalle in den Papierkorb!, auch wenn sich der Rechercheur in Spekulationen und Hypothesen noch so verliebt und er noch so »schönes« Material zusammengetragen hat. Lieber weniger oder auch mal ungenau (vage) berichten, als ungesicherte oder auf Grund von Mutmaßungen falsche Tatsachenbehauptungen verbreiten!

Beispiel: Am 24. März 2015 zerschellte der Airbus A320-211 der Lufthansa-Tochter Germanwings auf dem Flug von Barcelona nach Düsseldorf über dem Alpengebiet im südfranzösischen Departement Alpes-de-Haute-Provence. Alle 150 Insassen kamen dabei ums Leben. Am folgenden Tag wurde der Cockpit-Stimmenrekorder nach Paris gebracht und ausgewertet. Am darauffolgenden Tag, am 26. März, gab die ARD-Tagesschau aus der Pressekonferenz den Satz des Vorstandsvorsitzenden der Lufthansa, Carsten Spohr, wieder: »Wir müssen fassungslos zur Kenntnis nehmen, dass das Flugzeug willentlich zum Absturz gebracht wurde.« Viele weitere Indizien bestätigten, dass der Copilot den Absturz bewusst herbeiführte und einen sogenannt erweiterten Suizid beging. Wie so oft bei katastrophischen Ereignissen, missachteten auch diesmal die Boulevardmedien mit ihren Sensationsgeschichten die Persönlichkeitsrechte der Opferfamilien.
Aber dies ist hier nicht das Thema. Es geht um die 36 Stunden, während denen offen war, was die Absturzursache gewesen sein könnte. Es ist das Zeitfenster der Pseudoexperten in den TV-Sondersendungen und der Neunmalklugen in den Redaktionen, die ihre Spekulationen als Hypothesen und diese als Tatsachen verkaufen. Solch eine Fehlleistung widerfuhr sogar der doch eigentlich entschleunigt publizierenden Wochenzeitung *Die Zeit*. Sie zeigte auf ihrer Frontseite einen abstürzenden Lufthansa-Kranich und titelte: »Ein Glaube zerschellt. Sicherheit war das große Plus des Lufthansa-Konzerns. Der Absturz stellt alles infrage.« Der Bericht verstieg sich in die These, die Germanwings-Maschine sei wegen technischer Probleme in Zusammenhang mit Billigwartung abgestürzt. Über Spohr formulierte sie: »Er setzt mehr auf billig. Und jetzt muss er der Weltöffentlichkeit 150 Tote erklären.« (Die Zeit Nr. 13/2015). Am folgenden Tag lagen die Rekorderbefunde vor – ein Tag nach Redaktionsschluss und Druck der Ausgabe, die man topaktuell und superklug an die Kioske hatte bringen wollen. Ein Shitstorm mit viel Schimpf und Häme war die Folge.

Dass sich Medienmacher unter dem Aktualitätsdruck des Medienwettbewerbs zu aufregenden Ursachenhypothesen hinreißen lassen, kommt bei den Newsseiten im Web häufig (und bei der *Zeit* selten) vor. Es ist eine Neigung, die am Glaubwürdigkeitsschwund des Journalismus großen Anteil hat. Auch deshalb sollten die oben beschriebenen Kontrollregeln ernst genommen werden. Sie sind im Übrigen Bestandteil der »sorgfältigen Prüfung« von Behauptungen, wie sie von den Landespressegesetzen als Sorgfaltspflicht des Journalisten verlangt und vom Kodex des Deutschen Presserats vorgeschrieben werden.

Die beliebteste Recherche: Das offene Thema

Einfach nur den eigenen Interessen folgen und aufgreifen, was neugierig macht und man selbst spannend findet: So etwa sieht der Recherchiertraum vieler Journalistinnen und Journalisten vor allem der Zeitschriftenbranche aus. Und gelegentlich kann man ihn auch verwirklichen, diesen Traum. Dann lesen wir große Geschichten etwa über die Frage »Reichen zwölf Jahre bis zum Abitur?« oder eine Serie über »Die erfolgreichsten Frauen in unserer Stadt«. Oder warum Teenager bei Konzerten ihrer Schlager-Idole immer kreischen (müssen).

Schauen wir genauer hin, dann sind die guten Themen doch nicht allein der Laune des Rechercheurs entsprungen, sondern derjenigen des Zeitgeists, der wiederum gar nicht so launisch, sondern trend- und ereignisbezogen ist. Gute Rechercheure haben eine gute »Spürnase«, mit der sie auf Themen stoßen, die gerade »in der Luft liegen« und die Menschen interessieren.

Erstes Beispiel: Der Kultusminister unseres Bundeslandes bringt in der Kultusministerkonferenz den Vorschlag ein, das Schulabgangsalter zu senken und nach dem Muster der früheren DDR bundesweit das Abitur schon nach 12 Schuljahren einzuführen. Die Redakteurin denkt beim Lesen dieser Pressemitteilung, dass knapp 40 Prozent ihrer Zeitungsleser Kinder im schulpflichtigen Alter haben und deshalb die Schul-dauerfrage ein relevantes Thema ist. Ihre Recherche beginnt dort, wo Erfahrungen mit dem 12-Jahre-Modell vorliegen: in einem der neuen Bundesländer. Dann beschafft sie sich die fachlichen Einwände der Gegenseite (Pädagogen, Erziehungswissenschaftler), prüft ihre Schlagkraft anhand der Ausgangsrecherche und konfrontiert dann den Vertreter des Ministeriums mit den stärksten Gegenargumenten, ehe sie ein kleines Stimmungsbild bei Lehrern, Eltern und Gymnasialschülern einfängt.

Zweites Beispiel: Die Handelskammer verschickt ihre Quartalsstatistik über Firmenneugründungen und Liquidationen, gegliedert nach Branchen und Postleitzahlen. Ein Begleittext gibt Hinweise über die mutmaßliche Arbeitsplatzbilanz, das Alter und Geschlecht der Firmengründer. Der Redakteur »sieht« beim Lesen des Pressetextes das Thema: Wie sieht es mit den vieldiskutierten beruflichen Chancen der Frauen aus, wenn es um Bankkredite und Risiken der Start-ups geht? Er geht von der Hypothese aus, dass vielleicht viele jüngere Frauen ein Unternehmen gründen würden, wenn sie in Bezug auf ihre Doppelrolle (Beruf/Mutter) gezielt beraten und anhand von gelungenen Beispielen das Risiko besser einschätzen könnten. Das Thema wird so angelegt, dass positive Beispiele gezeigt werden. Über die Handelskammer bekommt er die Adressen, übers Internet findet er ausgewiesene Unternehmensberaterinnen, die bereit sind, die Beispiele durchzunehmen und gründungswilligen Frauen kostenlos Tipps zu geben.

Drittes Beispiel: Am nächsten Samstagabend wird im Stadtpark das große Livekonzert der Super-Mega-Hip-Stars stattfinden. Und wieder werden viele Eltern ratlos zuschauen, wie ihre Teenager-Kinder ganz aus dem Häuschen sind. Da kommt der Lokalchef (er hat selbst eine 14-jährige Tochter) auf die Idee, eine Themenseite zu machen über das besondere Musikempfinden der Teenager. Er gewinnt den Musikredakteur vom Beilagen-Ressort und kann seine Volontärin dazu bringen, ein paar Bücher zur »Adoleszenzkrise« zu lesen und über das Internet (www.idw-online.de, der Wissenschaftsinformationsdienst der Universitäten) zwei auf das Jugendlichenalter spezialisierte Psychologen aufzutun, die als Interviewpartner zur Verfügung stehen. Unter dem Titel »Weinen ist schön« kommt am Samstag der Report über die für junge Teenager bedeutsame Funktion der Identifikation mit Idolen – und über die Gefahren, wenn solche Grandiositätswünsche auch bei älteren Teenies akut bleiben. Der Report bietet in einem Kasten ein paar Tipps für Eltern, die Zeitung richtet fürs Wochenende eine Hotline ein: Beide Psychologen stehen bereit, um am Telefon Rat zu geben.

Im journalistischen Sinne ist ein offenes Thema dann attraktiv, wenn
- ein aktueller Bezugspunkt als Aufhänger dienen kann (wegen eines Vorfalls, eines Ereignisses oder einer Person);
- das Thema einen Trend, eine Entwicklung beleuchtet, symptomatisiert oder repräsentiert (wie: Beispiele/Fälle belegen den Trend);
- unterschiedliche Ereignisse auf denselben Zusammenhang verweisen;
- das Thema im Alltag der Menschen (der Zielgruppe) eine große Rolle spielt oder spielen könnte, aber (noch) nicht zur Kenntnis genommen wird.

Auch wenn mancher Reporter es für entbehrlich hält: Wie schon bei der ereignisgebundenen Recherche beginnt auch die Themenrecherche mit dem Überprüfen. Zu klären ist nämlich, ob die Informationen überhaupt zutreffen, die zur Themenidee führten. Denn meist stützt sich die Themenidee auf ein Mix aus ganz unterschiedlichen Aussagen: auf ein paar Daten (oft aus dem Gedächtnis), auf Episoden und so genannte Fälle, auf ein bisschen Erfahrung – und auf viel Kolportage (d. h. Erfahrungen aus zweiter oder dritter Hand).

Der Einstieg in die Themenrecherche beginnt darum mit dem Auseinander-Dividieren der verschiedenen Arten von Aussagen, indem »von oben nach unten« analysiert wird: »Oben«, das sind die abstrakten Aussagen über angebliche Ursachen und Wirkungen, über Trends und über Strukturen. »Unten«, das sind die empirischen Aussagen über Vorgänge und Ereignisse (d. h. in Wort und/oder Bild gefasste Wahrnehmungen, vor allem Gehörtes und Beobachtetes).

Der Immermehrismus: Besondere Vorsicht ist angezeigt, wenn es um Themen geht, denen ein angeblicher Trend zu Grunde liegt: Immer mehr Drogenabhängige auf Kinderspielplätzen, immer mehr Vergewaltigungen in Stadtparks, immer mehr Asthmatiker in den Großstädten, immer mehr Vegetarier in Kleinstädten, immer mehr Väter über Sechzig, immer mehr Millionäre unter Dreißig (keine dieser Zeilen ist erfunden). Meist sind es Daten, die aus verschiedenen Erhebungen und Datenbasen beliebig zusammengefügt und zu Trendbehauptungen verknüpft werden, um die Themenidee zu fundieren. Der Wissenschaftsjournalist Gero von Randow griff als Erster diese Journalisten-Manie auf: »Desinformation kommt auf vielen Wegen in die Zeitung oder ins Fernsehen und somit in unsere Köpfe. Ein besonders tückischer Pfad ist sprachlicher Natur: der ›Immermehrismus‹, ein Trick, dessen sich gern Magazinmacher bedienen, um zumeist aus der Luft gegriffenen Behauptungen ein quasi-statistisches Mäntelchen umzuhängen« (in: *Die Zeit* vom 28.12.1990). Dagegen hilft nur die Überprüfung der Datenbasis, mit der die Trendbehauptung gestützt werden soll – auch wenn dann (meist) dieses Thema stirbt.

Die folgerichtig angelegte Themenrecherche läuft über drei nachgeschaltete Stufen:

- *Anknüpfen:* Stimmen die Annahmen, die der Themenidee zu Grunde liegen? Wenn ja: Wie lautet der aktuelle Bezugspunkt? Welches Wissen und welche Interessen verbinden meine Leser/Hörer/Zuschauer mit diesem Thema? (Sachverhalt-Aussagen als Ausgangspunkt herauspflücken und überprüfen; aktuelle Ereignisbezüge herstellen; Perspektivenwechsel vornehmen und Leser/Zuhörer nach deren Vorstellungen befragen.)
- Übersicht gewinnen: Was weiß man über das Thema? Konkret: Wie sieht der Wissensstand aus? Für welches Publikum? Was können wir für eine Einschätzung geben? (Medienarchiv- und offene Internetrecherche: Möglichst alles, was in den letzten Monaten hierzu publiziert wurde; in digitalen Uni-Bibliotheken nach wissenschaftlichen Publikationen Ausschau halten; die drei wichtigsten Bücher zum Thema durchsehen; Textauswertung: die interessantesten Verfasser, meist Fachjournalisten, befragen; anschließend Expertenbefragung – dann Zwischenbilanz ziehen.)
- *Den aktuellen Aspekt finden:* Die im zweiten Schritt gewonnene Übersicht dazu nutzen, nach Maßgabe des Publikumsinteresses (erster Schritt) den aktuell interessanten/wichtigen Aspekt im Thema zu finden und einzugrenzen, Motto: Von der Breite (= Übersicht) in die Enge (= Aspekt), dann in die Tiefe gehen (die derzeit maßgeblichen Akteure unter dem Blickwinkel der Folgenhaftigkeit befragen; die aktuellen Ereignisse und Vorgänge detailliert ausleuchten, die Vorgeschichte und das Umfeld stets auf den aktuellen Aspekt beziehen).

Der Themenrechercheur ist Risiken und Nebenwirkungen ausgesetzt, die umso größer sind, je mehr Zeit und Mittel ihm zur Verfügung stehen. Die größte Gefahr heißt: Orientierungslosigkeit. Meist ist es eine diffuse Angst davor, etwas Wichtiges übersehen oder einen Bewertungsfehler gemacht zu haben, die manchen Rechercheur daran hindert, nur den aktuellen Aspekt auszuleuchten. Die Folge: Der Betreffende arbeitet wochenlang (nachts, am Wochenende) und kann am Ende keinen Artikel mehr schreiben, er müsste »eigentlich« ein Buch verfassen.

Man findet aus diesem Dilemma heraus, wenn man sich zur Kommunikation zwingt und seine Kollegen, seinen Freund oder seine Freundin damit nervt, indem man immer wieder über den Stand der Recherche und die noch offenen Fragen spricht. Nur schon anhand der Rückfragen kann man sehen, was noch ungeklärt und von Interesse ist. Auch kann man erkennen, was an der Geschichte langweilig und darum wegzulassen ist.

Beispiel: Seit der Wiedervereinigung geht die Schere zwischen Arm und Reich immer weiter auseinander – jeder siebte Deutsche ist arm, vermeldete dpa am 23. Februar 2016. Die Kluft zwischen armen und reichen Regionen und zwischen Einkommensgruppen in Deutschland werde tiefer, urteilte der Paritätische Wohlfahrtsverband in seinem Armutsbericht. Das größte Armutsrisiko tragen dem Bericht zufolge Erwerbslose, von denen mehr als 40 Prozent arm sind, aber auch Alleinerziehende und Menschen ohne Bildungsabschluss. Als alarmierend bezeichnete der Sozialverband die Entwicklung in Rentnerhaushalten: Bei ihnen sei die Armut seit 2005 etwa zehn Mal so stark angewachsen wie beim Rest der Bevölkerung.

In diesem Bericht stecken offenbar verschiedene Themenansätze: Wer sind die Erwerbslosen, die nicht zur Gruppe der Arbeitslosen gehören? Wie kommen Alleinerziehende mit ihrer Situation zurecht? Ein Leben lang für die Rente eingezahlt – und jetzt trotzdem arm: Wie kommt das? Warum bleiben die auf der Strecke, die eine schlechte formale Bildung haben? Dies sind nur einige der Aspekte.

Der erste Schritt: Wir beschaffen uns den Armutsbericht und lesen ihn kritisch durch: Welche Datenbasen, welche Definitionen, welche Trendberechnungen? Sind die Thesen des Verbandes durch die Erhebung voll abgedeckt? Wenn ja, dann muss über den jetzt und hier passenden Themenaspekt entschieden werden: Welche Fragestellung ist für meine Zielgruppe die relevante (oder auch interessanteste)?

Mit dem zweiten Schritt verschaffen wir uns einen Überblick über das Trendthema »Armut in Deutschland« (einschlägige Erhebungen, Klärung der Armutsdefinitionen, Auswertung von Berichten über demografische und regionale Armutsschwerpunkte; Studien über Ursachen- und Wirkungszusammenhänge; Maßnahmen und Positionen der Politik).

Mit dem dritten Schritt beginnt die Umsetzung. In diesem Fall haben wir uns für den Aspekt Altersarmut entschieden, den wir ins Lokale herunterbrechen. Doch wo/wie hängen wir das Thema auf? Da begann doch gestern eine Gerichtsverhandlung gegen ein Rentnerehepaar wegen Diebstahls. Passt das? (Anruf beim Verteidiger der Beklagten). Oder: Die Kollegin hörte von einem Bekannten, dass drei 70-Jährige die Taxifahrerprüfung abgelegt hätten: ein Aufhänger? Entsprechend wird der Rechercheplan aufgestellt mit dem Ziel, die in Armut lebenden Alten beschreiben, die helfenden Einrichtungen vorstellen und diejenigen porträtieren zu können, die für sich für einen Weg aus dem Elend gefunden haben.

Wie auch immer das Design der Umsetzung ausschaut: Mit der Zielstellung der Themenrecherchen setzt der Rechercheur auch seine mit der Thematisierung verbundene Intention um (in unserem Beispiel: das Versagen der Politik oder das zivilgesellschaftliche Engagement oder auch Wege der Selbsthilfe aufzeigen).

Der Umgang mit Vergangenem: Die Rekonstruktionsrecherche

Meist ist der Bedarf nach Rekonstruktion gegeben, wenn das »Wie« nicht oder nicht hinreichend beantwortet werden kann – wenn zum Beispiel die *Handlungsweisen* und/ oder *Motive* der Hauptbeteiligten nicht bekannt sind – und darum der *Hergang* mit seinen Akteuren, Umständen und Gegebenheiten geklärt werden soll.

Der Recherche-Einstieg: In der journalistischen Praxis bieten sich drei unterschiedliche Ansatzpunkte für solche Rekonstruktionsrecherchen an:

- Der Erste knüpft am aktuellen bzw. spektakulären Ereignis an und fragt nach der Vorgeschichte, also: »Wie kam es überhaupt dazu?« (= Chronologie). Es ist durchaus möglich, dass über dasselbe Geschehen verschiedene, vielleicht sogar widersprüchliche *Versionen* vorliegen, die alle mehr oder auch weniger zutreffen.

  Beispiel: Die Kollision eines Passagierschiffes mit einem Frachter: Die letzten 15 Minuten vor dem Crash auf der Schiffsbrücke des Schiffes, die Handlungen des Kapitäns, des Steuermannes, des Ersten Offiziers usw.

- Der zweite Ansatz nimmt sich ein komplexes oder bedeutsames Ereignis vor, das damals, als es sich ereignete, nicht erfasst oder widersprüchlich vermittelt wurde. Motto: »Vor einem Jahr ereignete sich YX; wie haben nachrecherchiert, was damals wirklich geschah.«

  Beispiel: Das Ereignis lag nicht ein Jahr, sondern 70 Jahre zurück, das Rudi Kübler und Christine Liebhardt, Lokaljournalisten der *Südwest-Presse*, recherchierten und im Dezember 2014 online publizierten. Titel: »Die Nacht der 100.000 Bomben«. Es war eine sehr genaue, sehr anschaulich verfasste Rekonstruktion des Bombenangriffs auf Ulm entlang der Erlebnisse einiger ausgewählter Familien. Die Arbeit wurde mit dem Theodor-Wolff-Preis 2015 ausgezeichnet. Die Begründung der Jury: »Meldungen über Verletzungen mit Todesfolge bei Luftangriffen«: Hunderttausende solcher Formulare wurden gegen Ende des Zweiten Weltkriegs nach den Bombenangriffen der Alliierten in deutschen Amtsstuben ausgefüllt. Jeder Zettel ein Toter, mit behördlicher Signatur. Gemeinhin verstaubt der Luftkrieg in Archiven, versprödet in Geschichtsbüchern zu nackten Zahlen, verschwindet aus der Erinnerung. Anders in Ulm: Christine Liebhardt und Rudi Kübler haben die Vernichtung des alten Ulms am 17. Dezember 1944 in ihrer langen und doch gut lesbaren Reportage »Die Nacht der 100.000 Bomben« aus den Archiven zurück ins Leben geholt. Sie haben die letzten noch lebenden Überlebenden des Feuersturms befragt, Erinnerungen ausgewertet und das Grauen dieser Nacht ebenso einfühlsam wie eindringlich erzählt. Durch aufwändige Recherche und collagenartiges Schreiben haben sie aus Geschichte wieder Geschichten gemacht. Durch das Verweben nüchterner Fakten mit menschlichen Schicksalen haben sie die Tragik des Krieges und seiner unerbittlichen Folgen für Unschuldige auf beiden Seiten unaufgeregt und genau deshalb hoch emotionalisierend beschrieben – exemplarisch für alle Luftangriffe auf so viele deutsche Städte.« (www.bdzv.de/twp/preistraeger-preisverleihung/ preisverleihung2015/rudi-kuebler-und-christine-liebhardt/#c300002324).

- Der dritte Ausgangspunkt fragt nach den Motiven bzw. Beweggründen, die den Handlungen/Entscheidungen der Akteure zu Grunde lagen (= Erklärungen).

  Beispiel: Der Handel mit Nazi-Raubgold durch Schweizer Banken und Versicherungsgesellschaften: Wer hat damals, nachdem die Herkunft des Goldes bekannt wurde, wie gehandelt und seine Handlungen mit welchen Argumenten gerechtfertigt? Usw.

Der Rechercheur will also nicht nur »checken«, nicht überprüfen, ob die Version A oder die Version B stimmt, vielmehr: Er geht davon aus, dass sämtliche Versionen Beobachtungen oder Erzählungen sind, die das tatsächliche Ereignis nur *näherungsweise* wiedergeben. Die Arbeitsfrage lautet demnach: »Wie war es wohl tatsächlich für die Beteiligten: die Akteure oder die Betroffenen?« – wobei natürlich der Rechercheur weiß, dass er deren Wirklichkeit nicht als eine objektive Wahrheit wird erforschen können, sondern immer nur in der Form einer, nach Ansicht und Einschätzung der Beteiligten *zutreffenden* und, wenn es um Erklärungen geht, *plausiblen* Version.

Die Arbeitsschritte im Einzelnen:

- *Als Erstes* arbeitet der Rechercheur alle ihm vorliegenden Berichte durch und legt sich *eine Liste der Hauptbeteiligten (Akteure)* an – solche Leute, die das Geschehene entweder aktiv beeinflusst, oder aber das Geschehene passiv erlitten haben.
- *Als zweiten Schritt* wertet er die beschafften Berichte aus und legt sich eine *Liste möglicher Augenzeugen* an – von Leuten also, die etwas Authentisches zum Ablauf sagen können (wollen).
- Im *dritten* Arbeitsgang legt er sich eine Liste *aller Secondhand-Informanten zu* – das sind Leute, die das Geschehen selbst nicht miterlebt, aber mit Beteiligten und Augenzeugen darüber gesprochen haben.
- In einem *vierten* Arbeitsgang schließlich listet der Rechercheur *die in Frage kommenden Interpreten* auf, also: Sachverständige, Sprecher betroffener Gruppen, neutrale Institutionen usw.

Es liegt auf der Hand, dass die nun folgende Recherchierarbeit vor allem in der Durchführung von Befragungen und Interviews (unter Konfrontierung sich widersprechender Aussagen) besteht. Diese Vorgehensweise ist einer kriminalistischen Ermittlung durchaus ähnlich; dies heißt freilich nicht, dass sich der Journalist als Ermittler aufspielen sollte.

Der *Ablauf* der Rekonstruktionsrecherche ähnelt insgesamt der Bewegung des *allmählichen Einkreisens:* Der Journalist nähert sich gleichsam *von außen* dem Sachverhalt, den er aufklären möchte; er wird deshalb bei den neutralen Experten, den Unbeteiligten, beginnen und erst am Schluss die (in der Sache befangenen) Hauptbeteiligten befragen (Recherchierregel: »von außen nach innen«).

Dabei ist zu bedenken: Der recherchierende Journalist sollte *zu keiner Zeit* versucht sein, einen *urteilenden Richter* zu spielen, der per Beweis eine unter vielen Versionen für die einzig wahre Version erklärt. Vor allem die Nachrichtenmagazingeschichte mit ihrem Pseudo-Objektivismus tendiert dazu, vermeintliche Wahrheiten zu verkaufen – eine Tendenz im Übrigen, der sich jeder engagierte Publizist ausgesetzt sieht. Doch wenn er ein kompetenter Rechercheur ist, dann wird er seinen Lesern keine Wahrheiten auftischen, sondern ihnen die *wahrscheinlichste* aller dargebotenen Versionen erzählen; er wird auch die wichtigsten Unstimmigkeiten mitteilen, also *Zweifel zulassen.* Oft genug liegt es ja schon am Tonfall der Schreibe, der dann die Musik macht.

Beispiel: Eines schönen Mittags teilte die Stadtpolizei mit, ein Mann fremder Nationalität sei »beim Versuch, in eine Parterrewohnung einzubrechen«, angeschossen und verhaftet worden. Die Meldung wurde – wie bei Polizeimitteilungen üblich – unüberprüft verbreitet.

Nicht auf Grund journalistischer Skepsis, sondern infolge eines Anrufs des Anwalts des angeblichen Einbrechers wurde ein Reporter der Tageszeitung am Ort aktiv und rekonstruierte das mutmaßliche Geschehen anhand von Zeugen, Indizien und zuletzt der Aussagen des Betroffenen sowie der Streifenpolizisten. Der angebliche Einbrecher entpuppte sich als ein argloser Bürger, der sich auf dem Weg zu einem möglichst unbeobachteten Schäferstündchen befunden hatte, als er einem Streifenwagen als verdächtig auffiel und verfolgt wurde.

In der Folge des Zeitungsberichts brach übrigens ein für Polizeibehörden nicht untypisch rechthaberischer Kommuniqué-Krieg wegen der Frage los, ob die Polizei eine falsche Sachverhaltsdarstellung verbreitet habe (sie hatte). Die Zeitung publizierte die Pressemitteilungen und stellte jeweils ihre Rechercheergebnisse als Eigenberichte darunter.

Beispiele wie dieses zeigen, dass die Redaktion auf der (ihrer Erkenntnisse zufolge) zutreffenden Version beharren und gleichwohl die Gegenstimmen publizieren kann: Das eigentümliche Informationsgebaren der Behörde wird so selbst zur Information.

Abschließend ein mustergültiges Beispiel, das die hier besprochenen Herangehensweisen zusammenbringt: die Silvesternacht 2015/16, die für das Meinungsklima in Deutschland gegenüber Asylbewerbern zu einem folgenreichen Großereignis wurde.

In mehreren Städten, insbesondere in Köln versammelten sich in der lauen Silvesternacht Tausende junger Menschen, unter ihnen zahlreiche Asylbewerber überwiegend aus der nordafrikanischen Region, um zu feiern. Die am 1. Januar, einem Freitag, verbreitete Polizeimitteilung berichtete über eine »ausgelassene Stimmung« und auch, dass alles »friedlich« abgelaufen sei. Alle überregionalen Medien übernahmen die Version der Kölner Polizei und beschrieben den Abend als Beispiel für die in Deutschland gelungene Willkommenskultur. Doch am selben Tag erschien auf der Website des *Kölner Stadtanzeigers* die Schilderung einer jungen Frau, dass sie sexuell misshandelt worden sei. Während der folgenden 36 Stunden tauchten Hunderte ähnlicher Schilderungen auf Blogs, in den Kommentarspalten und Plattformen auf. Bei der Polizei gingen zahlreiche Anzeigen wegen Geld- und Handy-Diebstahl, sexueller Misshandlungen und Vergewaltigungen ein. Die Kölner Polizei bemühte sich um Rechtfertigung und setzte eine Ermittlungsgruppe ein.
Mit vier Tagen Verspätung berichteten die Medien fortlaufend, doch die Informationen über das Geschehene sprudelten fortlaufend; auf den Onlinemedien kursierten überwiegend Gerüchte, Mutmaßungen und Unterstellungen; sie waren auch widersprüchlich und erschwerten jede Überprüfungsrecherche. Wegen seiner irreführenden Informationspolitik wurde der verantwortliche lokale Polizeipräsident in den einstweiligen Ruhestand versetzt.
Einen Monat später legte der *Kölner Stadtanzeiger* eine erste Dokumentation der Ereignisse im Anschluss an die Silvesternacht vor: »Ereignisse am Kölner Hauptbahnhof – Ein Monat danach: Das ist seit den Silvesterübergriffen passiert« (Quelle: www.ksta.de/23517282). Was in der Nacht wirklich geschah, blieb jedoch widersprüchlich.
Endlich, ein halbes Jahr später, erarbeiteten die Journalisten Mohamed Amjahid, Christian Fuchs, Vanessa Guinan-Bank, Anne Kunze, Stephan Lebert, Sebastian Mondial, Daniel Müller, Yassin Musharbash, Martin Nejezchleba und Samuel Rieth für das *Zeit-Magazin* eine minutiöse, detailreiche Rekonstruktion jener Silvesternacht unter dem Titel: »Die Silvesternacht von Köln wurde zur Projektionsfläche in der Flüchtlingsdebatte. Eine Frage blieb unbeantwortet: Was geschah wirklich?« In 15 Kapiteln wurden haarklein die Erlebnisse betroffener Frauen und betroffener Akteure, Täter und Opfer sowie die Rapporte und Untersuchungsberichte zu einem differenziert ausgeleuchteten Gesamtbild zusammengebaut – ein Musterbeispiel für das, was eine Rekonstruktionsrecherche leisten kann (Zeit-Magazin 27/2016, online unter: www.zeit.de/zeit-magazin/2016/27/silvesternacht-koeln-fluechtlingsdebatte-aufklaerung).

Fortlaufende Veröffentlichung: »Fließende« Recherche

Mit »fließend« ist der Informationsfluss gemeint, den das Medium in Gang setzt, damit ein Geschehnis aufgeklärt und die Verantwortlichen ermittelt werden können – und das von diesem Medium ohne öffentliche Mithilfe nicht aufgedeckt werden könnte. Im angloamerikanischen Journalismus spricht man von der »follow-up«-Recherche (im Unterschied zur wissenschaftlichen Forschung, bei der neue Folgestudien, die derselben Fragestellung dienen, »follow-up-Researchs« genannt werden).

So gesehen ist die »fließende Recherche« eine spezielle, auf Mithilfe noch unbekannter Zeugen gerichtete Methode der Rekonstruktionsrecherche. Doch es geht im Grunde um mehr als nur um Mithilfe, denn durch das Nach-und-nach-Veröffentlichen von Informationen, Mutmaßungen und Deutungen wird auch Druck erzeugt, können Mitwisser verunsichert wie auch zu Aussagen ermutigt werden; kann verräterisches Verhalten provoziert werden wie auch zum Spurenverwischen veranlassen. Kurz: Das »fließende« Veröffentlichen aufdeckender Informationen verlangt vom Redakteur nicht nur ein *rasches* und *sicheres* Urteilsvermögen, wenn neue Informationen auftauchen, sondern auch Augenmaß bei der *Einschätzung der Folgen* der Veröffentlichungen.

Erstes Beispiel: Ein Streifenwagen der Verkehrspolizei raste an einem kalten Februarabend hinter einem mutmaßlichen Autodieb her. Die wilde Verfolgungsjagd durch die Stadt endete, indem der Wagen an eine Mauer prallte und der Fahrer, von zwei Polizeikugeln lebensgefährlich verletzt, hinter dem Steuer zusammenbrach.
Im folgenden Polizei-Kommuniqué wurde die Version verbreitet, die beiden Polizisten hätten auf die Räder des fahrenden Wagens gezielt, der Fahrzeuglenker sei vermutlich durch »Querschläger« verletzt worden.
Durch Anwohner aufmerksam geworden, die andere Beobachtungen gemacht haben wollten und die sich mit der Lokalredaktion in Verbindung setzten, *recherchierte* der betreffende Redakteur vor Ort. Anhand der verschiedenen Versionen rekonstruierte er den mutmaßlichen Hergang. Der erste Zeitungsbericht erbrachte weitere Hinweise. Der Rechercheur publizierte nun weitere Folgen mit neuen Fakten, die wiederum neue Äußerungen der Polizei und dann auch eine Pressekonferenz des Untersuchungsrichters zur Folge hatten. Der ganze Vorgang der Rekonstruktion zog sich während mehrerer Wochen hin. Nach und nach kam heraus, dass sich der Ablauf anders zugetragen hatte, als vom Polizeikommuniqué behauptet.

Dieses Beispiel veranschaulicht Zweierlei: Zum einen zeigt es, wie wichtig der Kontakt zwischen *Bevölkerung (User-/Leserschaft)* und *Lokaljournalisten* ist, damit Informationen »fließen«. Die Websites größerer Lokal- und Regionalzeitungen pflegen deshalb spezielle Kontakt-, Kommentar- und Hinweisgeber-Foren (auch E-Mail-Zugänge, Plattformen usw.), um so die Bindung an das Medium zu stärken. Zum andern belegt es, dass es nicht immer zweckmäßig ist zu warten, bis eine Recherche abgeschlossen und als vermeintlich »runde Geschichte« publiziert werden kann. Denn erstens ist eine Recherche so gut wie nie komplett; und zweitens ist manchmal die Nach-und-nach-Publikation der einzige Weg, der Aufklärung näher zu kommen: Ein erster, mit Hypothesen, vielleicht auch Behauptungen abgefasster Bericht provoziert Leser und Behördenvertreter zu Äußerungen, ermuntert vielleicht noch unbekannte Augenzeugen, sich zu melden.

So zieht sich die Recherche über Tage oder Wochen in der Form *fortlaufender* Publikationen hin, von denen keine den Anspruch der Letzterklärung erheben darf, vielmehr auflistet, was noch ungeklärt (»offen«) ist.

Der Nachteil: In jedem weiteren Artikel müssen knapp die Vorgeschichte, die Problemstellung und der Stand der Dinge referiert werden, da ja jeder Artikel auch ohne Vorkenntnisse verstehbar sein muss. Denkbar, dass die Website der Lokalzeitung eine solch »fließende« Recherche regelrecht durchzieht, indem in regelmäßigen Abständen Aussagen von Augenzeugen nachgereicht, Stellungnahmen der Behörden eingeholt, Experten befragt; dass vielleicht auch nahe Verwandte der Betroffenen zu Äußerungen veranlasst werden, um einen gewissen Druck in der Öffentlichkeit zu erzeugen.

Es versteht sich, dass ein solches Verfahren nur durch einen Sachverhalt von erheblicher Relevanz gerechtfertigt wird.

Zweites Beispiel: Über verschiedene Quellen wurde bekannt, dass auf dem Rhein-Main-Flughafen durch das Leck einer Tankleitung größere Mengen Kerosin in den Boden versickert waren. Da zu jener Zeit der Flughafen wegen des umweltzerstörerischen Bauvorhabens der Startbahn West bei einem Großteil der Bevölkerung ins Zwielicht geraten war, beeilten sich die Flughafensprecher mit verharmlosenden Auskünften über das Ausmaß des Unfalls.

Ein halbes Jahr später erhielt die Redaktion einer Frankfurter Zeitung von einem Angestellten des Flughafens telefonisch den Hinweis, dass bei jenem Unfall vermutlich eine Million Liter Kerosin versickert und das Trinkwasser akut gefährdet sei. Gleichzeitig mit einem ersten Bericht der Zeitung über die umstrittene Unfallversion der Flughafenleitung stellten Frankfurter Umweltschützer eigene Recherchen an und gaben die Ergebnisse an die Zeitung weiter.

So konnte der sachbearbeitende Redakteur eigene Erkundigungen mit zugespielten Informationen und Berichterstattungen kombinieren und den öffentlichen Druck zwecks Aufklärung des Unfalls erhöhen. Artikelüberschrift: »Umweltschützer vermuten fünf Millionen Liter/Genaue Menge des ausgelaufenen Flugzeugsprits unbekannt.« Einen Tag später: »Kerosin-Panne wird zum Politikum / Gutachten für Staatsanwalt räumt ungenügenden Korrosionsschutz auf Rhein-Main ein.« Ein zweiter

Bericht: »Kerosin-Skandal soll vor Hessischen Landtag.« Drei Tage später: »Ausmaß des Kerosin-Unfalls bleibt weiterhin unklar.« Drei Wochen später: »Zweifel an Behörden-Einschätzung des Kerosin-Unfalls / Aachener Arbeitsgemeinschaft: Auswirkungen weit schlimmer.« Nach weiteren zwei Wochen: »Grüne Stadtverordnete: Flughafen-Kerosin ist bereits ins Grundwasser eingedrungen / Proben aus Brunnen im Stadtwald / Ministerium widerspricht.«

Nur schon diese Überschriften lassen erkennen, dass hier ein Follow-up mit sehr unterschiedlichen Informanten (Gruppen aus der Bevölkerung, Gutachtern, Interessenverbänden, Parteien, Behörden, Regierung) bestritten wurde, die gleichsam eine von der Zeitung veranstaltete öffent*liche Debatte* zur Aufklärung dieses Unfalls und zur Beseitigung seiner Folgen führten.

Beide Beispiele machen deutlich, dass selbst im Alltagsgeschehen einer Stadt für die Redaktion der Lokalzeitung (meist für deren Website) oder eines Hörfunksenders rasch die Schwelle erreicht sein kann, von der an die Rekonstruktionsrecherche den Charakter einer Enthüllung annimmt. In unseren Beispielen haben die Verantwortlichen (Behördenvertreter) nur *vordergründig* informiert und waren auf Selbstrechtfertigung bedacht, indem sie ihr Verhalten verharmlosten, vielleicht sogar verschleierten. Die von den Medien zur Sprache gebrachten Hypothesen, verbunden mit den argumentierenden Einschätzungen von Zeugen und Experten, lieferten nun eine neue, gegenüber den offiziellen Darstellungen der zuständigen Stellen *aufdeckende* Version des Geschehenen, die für öffentlichen Druck sorgte.

Die aufdeckende Recherche: Viel Sorgfalt und viel Hartnäckigkeit

Voraussetzung der aufdeckenden Recherche ist die Funktion der Öffentlichkeit als eine kritische, gelegentlich auch moralisch urteilende Instanz – sozusagen *der virtuelle Pranger* der Gesellschaft.

Da gibt es einen Vorgang, von dem nur die unmittelbar Beteiligten volle Kenntnis haben. Der Sachverhalt ist nun aber von allgemeinem Interesse und betrifft nicht den Privatbereich irgendwelcher Leute. Aus Angst vor nachteiligen Reaktionen oder (Gegen-)Maßnahmen behalten die Beteiligten, so gut es geht, ihr Wissen für sich.

Die Massenmedien als Veranstalter und Träger der kritisch wirksamen, gegenüber der Politik auch kontrollierenden Öffentlichkeit (in der Bundesrepublik sprach man in diesem Zusammenhang in den 60er- und 70er-Jahren vom »*Verfassungsauftrag* der Presse«) sollten sich um die Aufdeckung, um das Offenlegen dieses allgemein interessierenden Sachverhalts bemühen. Die aufdeckende Recherche gehört darum im Grunde zu den tradierten, selbstverständlichen Aufgaben journalistischer Massenmedien.

Doch wir wissen es zur Genüge: Die Vorgänge und Ereignisse, über die wir in den Medien berichten, behandeln oft nur einen – nämlich den für die Öffentlichkeit bereitgestellten – Aspekt, während die übrigen Aspekte belanglos scheinen und verschwiegen werden. Der Journalist sollte indessen das *Wesentliche* hervorkehren und veröffentlichen, mithin die von den PR-Abteilungen dargebotenen Nebensächlichkeiten als solche behandeln.

Themen-Relevanz

Voraussetzung jeder enthüllenden Recherchierarbeit ist demnach das Beurteilungsvermögen über die *Relevanz* einer Information. Denn manchmal ist gerade der veröffentlichte Aspekt der am wenigsten Wichtige, der Verborgene indessen der Entscheidende. Mit anderen Worten: Der um Aufdeckung bemühte Rechercheur verschafft sich Klarheit, ob und inwiefern die verborgenen Aspekte die möglicherweise Relevanten (etwa: Folgenreichen) sind – oder ob sie doch nur den Voyeurismus kitzeln.

Die aufdeckende Recherche stößt im Übrigen bald mal auf den Widerstand der Beteiligten, die von solcher Offenlegung ja Nachteile für sich oder ihre Sache befürchten. Deshalb braucht der aufdeckende Rechercheur ein gewisses Einfühlungsvermögen in die Lage der Beteiligten und Betroffenen – er geht hartnäckig und zugleich mit Fingerspitzengefühl vor, vor allem bei der Befragung Betroffener, die sich oftmals in der Situation von Opfern sehen.

Der Recherche-Einstieg: Zwei Ebenen

Selten beginnt die enthüllende Recherche mit einer Information, die gleichsam vom Himmel fällt, oder mit geheimen Daten oder Dokumenten, die aus dem Nichts im E-Mail-Ordner auftauchen und eine Sensation bedeuten. In vier von fünf Fällen setzt die aufdeckende Arbeit an schon bekannten Sachverhalten an. Darum findet der aufmerksame Publizist gelegentlich auch bei Ereignismeldungen, Berichten, Hinweisen und Erzählungen seinen *Ausgangspunkt.*

Es handelt sich deshalb um eine *Zwei-Ebenen-Recherche*: Zum schon bekannten Vordergrund soll nun der Hintergrund (oftmals erweist er sich als Untergrund) ermittelt und in den richtigen Bezugsrahmen gestellt werden. Über die Geschäftspraktiken der Geschäftsleitung der *Neuen Heimat* etwa wussten die *Spiegel*-Redakteure (und nicht nur sie) schon so manches. Diese bekannten Sachverhalte dienten dann als Raster zur Prüfung der internen *Neue Heimat*-Dokumente, die 1981/82 zur Enthüllung eines der größten Skandale im Nachkriegsdeutschland anstanden. Nach demselben Muster arbeiteten 1997 die beiden Rundfunk-Rechercheure Udo Lielischkies und Stefan Stuchlik bei ihrer Jagd nach den »Paten der Fleischmafia«. Gemeint waren die heimlichen Exporteure des wegen der BSE-Rinderseuche mit Exportverbot belegten britischen Rindfleischs. Bei diesen durch Verdachtspunkte, Gerüchte oder Hinweise ausgelösten Recherchen fließen Enthüllungsabsicht (wer, wann, wo?), Rekonstruktionsarbeit (wie kam es? was folgte dann?) und Thesenüberprüfung (die machen das, weil ...) ineinander.

Erstes Beispiel: »In den frühen Morgenstunden blockierten zahlreiche Elbfischer mit neun Kuttern die Flusszufahrt zu den Dow-Chemiewerken bei Stade«, meldete dpa. »Die Fischer wollen damit gegen die von der niedersächsischen Landesregierung erlaubte Einleitung von chloriertem Kohlenwasserstoff in die Elbe protestieren.« Hintergrund dieses Ereignisses: Den Fischern war Tage zuvor ein als vertraulich gekennzeichnetes Papier zugespielt worden, demzufolge die Dow-Chemiewerke täglich bis zu zwei Tonnen chlorierte Kohlenwasserstoffe in die Elbe einleiten, obgleich Messungen eine Vergiftung der Elbaale durch solche Stoffe nachgewiesen hatten.

Zweites Beispiel: Am 19. September 2015 meldete dpa dies: »Die US-Umweltbehörde wirft Volkswagen vor, den Schadstoffausstoß der eigenen Autos manipuliert zu haben. Sie fordert deswegen den Rückruf von 482.000 Fahrzeugen.« Hinter diesem Satz verbarg sich der sogenannte »Dieselgate«, der VW-Abgaskandal für Dieselmotoren. Seit mindestens sieben Jahren besaßen die Fahrzeuge eine im Volkswagen-Konzern ausgetüftelte Software, die den CO_2-Ausstoß der Dieselfahrzeuge reduzierte, wenn sie auf dem Prüfstand standen und deren Schadstoffe gemessen wurden; im Straßenverkehr indessen überschritten sie die vorgeschriebenen Abgasnormen massiv (unbesehen der Frage, ob und in welchem Umfang solche Manipulationen auch andere Autohersteller taten). Die deutschen Medien staunten: Wie waren die US-Behörden dahintergekommen? Sie selbst hatten übersehen, dass bereits am 13. Oktober 2014 die Agentur AFD von einer Studie des unabhängigen Forschungsinstituts ICCT berichtete, der zufolge die Diesel-PKWs auf den Straßen siebenmal mehr Stickoxide abgeben würden als offiziell angegeben; trotzdem blieben die Hersteller unbehelligt und durften ganz legal mit ihren angeblich sauberen, tatsächlich umweltschädigenden Motoren werben.

Diese Meldung wurde (auch) von *Spiegel Online* verbreitet. Kein Journalist reagierte, kein Rechercheteam griff den Casus auf. Offenbar gelangte dann der Testbericht der ICCT-Ingenieure in die Hand der US-Umweltbehörde, die den VW-Konzern aufforderte, die Fahrzeuge umzurüsten und Schadensersatz zu leisten. Da sich der VW-Konzern aus US-amerikanischer Sicht eher sperrig verhielt, wählte die Behörde den Klageweg – und die Bombe platzte. »Wir stehen vor einem Fall von eklatanter Verbrauchertäuschung und Umweltschädigung«, ließ die Bundesregierung mitteilen. Der Schaden für den VW-Konzern wurde im Sommer 2016 auf existenzgefährdende 20 bis 25 Milliarden Dollar geschätzt; der internationale Schaden für das Image deutscher Ingenieurskultur ist immens. Und hätte vielleicht vermieden werden können, wenn die deutschen Journalisten im Herbst 2014 die Augen offen gehabt und zu recherchieren begonnen hätten. Umso heftiger wurde dann im Nachgang berichtet. Allein für die letzten drei Monate 2015 finden sich in der Tagespresse-Datenbank von WISO allein 1.496 Berichte zum Thema »US-Umweltbehörde und Volkswagen«. Das heißt: Jede Tageszeitung hatte bis zum Jahresende rund zehn Texte publiziert.

Diese zwei Vorfälle – Elbfischer und Dieselgate – zeigen exemplarisch, wie in aller Regel *aufdeckende* Recherchierarbeit beginnt: Da hat sich vordergründig etwas abgespielt, dessen eigentliche Bedeutung (Hintergrund) nicht das Ereignis, die Schiffsblockade bzw. die Anklage der US-Behörde, sondern der Wirkungszusammenhang ist: hier die Verseuchung des Flusses mitsamt Folgen, dort die Verseuchung der Luft mit Stickstoffdioxid (NO_2).

Typisch sind diese Beispiele auch, weil interne Instruktionen an die Öffentlichkeit kamen – freilich nicht durch die Recherche eines Journalisten, sondern durch die heimliche Tat eines beunruhigten Staatsbeamten resp. der Öko-Ingenieure. Tatsächlich kommen die meisten Enthüllungen, vor allem die spektakulären, durch das Zuspiel vertraulicher Informationen zustande, wie einmal mehr der spektakuläre Fall Barschel im Herbst 1986 zeigte (er wurde ja durch Barschels Pressereferent Pfeiffer ausgelöst, der mit seiner Enthüllungsgeschichte beim *Spiegel* aufkreuzte). Das heißt: Die Enthüllung hat gegenüber dem Journalisten schon stattgefunden, ehe die Recherche beginnt.

Die Recherchierarbeit dient dann der Sicherung (Überprüfung durch Indizien, Zeugenaussagen, Hergangsrekonstruktion) und Abrundung des zugespielten Materials, manchmal auch noch der Verschleierung der Quelle.

Die aufdeckenden Verfahren

Enthält die zugespielte Ausgangsinformation auch den Einstieg ins Thema (durch Aktualität, Prominenz, Urheberschaft oder Bedeutsamkeit der Folgen), dann bieten sich dem aufdeckend arbeitenden Rechercheur drei Schemata (im Sinne pragmatisch anzuwendender Verfahren) an. Im Einzelnen:

Schema 1: Vordergrund – Hintergrund
Die vorliegende Information wird als Vordergrund, als Oberfläche gesehen, die den eigentlichen Sachverhalt sowie das Motivgefüge der Akteure eher verdeckt. Der Rechercheur ermittelt nun den Hintergrund als Handlungszusammenhang (Hergangs- und Wirkungsabläufe), der überhaupt erst Rückschlüsse etwa auf die Motive der Zuständigen und Verantwortlichen zulässt.

> *Beispiel:* Da melden die Verkehrsbetriebe einer großen ostdeutschen Stadt, für die Erneuerung ihrer Straßenbahnflotte habe sich der Aufsichtsrat für das Angebot der Firma Siemens und deren Niedrigflurbahn – gegen das um Arbeitsplatzsicherung bemühte Angebot eines ostdeutschen Konsortiums – entschieden. Grund: Siemens habe das wirtschaftlich günstigste und innovativste Angebot abgeliefert. Dies ist der Vordergrund.
> Der Lokalrechercheur interessiert sich für den Hintergrund: Wie hat der Aufsichtsrat die Angebote bewertet? Warum hat er diese und keine anderen Kriterien gewählt? Die Recherche beginnt bei den unterlegenen Unternehmen und deren Angeboten. Es stellt sich heraus, dass dem Aufsichtsrat das letzte, besonders günstige Angebot eines Mitbewerbers nicht vorgelegen hat. Der Zeitungsbericht löst eine rechtliche Überprüfung durch das aufsichtführende Innenministerium aus. Parallel dazu stößt der Rechercheur auf interne Papiere und Protokolle, die darauf schließen lassen, dass das Verfahren zugunsten von Siemens gesteuert wurde. Für die fachlich schwierige Beurteilung technischer Spezifika zieht der Journalist neutrale Fachleute bei. Es werden Kontakte zu internen Informanten geknüpft und der Hintergrund Schritt für Schritt ausgeleuchtet – gegen den Widerstand der Verantwortlichen der Verkehrsbetriebe, die an Aufklärung kein Interesse zeigen.
> Es stellt sich heraus, dass beim Siemens-Angebot in mutmaßlich verbotener Weise nachgebessert und gegen die Vergabeordnung der Auftrag vergeben wurde. Nach weiteren enthüllenden Berichten – inzwischen wurde die Vergabe von der Kommunalaufsicht gekippt – nimmt die Staatsanwaltschaft ihre Ermittlungen wegen Betrugsverdachts auf. Dank der Hartnäckigkeit des Journalisten kommt nach und nach der ganze Hintergrund zum Vorschein, auch wenn offen bleibt, ob Korruption mit im Spiele war.

Aufdeckende Zusammenhänge kann man im Grunde immer finden. Bei jedem Blechschaden ließe sich eine grässliche Geschichte über vorausgegangene Psychodramen der Akteure, über die Historie einer unübersichtlich gebauten Kurve, über Macht und Suggestion enthüllen. Aber man sollte sich eben hüten, aus einer Mücke einen Elefanten zu machen – oder Geister zu rufen, die es nur in der Fantasie eines Akteurs gibt. Die sachgerechte Hintergrundenthüllung ist darum oftmals eher der Instinktsicherheit des Rechercheurs als seiner Methode geschuldet.

Schema 2: Der Eisberg
Die vorliegenden Informationen (oft ist es eine Agenturmeldung oder das Kommuniqué einer Pressestelle) vermelden einen aktuellen Vorfall, ohne die Vorgeschichte, Zusammenhänge und Beteiligten zu nennen. Der Rechercheur deutet (auf Grund seines eigenen Sachwissens) die vorliegende Meldung wie die Spitze eines Eisberges; dessen überwiegender Teil ist verborgen, soll aber ausgelotet und beschrieben werden.

Beispiel: Der Regionalredaktion wird die Erfolgsmeldung aus dem Innenministerium zugestellt, dass im vergangenen Jahr 12.480 neue Verkehrsschilder aufgestellt worden seien. Der Redakteur erinnert sich an einen Vorstoß des ADAC, die Zahl unnötiger, die Verkehrssicherheit beeinträchtigender Schilder steige stetig. Eine Blitzumfrage unter den Kollegen sowie zwei Telefonate bei der kommunalen Verkehrspolizei legen den Verdacht nahe, dass das Bundesland den Schilderwald unnötig aufforstet und damit auch Steuergelder verschwendet. Abklärungen bei Verkehrsexperten bekräftigen den Verdacht, dass Unfälle infolge zu vieler Schilder gehäuft auftreten. Nachfragen im Innen-, dann im Finanzministerium ergeben, dass die Kosten für die Schilderflut an den Bund weitergereicht werden. Beim Bundesverkehrsministerium, dann beim Bundesrechnungshof wird bestätigt, dass dies ein Trend zahlreicher Bundesländer sei. Allein in den vergangenen zwei Jahren, so die Pressestelle des Bundesrechnungshofs, seien die Kosten für Straßenschilder um knapp 35 Prozent gestiegen. Und im Verkehrsministerium wird bestätigt, dass für unnötige Verkehrsschilder allein auf Bundesstraßen im Vorjahr 150 Millionen Euro Steuergelder ausgegeben worden seien. Anhand dieser Daten geht nun die Recherche zweispurig weiter: Auf Bundesebene wird untersucht, warum das Verkehrsministerium klaglos den unsinnigen Schilderwald bezahlt. Auf regionaler Ebene steht das Innenministerium im Fadenkreuz der Recherche; es soll darlegen, warum es unsinnige (= teure und verkehrsgefährdende) Straßenschilder massenhaft aufstellen lässt. Die Erfolgsmeldung entpuppt sich nun als Skandalmeldung. Denn die Recherche enthüllt, dass zwei inkompetente Ministeriale ohne Sachprüfung die Anträge der Straßenbau- und Verkehrsämter abzeichnen und dass keine Rechnungskontrolle stattfindet, weil ja der Bund die Mittel geben müsse.
Es werden insgesamt vier Berichte im überregionalen, im regionalen und im lokalen Teil der Zeitung sowie online publiziert. Die Veröffentlichungen ziehen eine Anfrage

im Landesparlament und weitere Recherchen nach sich. Das zuständige Ministerium verspricht Besserung.

Allerdings: Bekanntlich ist kein Bericht vollständig; es gibt nichts, was sich nicht vertiefen, erweitern und ergänzen ließe. Darum sollte der Rechercheur auf seinen Aufdeckerstolz achten, der ihn dazu verleitet, selbst Trivialitäten für sensationell zu halten. Das Vier-Augen-Prinzip kann hier Abhilfe schaffen: Die sachneutral gegenlesende Kollegin sieht schnell mal, dass zu viele, vor allem nebensächliche Details den Bericht uninteressant machen.

Schema 3: Symptom und Krankheit
Die vorliegenden Informationen werden als Schilderung von Symptomen verstanden, die für etwas ganz anderes, weit Wichtigeres stehen. Wie das Fieber die Krankheit signalisiert, so recherchiert nun der Journalist, um das Krankheitsbild aufzuzeigen: Die Handlungen von Individuen werden als Ausdruck oder Resultat sozialer oder ökonomischer und/oder politischer Prozesse begriffen und dargestellt.

Es versteht sich, dass dieses Schema vor allem für soziale Vorgänge geeignet ist. Wie Asylbewerber auf dem Einwohnermeldeamt schikaniert werden: Ist dies symptomatisch für den Umgang mit Flüchtlingen in unserer Stadt? Wie eine wachsende Zahl an jüngeren Leuten sich Arbeitslosenunterstützung ergaunert: symptomatisch für diese lückenhafte Gesetzgebung oder doch eher für die Zunahme an krimineller Energie? Usw.

Beispiel: Eine Woche vor Urlaubsbeginn kommt wie jedes Jahr die Hinweismeldung der Verkehrspolizei, dass auf den Autobahnen Richtung Süden wieder mit vielen Kilometern Stau zu rechnen und darum auf Bundesstraßen auszuweichen sei. Der serviceorientierte Text liefert auch Karten, Daten und Notfallnummern. So weit, so gut. Doch die Redaktion ist damit nicht zufrieden, sie möchte diesmal mehr über die Staugründe erfahren, um zu klären, ob sich solch ökologisch, psychologisch und volkswirtschaftlich unsinnige Situationen denn nicht vermeiden (oder doch mindern) ließen: Ihre Einstiegsfrage heißt: Ist der Verkehrsstillstand auf der Autobahn vielleicht nur das Symptom für einen tiefergreifenden Missstand?

Die Recherche beginnt im Archiv mit den früheren Stauberichten über dieselben Straßen. Mit der Internet-Suchmaschine und einer Online-Datenbankrecherche werden Fachaufsätze und die Namen dreier unabhängiger Verkehrsexperten beschafft, die sich auf Stauvermeidung spezialisiert haben. Datenanalysen mitsamt Expertenwissen führen zur Einschätzung, dass viele Staus auf Fehlverhalten der Autofahrer und Fehler der Verkehrsbehörden zurückzuführen sind. Es folgt nun ein Augenschein und eine detaillierte Befragung der zuständigen Straßenverkehrsbehörden. Es kommt heraus, dass falsch organisierte Dienstpläne der Autobahnpolizei bewirken, dass keine Bereitschaft da ist, wenn der Urlaubssturm losbricht; dass behördeninterne Vorschriften verhindern, dass die Phasenschaltungen des Ampelleitsystems auf den sich ändernden Verkehrsfluss angepasst werden; dass nach einem Bagatellunfall die Fahrzeuge auf der Fahrbahn liegen bleiben, weil die Autofahrer dies für vorschriftsmäßig halten, also nicht aufgeklärt sind. Diese und weitere Gründe für den alljährlichen Urlaubsstau werden mit Daten unterfüttert und zu einem harschen Bericht mit Schaubildern, zwei Videos und Problemlisten verdichtet. Der Report erscheint vier Tage vor Urlaubsbeginn. Am nächsten Tag folgt ein Interview über Maßnahmen und Vorhaben mit dem Einsatzleiter der Autobahnpolizei; dann, ein Tag vor Urlaubsbeginn, kann das Lokalmedium (online) vermelden, dass die Zuständigen sozusagen in letzter Minute alle Vorkehrungen getroffen hätten, um die Staugefahr zu mindern, Motto: Die Krankheit wurde erkannt, nun kann sie auch behandelt werden.

Auch hier gilt zu beachten, dass sich annähernd jedes menschliche Verhalten als symptomatisch verstehen lässt, als Ausdruck verborgener, unheimlicher Prozesse. Jeder Delinquent, Randalierer, Drogensüchtige oder Sektierer kann in gewisser Weise als ein Symptom für sozial bedingte Krisen interpretiert werden. Oft genug handelt es sich dabei aber nicht um aufdeckendes Recherchieren, sondern um *aufklärendes*, mitunter auch moralisierendes Kommentieren von Strukturzusammenhängen. So kommt es, dass oftmals eine (wenn auch klug analysierende) Interpretation als Enthüllung ausgegeben wird. Und sie sagt mehr über den Interpreten und seine Überzeugung als über den tatsächlichen Hintergrund.

Systematik: Bei jedem der drei Schemata liegt, wie zuvor ausgeführt, ein *konkreter Verdacht* als Ausgangspunkt vor. Um ihm nachgehen zu können, muss über das auslösende Ereignis Klarheit hergestellt werden: Stimmt es überhaupt? Der Rechercheur sollte sicher sein, dass die Meldung/der Bericht/die Erzählung stimmt und dass er keiner Ente hinterherjagt. Erst wenn er das aktuelle Ereignis (als Vordergrund, Spitze des Eisbergs, Symptom) kennt und seine Sachverhalte überprüft hat, beginnt er mit dem aufdeckenden Nachforschen. Dieses Hinterfragen gilt zum einen den Ereignissen, zum anderen den Personen.

Als Erstes wertet er das Ausgangsmaterial aus und listet alle in Frage kommenden Personen auf; dann stellt er anhand dieser Liste den *Befragungsplan* auf: Wer spielt welche Rolle (wer ist außen, wer innen?) und wer steht wie zu wem?

In weiteren Arbeitsgängen muss er einen möglichst dichten Faktenzusammenhang durch Materialstudium und Befragungen herstellen, indem er das in Archiven, bei Behörden und Unternehmen, bei Fachleuten, Insidern und den Akteuren beschaffte Material auswertet (was ist stimmig, wo stecken Widersprüche?) und die zu befragenden Personen mit ihren Rollen kennenlernt.

Wichtig: Alles bleibt verbunden, *der Rechercheur isoliert nicht die Handlungen von den Handelnden,* sondern interessiert sich für die *Zusammenhänge.* Keine losgelösten Statements und Aussagen, so sensationell sie auch sein mögen, kennzeichnen die gute Arbeit; auch nicht die hochpräzise, aber isolierte Nacherzählung eines bis dahin unbekannten Ereignisdetails – die *aufdeckende* Recherche ist vielmehr dann geglückt, wenn sich vor den Augen des Betrachters (Lesers/Zuschauers) gleichsam der Vorhang hebt und er die handelnden Akteure erleben und das Spiel verstehen, also durchschauen kann. Der enthüllende Recherchebericht darf darum auch eine Story erzählen; er benötigt einen Handlungsfaden (wie die Chronologie) und besitzt Elemente des Features und der Reportage. (Mehr darüber im letzten Abschnitt des 3. Teils)

Berufsethische Erwägungen

Vertraulichkeit: Das Hauptproblem beim aufdeckenden Recherchieren ist die Vertraulichkeit vieler Gesprächssituationen: Darf man die Schimpftirade eines aufgebrachten Unternehmers zitieren, der die Entlassung von 30 rumänischen Arbeitskräften rechtfertigen will? Kann man die rührende Geschichte einer Obdachlosen wiedergeben, die voller Stolz erzählt, wie sie in einer Filiale eine komplette Wintergarnitur entwendet hat? Soll man schreiben, dass der Zugchef wegen der fortgesetzten Unpünktlichkeit der Deutschen Bahn über seine Direktion heftig geflucht hat?

Täuschungsmanöver: Unter Journalistik-Fachleuten und Rechercheuren ist man sich uneins, ob und in welchem Ausmaß Mittel zur Täuschung der Gesprächspartner eingesetzt oder die Naivität von Zeugen und Beteiligten »für die gute Sache der Enthüllung« ausgenutzt (im Jargon: in die Pfanne gehauen) werden dürfen – berufsethisch gesehen sind es heikle Fragen, die sich nur unter Betrachtung des Einzelfalls schlüssig beantworten lassen. Immerhin gelten unter seriös arbeitenden Journalisten folgende vier Regeln als unstrittig:

- Erstens: Wenn der Journalist verdeckt (also seine Berufsrolle verschleiernd) erkundet, dann kann er zwar *Faktisches* in Erfahrung bringen und als Information verwerten, er darf aber persönliche Äußerungen Dritter nur dann verwenden, wenn der Urheber der Äußerung nicht erkennbar wird. (Ausnahmen: Die Äußerung fand ohnehin im öffentlichen Raum mit anderen Zuhörern statt oder der Urheber stimmt nachträglich zu.)
- Zweitens: Auch wenn der Journalist offen – also unter Bekanntgabe seiner journalistischen Identität – recherchiert, ist nicht jede erfragte Äußerung per se publizierbar. Der Wunsch eines Informanten, seine Aussagen bitte nur als »Hintergrundinformation« zu verwenden, sollte respektiert werden (d. h. keinen »Journalismus der verbrannten Erde« betreiben!).
- Drittens: Gegen den erklärten Willen der Befragten sollten deren Sachaussagen nur dann publiziert werden, wenn an der Aufklärung ein öffentliches Interesse auch im

justiziablen Sinne besteht. Und man sich auf das Faktische beschränkt, also dessen Ansichten und Meinungen verschweigt (das hat auch Urheberrechtsgründe).

- Viertens: Die Naivität eines Zeugen oder einer beteiligten Person darf nur ausgenutzt werden, wenn daraus für die derart benutzte Person kein Schaden erwächst. Wer zum Beispiel in Unkenntnis der Absichten des Rechercheurs Nachteiliges über sich selbst äußert – etwa: dass er wegen Zuspätkommens gekündigt worden sei –, dem sollte daraus kein Nachteil erwachsen (dass die Person es selbst gesagt hat, ist in diesem Fall kein Rechtfertigungsgrund für die Veröffentlichung).

Aus Fehlern lernen

»Das würde ich so nicht wieder machen«, lautet eine Überschrift in dem Handbuch »Ethik im Redaktionsalltag«. Darin erzählen namhafte Journalisten, was und wie sie aus Fehlern gelernt haben. Der Hauptteil des Buches jedoch umfasst systematisch ausgewählte Situationen und Fälle, wie sie beim Recherchieren auftreten (können): Rollenspiele, versteckte Kamera, Umgang mit Informanten, Wahrung der Persönlichkeitsrechte, Grad des Zuspitzens u. a. m. Die gegebenen Empfehlungen stützen sich auf die Spruchpraxis des Presserats. Auch wenn man nicht jede teilt, so bieten sie wertvolle Anstöße und hilfreiche Anregungen, über das eigene Verhalten »im Feld« der Recherche nachzudenken.

Ifp/Deutscher Presserat (Hrsg.) (2005): Ethik im Redaktionsalltag. Konstanz.

Der Traum von der großen Enthüllung: Der investigative Journalismus

Spätestens seit der *Watergate-Affäre* Anfang der 70er-Jahre, als nach zwei Jahren Enthüllungsarbeit US-Präsident Richard Nixon zurücktrat, träumt mancher Rechercheur und Reporter davon, eines Tages einen anonymen Informanten wie damals den *deep throat* zu treffen und mit der großen Enthüllungsstory zu journalistischem Ruhm zu kommen. Für die meisten wird es ein Warten auf den Jüngsten Tag sein. Denn *Watergate* war ein auf die amerikanischen Verhältnisse zugeschnittener Fall, nicht nur in politischer Hinsicht, sondern auch in Bezug auf das journalistische Rollenverständnis (siehe erster Buchteil) und die (bei uns nicht überall akzeptierten) investigativen Recherchiermethoden.

Die US-Tradition

Das Hervorragende an jener exemplarischen Recherchierarbeit der *Washington Post*-Lokalreporter Carl Bernstein und Bob Woodward bestand darin, dass sie die für die aufdeckende Recherche nützlichen Verfahren besonders intensiv und synchron einsetzen konnten: die Auswertung der zugespielten *Insiderinformationen,* der Gegencheck *vertraulicher Auskünfte,* das Ausquetschen *Beteiligter,* das konfrontative *Abfragen der Akteure,* das Arbeiten mit *Unterstellungen* (Hypothesen, Szenarien und Spekulationen), praktisch auch mit Einschüchterungen und Drohungen, mit Moralisieren und Psychotricks (wie: Erzeugen von Schuldgefühlen) – immer mit dem Ziel, verborgene, unzulässige Machenschaften oder Missstände ans Licht zu bringen: das Grundmuster des *Investigative Reporting.*

Der amerikanische Reporting-Spezialist Curtis MacDougall äußerte in den 80er-Jahren die Auffassung, dass investigatives Recherchieren kein spezielles Verfahren sei, sondern nur handwerklich besonders gutes, d. h. intensiveres und hartnäckigeres Recherchieren bedeute: »Actually the investigative reporter is like any other kind of reporter, only more so. More inquisitive, more skeptical, more resourceful and imaginative in knowing where to look for facts, more ingenious in circumventing obstacles, more indefatigable in the persuit of facts and able to endure drudgery and discouragement.« (MacDougall 1987: 202). Diese Beschreibung blieb strittig. Anderen Umschreibungen zufolge betreibt der Researcher die Aufklärung eines Missstandes (wie: Korruption), wobei er dafür »mitunter Monate oder gar Jahre« benötigt und hierbei die enthüllenden Informationen selbst (»primary source«) aktiv beschafft (Näheres: https://en.wikipedia.org/wiki/Investigative_journalism).

Heute sind die meisten *Investigators* in einem der Berufsverbände organisiert: auf nationaler Ebene im Verband *Investigative Reporters and Editors (IRE)* sowie das für internationale Zusammenarbeit 1997 in Washington gegründete *International Consortium of Investigative Journalists (ICIJ)*. Hier wie dort versteht man unter Investigation eine Tätigkeit, die folgende drei Hauptmerkmale aufweist:

- Der Rechercheur begnügt sich nicht mit einer Inside-Enthüllung (wie: Veröffentlichung zugespielter Dokumente oder Zeugenaussagen), sondern er erschließt *aktiv* neue Quellen.
- Bei dem Gegenstand oder Thema sollte es sich um unlautere Machenschaften oder (mutmaßliche) Missstände handeln, denen große Beachtung (Relevanz) zukommt.
- Die Informationsbeschaffung und -überprüfung stößt auf den Widerstand beteiligter (involvierter) Personen; dieser muss überwunden werden, um ans Ziel zu kommen.

Arbeitsweise: Der prominente New Yorker Journalist Jack Newfield erzählt, wie er 1972 als Reporter der *Village Voice* zu seiner ersten großen Story kam: Mit der Absicht, eine kleine Reportage über die Arbeit freundlicher weißer Polizisten im schwarzen Ghetto New Yorks zu schreiben, begleitete Newfield einen Sergeanten einen Tag pro Woche während sechs Wochen auf seinem Streifendienst. Beiläufig hörte er bei einer Personenkontrolle, ein Drogenhändler habe einem anderen Polizisten 1.000 Dollar angeboten, wenn er ihn laufen lasse. Obwohl dann der Polizist diesen Bestechungsversuch im Verhörprotokoll erwähnte, wurde der Drogenhändler vom Untersuchungsrichter nach kurzer Zeit wieder auf freien Fuß gesetzt, der Polizist erhielt eine Rüge, weiter nichts. Der Journalist wurde stutzig.
Nun machte Newfield den betreffenden Amtsrichter ausfindig, stöberte in Prozessakten, in Untersuchungsprotokollen, befragte Delinquenten und Angeschuldigte, ging zu Rechtsanwälten und zu Spezialisten des Drogenhandels.
Dann schrieb er vier Artikel über diesen Untersuchungsrichter: Er wies nach, dass der Mann von Drogenhändlern gekauft war, hinter denen die Mafia stand. Newfield schrieb einen weiteren Artikel (»The Ten Worst Judges«) für das *New York Magazine*, machte ein Feature für das New Yorker Lokalfernsehen, schrieb weitere Nachfolgegeschichten, wissend, dass erst das *Follow-up* die Wirkung ausmacht. Bald wurde ein Untersuchungsausschuss eingesetzt, um Newfields Enthüllungen zu prüfen. Ein Jahr später wurde der betreffende Amtsrichter wegen Korruption verurteilt.
Newfield ließ nicht nach. Zwei Jahre später erschien in der *Village Voice* eine Artikelserie mit der Überschrift »The Next Ten Worst Judges«. Sie waren das Ergebnis wochenlanger Beobachtungen, der Auswertung von mehr als 100 Urteilen, von Protokollen und zahllosen Befragungen von Richtern, Sachverständigen, Gerichtsschreibern, Polizisten und Gerichtsreportern. Newfields Darstellung der Gerichtsbehörde mündete in ein vernichtendes Urteil. Leseprobe: »Just a month inside the chaotic courtrooms, … and you will see judges … who are incoherent from too many marti-

nis at lunch, judges who bend the law to favor the clients of lawyers who are clubhouse cronics ... You will see judges coerce guilty pleas ... malinger, manipulate the calendar ...« (in: Dygert 1976: 34 f.).

Im Nachgang der *Watergate-Affäre* waren viele der Pulitzer-Preisträger sogenannte *investigative Reporter*, die sich durch besonders akribische Recherchen auszeichneten. Mitchell V. Charnley berichtete u. a. von den drei Reportern der *Detroit Free Press*, die während sechs Wochen rund 300 Befragungen und Interviews durchführten, um den brutalen Einsatz der Polizei und der Nationalgarde in der Folge des blutigen Aufstands in Detroit aufzuklären (Charnley [3]1975: 338). James H. Dygert, damals selbst ein recherchierender Journalist, schrieb nicht ohne pathetischen Stolz:

»Every good investigative reporter has to be slightly mad. Not only must he manifest the customary skills and characteristics of a journalist, he must do so to excess, and be ever ready to attempt the impossible. An ordinary reporter is persistent. An investigative reporter never gives up, no matter how insurmountable the obstacles, or how hopeless the prospects ... (He is) on the lookout for conspiracies and corruption almost everywhere ... He occasionally faces danger to his life« (Dygert 1976:146).

Investigation und Datenbank-Recherche: Um Missstände nachzuweisen, genügt meist nicht der Einzelfall; man muss zeigen, dass korrupte oder kriminelle Handlungen gehäuft oder immer aufs Neue auftreten, also auf einen strukturellen Missstand verweisen. Und dafür eignen sich vor allem Statistiken, die zu anderen Informationen in Beziehung gebracht und nach Übereinstimmungen oder Korrelationen untersucht werden. In den 60er-Jahren des vorigen Jahrhunderts nannte man diese Recherche »Computer Assisted Research« (CAR); heute spricht man von Datenjournalismus (Näheres hierzu im Anhang). Zu dessen Spezialitäten zählt neben Statistiken die Arbeit mit unstrukturierten Daten, aus denen die Informationen extrahiert und mit Analyseprogrammen (meist Excel plus spezielle Analysetools) untersucht und visualisiert werden. Im ersten Teil des Buchs erwähnte ich den Washington-Post-Reporter Leon Dash, der als einer der Ersten CAR-Methoden systematisch für seine Investigativrecherchen einsetzte.

Seitdem öffentliche Statistiken über das Internet abrufbar sind, zählen auch Datenbank-Analysen zum Recherchejournalismus. Was aber nicht darüber hinwegtäuschen sollte, dass der im journalistischen Alltag praktizierte *Datenjournalismus* meist nichts mit Investigation zu tun hat, sondern neue Möglichkeiten der Visualisierung datenbasierter Zusammenhängen ermöglicht (ein gelungenes Beispiel für viele: »M29 – Berlins Buslinie der großen Unterschiede«, *Berliner Morgenpost* vom 13. Januar 2013 – unter: http://interaktiv.morgenpost.de/m29/).

Aussagen über Machenschaften, Betrügereien oder Machtmissbrauch findet man (meist) nicht in Statistiken, sondern in volumenreichen Datenmengen, die von sogenannten Whistleblowern abgegriffen und an speziell gesicherte Server (Leaking-Plattformen, wie: Wikileaks) geliefert und dann erst von Journalisten untersucht werden.

Berühmte Beispiel sind die Daten über Gräuel des US-Militärs im Irak (durch Chelsea, ehem. Bradley Manning 2010), über umfassende, systematische und illegale Personenüberwachung durch britische und US-Geheimdienste (enthüllt von Edward Snowden 2013) sowie über einen weltumspannenden Geldtransfer zu dubiosen Banken und Depots zwecks Steuerhinterziehung (2015 von einem Whistleblower an die *Süddeutsche Zeitung* geliefert).

Big-Data: Die »Panama Papers« (in Erweiterung der Textbox von Seite 73).

Im April 2016 publizierte die Süddeutsche Zeitung gemeinsam mit rund 20 weltweit kooperierenden Medien eine Artikelserie darüber, wie Politiker, Funktionäre, Mafiosi und Superreiche ihre Vermögen zu einer Kanzlei in Panama verschoben und so vor den Steuerbehörden ihrer Heimatstaaten versteckten. Die seither sogenannten Panama Papers bedeuten »das größte Daten-Leak aller Zeiten« (Obermayer/Obermaier 2016:16).

Unter dem Allerwelts-Decknamen John Doe hatte ein Whistleblower den beiden Investigativ-Reportern Bastian Obermayer und Frederik Obermaier von der *Süddeutschen Zeitung* Informationen über Machenschaften der Anwaltskanzlei *Mossack Fonseca* aus Panama geliefert. Im Laufe eines Jahres wurden daraus 2,6 Terabyte an Daten: Rund 11,5 Millionen Dokumente über 214.000 Briefkastenfirmen, die in den Steueroasen gegründet worden waren, um gigantische Summen zu verschieben.

Erst seit Beginn dieses Jahrtausends ist es möglich, dank ausgefeilter Big-Data-Technologien solche Datenmengen zu strukturieren, zu dekodieren, zu übersetzen und zu analysieren. Für die Datenerfassung nutzte man Nuix, das auch von internationalen Ermittlungsbehörden zur Entschlüsselung großer Datenmengen benutzt wird. Hierzu »mussten sämtliche eingescannten Dokumente per optischer Zeichenerkennung (OCR) in eine maschinenlesbare – und somit überhaupt erst per Computer durchforstbare – Form gebracht werden. Auf diese Weise wurden Bilder von eingescannten Ausweisen, unterschriebenen Verträgen und vieles mehr in ein Format gebracht, das anschließend mit einer einfachen Suchmaske durchkämmt werden konnte« (Torino 2016).

Rasch zeigte sich, dass die Kunden der Kanzlei rund um den Globus verteilt leben und deren Machenschaften von ortskundigen Rechercheuren aufgespürt werden sollten. Die Journalisten der *Süddeutschen Zeitung* kooperierten deshalb mit dem ICIJ in Washington. Nach und nach fanden sich annähernd 400 Journalisten in rund 80 Ländern, die länderspezifisch die Daten nach »ihren« Akteuren absuchten. Dies funktionierte vor allem deshalb, weil das ICIJ mit dem Open-Source-Netzwerk-Tool Oxwall ein privates soziales Netzwerk mit gesichertem Zugang konstruierte. »Mit diesem konnten – ähnlich wie bei Facebook – Neuigkeiten und Daten mit allen beteiligten ICIJ-Mitgliedern geteilt und kommentiert und auch private Nachrichten zwischen einzelnen Journalisten verschickt werden« (Torino).

Weiter wurden die Daten maschinenlesbar gemacht, konvertiert und induziert. »Zum Durchsuchen der Daten setzte das ICIJ wiederum das Open-Source-Programm Project Blacklight, das beispielsweise auch von der Bibliothek der New Yorker Columbia Universität verwendet wird« (Torino). Dank weiterer Tools (wie Thesauri) konnten auch Verwandtschaftsverhältnisse aufgedeckt und ganze Sippschaften durchforstet werden. Das ICIJ konnte hier auch seine Erfahrungen mit den Bildanalyseprogrammen Neo4j und Linkurious nutzen, als es zwei Jahre zuvor die betrügerischen Machenschaften von über 100.000 Kunden der Schweizer HSBC Bank aufdeckte (Swiss-Leaks). Nach einem Jahr Datenanalysen, Expertengesprächen und Akteursbefragungen starteten die Medien am 4. April 2016 mit der Veröffentlichung ihrer Befunde. Ein Effekt: Wegen seiner Verwicklungen in dubiose Finanzgeschäfte erklärte zwei Tage später der isländische Ministerpräsident David Sigmundur Gunnlaugsson seinen Rücktritt.
»Das Knacken der Panama Papers ist ein gewaltiger Triumph bei der Aufdeckung globaler mafiöser Machenschaften, in welche Personen wie der Präsident Argentiniens und enge Freunde des russischen Präsidenten Wladimir Putins verwickelt sind. Dieser Schlag ist das Ergebnis der erfolgreichen Zusammenarbeit einer Vielzahl unabhängiger Journalisten.« (Quelle: Gregor Torino, www.heise.de/tp/artikel/48/48827/1.html; Download: 14.06.2016).

Besondere Anforderungen

Zwei Kennzeichen lassen sich aus dieser kurzen Skizze des investigativen Journalismus für uns nutzen (Weiterführende Hinweise finden sich bei Ludwig 2014):

- *Erstens* die Erfahrung, dass gute und enthüllende Recherchierarbeit eine Sache des *akribischen Fleißes, des methodischen Vorgehens* und großer *Investitionsbereitschaft* ist, mit dem Risiko, wegen regelwidrig beschaffter Informationen auch mal attackiert zu werden (mehr hierzu im Abschnitt über die sog. Wallraff-Methode).
- Und *zweitens* die Einsicht, dass die harte Recherche nicht nur journalistisches Selbstbewusstsein, sondern auch eine unbestechliche, distanzierte Haltung der Redaktion sowie volle Rückendeckung durch den Medieneigentümer voraussetzt.

Grundzüge der investigativen Recherche

- Ausgangspunkt ist meist der Hinweis eines Insiders bzw. anonymen Informanten (Whistleblower). Dieser bezieht sich auf eine Handlung oder einen Vorgang, der in der Öffentlichkeit als unzulässig eingestuft wird (als unrechtmäßig, unmoralisch usw.). Demnach beginnt die Recherche nicht mit einem Thema, sondern mit einem konkreten Verdacht.
- Die Basisrecherche besteht darin, die fragliche Handlung bzw. den Vorgang zu rekonstruieren und die daran Beteiligten zu ermitteln.

- Anschließend werden die damit verbundenen Interessen, Beweggründe und Absichten (Zwecke) in Erfahrung gebracht, eingeschätzt und mit dem rekonstruierten Hergang abgeglichen.
- Als dritter Arbeitsschritt werden die Hauptakteure konfrontativ befragt, um zu erfahren, ob und ggf. wie sie ihre Handlungen begründen und rechtfertigen.
- Der letzte Arbeitsschritt ist die Verknüpfung der Rekonstruktion mit den Aussagen der Hauptakteure, indem deren Selbstdarstellung durch die überprüften (»hart gemachten«) Fakten abgeglichen bzw. widerlegt – und damit unwahrhaftig – werden. Daran kann sich eine weitere Befragungsrunde anschließen.

Die Recherche verläuft nur ausnahmsweise verdeckt, nur ausnahmsweise unter Einsatz des Scheckbuchs, nur ausnahmsweise mit fingiertem Material. Die Regel heißt: hartnäckig, systematisch und mit offenem Visier.

In den westlichen Staaten versteht man heute unter investigativem Journalismus die hart an der Grenze des Erlaubten verfahrende, gegen den Geheimhaltungswillen Beteiligter gerichtete *aufdeckende Recherche* (siehe voriges Kapitel), welche sich zudem anbietet, im öffentlichen Interesse vor allem gegen Amts- und Funktionsträger, gegen staatliche Institutionen sowie gegen Inhaber öffentlicher Macht zu *ermitteln.* Der Rechercheur versteht die in den Landesmediengesetzen festgeschriebene Medienfunktion – gegenüber öffentlichen Einrichtungen auch Kritik und Kontrolle zu üben – als eine öffentliche Aufgabe, den er tatkräftig zu erfüllen sucht. Beispielgebend schildert Wächterpreisträger Hans Leyendecker anhand von fünf Skandalfällen, wie das »Netzwerk krimineller Machenschaften« in deutschen Großkonzernen funktioniert. Dank seiner hartnäckigen Recherchen (und jener seiner Ressortkollegen) rekonstruiert er, wie Bereicherung, Betrug und Bestechung in den Chefetagen zum Alltag wurden (Leyendecker 2007).

Im journalistischen Alltag gilt freilich auch für den investigativen Rechercheur: Er muss ungewöhnlich findig, ausdauernd und besonders vorsichtig arbeiten (dürfen). Er schnüffelt mitunter monatelang im Dunstkreis verdächtiger Akteure – Arbeitsbedingungen, die vor allem große Tageszeitungs- und Magazinredaktionen bieten.

Unterschiede USA – Deutschland

Im Rollenbild des Rechercheurs kommt auch das politische Verständnis der Gesellschaft zum Ausdruck. Und dieses ist in den USA noch immer anders als etwa in Deutschland. Auch aus diesem Grund lassen sich die Methoden des *Investigative Reporting* von den USA nicht eins zu eins auf unsere Verhältnisse übertragen:

- Erstens haben wir im deutschsprachigen Raum ein anderes Verständnis der Rolle staatlicher Institutionen als die Amerikaner: Im Bewusstsein der Deutschen ist der Staat eine die Gesellschaft überdachende Instanz, während die Amerikaner weit mehr den Staat als ein *Gegenüber* begreifen, einen Apparat, um dessen Machthabe verschiedene gesellschaftliche Gruppen kämpfen. Nicht erst seit den Sex-Affären des US-Präsidenten Bill Clinton in den 90er-Jahren werden in den amerikanischen Medien die Inhaber öffentlicher Ämter mit argwöhnischer Neugier beobachtet, während deutschsprachige Journalisten mit Machtträgern vergleichsweise respektvoll umgehen (vgl. Leyendecker 1999). Auf schnüffelndes Investigieren, wie dies zum Beispiel der *Spiegel* Mitte der 90er-Jahre im Fall Manfred Stolpe wegen dessen einstiger Stasi-Zuarbeit betrieb, reagieren viele Deutsche paradox: Man solidarisiert sich mit dem vermeintlichen »Medien-Opfer«.
- Zum Zweiten tragen die amerikanischen Medien, zumal TV-Anbieter und die Internet-Plattformen eine (gegenüber der westeuropäischen) weiterreichende und insofern mächtigere öffentliche Meinung, die darum als *vox populi* auch auf das politische Geschehen noch mehr Einfluss hat als etwa in der Bundesrepublik Deutschland, mehr als in Österreich und in der Schweiz. Folglich hat auch das Aufdecken von Sachverhalten einen höheren Beachtungswert als im deutschsprachigen Raum – hatte, denn spätestens die Präsidentschaftskandidatur des Populisten Donald Trump machte deutlich, dass für einen Teil der Bevölkerung die Sachverhalte immer bedeutungsloser und die Stimmung immer wichtiger wird. Beobachter sprechen vom Trend zur »postfaktischen« Gesellschaft, die der Sachaufklärung kaum noch Beachtung schenke.
- Der dritte Grund hängt mit den ersten beiden eng zusammen: Anders als in Europa zeigt sich die US-Gesellschaft informationsoffener. Behördenvertreter sind meist kooperationswillig, die Sitzungen annähernd aller gesetzgebenden oder kontrollierenden Körperschaften sind öffentlich, Personaldaten in Datenregistern (gegen Gebühren) meist zugänglich. In Deutschland kommt ein Umdenken – weg von der Geheimniskrämerei – in der Folge der noch jungen Informationsfreiheitsgesetze erst allmählich in Gang.
- Der vierte Grund geht auf das andere Moralgefüge der US-Gesellschaft, vor allem in der puritanisch eingestellten Bevölkerung des mittleren Westens zurück. In den USA werden Fragen der Moralität gern zum Maßstab der Beurteilung von Politikern erhoben (Motto: Darf ein US-Präsident in seinem Privatleben einer anderen Moral frönen als im öffentlichen Leben?). Besonders markant: die Sexismus-Schlammschlacht des Präsidentschaftskandidatern Donald Trump im Herbst 2016. In Deutschland gilt eher die Auffassung, dass nur der öffentliche, ans Amt gebundene Teil der Person von Interesse ist und der private einer anderen Moral folgen darf.

Beispiele: Unter den Bonner Journalisten war Anfang der 70er-Jahre allgemein bekannt, dass sich der damalige Bundeskanzler Willy Brandt von netten jungen Damen erotisch unterhalten ließ und dies auch in den mit Steuergeldern finanzierten Sonderzügen während des Wahlkampfs. Es bestand indessen Konsens, dass darüber nicht zu berichten sei. Auch als sich Anfang der 90er-Jahre der Finanzminister der Kohl-Regierung, Theo Waigel, von seiner Frau trennte und – als stets bußfertiger CSU-Politiker – in ein Konkubinat mit der Ex-Sportlerin Irene Epple eintrat, hielten die deutschen Journalisten völlig zurück. US-Medien hätten vermutlich sogleich den Widerspruch zwischen Waigels Polit-Credo und seinem tatsächlichen Lebenswandel breit ausgeleuchtet. Und umgekehrt hielten sich deutsche Journalisten an die ihnen diktierten Spielregeln, als sich Mitte der 90er-Jahre der damalige Ministerpräsident Niedersachsens, Gerhard Schröder von seiner Gattin »Hillu« scheiden ließ, um die *Focus*-Reporterin Köpp zu ehelichen – seine vierte Ehefrau, was für US-Journalisten genügend Grund wäre, die Glaubwürdigkeit und innere Standfestigkeit des Kanzlerkandidaten zu hinterfragen. Als Ende 2002 mehrere Tageszeitungen Kanzler Schröder eine Affäre anhängten (was die britische Boulevardpresse begierig aufgriff), ließ Schröder die Berichterstattung in der *Märkischen Oderzeitung* mit dem Verweis auf seine Privatsphäre gerichtlich ahnden. Sinngemäß entschied auch der Deutsche Presserat mit Verweis auf Ziffer 8 (Schutz der Privatsphäre) (mehr hierzu auf S. 148 f.).
Inzwischen vermittelt sich die öffentliche Moral anders. Als die *Stern*-Journalistin Laura Himmelreich im Januar 2013 eine länger zurückliegende Begegnung mit dem FDP-Spitzenkandidaten Rainer Brüderle eines nachts an einer Hotel-Bar schilderte und Brüderles rhetorisch untermalten Blick in ihr Dekolleté als Sexismus brandmarkte, waren die Reaktionen geteilt – doch Brüderles Politikerkarriere beendet. Im Sommer 2014 rekapitulierte Brüderle jenen Angriff so: »Der *Stern* wollte die FDP und mich beschädigen. Es war eine rein politisch motivierte Attacke.« (*Handelsblatt* vom 06.04.2014).

Jener Sexismusdebatte zum Trotz: In Mittel- und Südeuropa billigt man den Menschen zumindest in moralischer Hinsicht innere Widersprüchlichkeiten zu. Deshalb geht es bei der investigativen Recherche in erster Linie um das Aufdecken von Fehlhandlungen der Mandatsträger: Deren *im Amt* vollzogene Handlungen und in dieser Hinsicht auch deren *Eignung* sollten Gegenstand des Investigierens sein.

Der kulturelle Hintergrund: Die literarische Recherche

Eine für Tageszeitungsjournalisten eher seltene, dabei besonders reizvolle Recherchiergattung ist die »literarische« Recherche: Zu einem allgemein interessierenden Thema (meistens ein Trendthema) soll der soziokulturelle Hintergrund zur Deutung, als Sinnzusammenhang und/oder als Ausdruck des Zeitgeistes beigebracht und mit Alltagsbeobachtungen zu einem (bei Radio und Fernsehen sogenannten) Feature verwoben werden. Die literarische Recherche enthält darum eine Mischung verschiedener journalistischer Verfahren und bevorzugt essayistische Formen. Sie kann auch ein mit Recherche-Elementen durchsetztes Feature, seltener ein Text im Duktus einer Reportage sein.

Beispiele: Unter der Überschrift »An der Lagerstatt des Leselandes« erschien im Mai 1998 in der Wochenendbeilage der *Sächsischen Zeitung* eine recherchierte Reportage der Journalistin Karin Grossmann über einen Pfarrer aus Niedersachsen, der auf Mülldeponien alte Bücher aus der DDR einsammelt und aufbewahrt. Sie sah genau hin, schilderte, erzählte, berichtete über den Wert jener Bücher im Leseland DDR, die weggeschreddert werden – und ließ deren Bedeutung wieder auferstehen im recherchierten Bericht über die Person des büchersammelnden Pfarrers Martin Westkott. Der Text wurde mit dem Theodor-Wolff-Preis 1999 ausgezeichnet.
Oder die Karriere des »Hügelbrots im Abendland«, wie das Feature des freien Journalisten Helmut Fritz hieß. Gemeint ist die Erfolgsgeschichte der Hamburger, hintergründig der Erfolg der Fastfood-Kultur in Europa. Der Einstieg in die Recherche ähnelte einer Rekonstruktionsarbeit. Der Reporter ging zunächst mit Hilfe des Zeitungsarchivs alle Artikel zum Thema Fastfood der letzten zehn Jahre durch, hörte das Originalmaterial der Hörfunkwerbung von McDonald's ab und sichtete das umfängliche Pressematerial der diversen Fastfood-Hersteller. Anschließend besuchte er Fastfood-Orte (Imbiss-Stuben, Kantinen, Würstchenstände) und befragte Zubereiter, *food*-Verpacker, Verkäufer und Konsumenten, aber auch, als Kontrast, einen als Gourmetkoch bekannten Küchenkünstler. Hinzu kam schließlich die »Reise durch den Bücherschrank«: Äußerungen verschiedener Dichter und Denker zum Wandel der Essgewohnheiten und zur Nahrungsaufnahme des zivilisierten Menschen. Aus dem Material entstand ein einstündiges, facettenreiches Hörfunkfeature und ein amüsant zu lesendes Erzählstück in einer Wochenendbeilage.

Verfahren: In Bezug auf die Recherchierarbeit unterscheidet sich die literarische Recherche von den sonst üblichen Verfahren durch die ganz andere Zielsetzung: Nicht die möglichst zutreffende Version über ein Geschehen ist zu ermitteln, sondern der empfundene Zusammenhang zwischen Alltagsleben und Kultur soll themenzentriert hergestellt werden. Folglich geht der Journalist nicht analytisch, sondern spekulativ und auf Zusammenhänge blickend mit dem Thema um. Seine Methode sind Arbeitsfragen, wie etwa:

- »Was assoziiere ich, wenn ich mich in das Problem hineindenke? Welche Einfälle, auch Erinnerungen kommen, wenn ich mir den Gegenstand, das Thema konkret sinnlich vorstelle?« (Notizblock bereithalten, Einfälle, Gedankenbrücken, Namen und Bilder aufschreiben.)
- »Was denken prominente Leute, was schreiben die Literaten und Intellektuellen darüber, wie verhält sich der typische Konsument, die Schickeria, der Kleinbürger usw. zu diesem Gegenstand?« (Feuilletonistische Betrachtungen in der Tages- und Wochenpresse sowie in den literarischen Blättern werden hierzu ausgewertet.)
- »Wie ist der Gegenstand in der Geistesgeschichte, in der Weltliteratur, in der Kultur fremder Völker behandelt worden?« (Durchsicht der – freilich auf markante Autoren eingeschränkten – in Frage kommenden Literatur.)

Zu dieser Reise durch Bücherschrank und Mediathek hinzu kommen noch die Materialbeschaffungstechniken der Reportage, in erster Linie der Augenschein, um sinnliche Eindrücke zu sammeln, aber auch die Befragung von Leuten, die mit dem Gegenstand direkt befasst oder von ihm betroffen sind. Diese Beobachtungen werden mit der zuvor genannten Textauswertung verknüpft. (Die detaillierte Behandlung dieser Reportage-Beschaffungstechniken würde den Rahmen dieses Buches sprengen. Näheres siehe mein Handbuch »Die Reportage«.)

Die literarische Recherche besitzt im Übrigen eine ins 17. Jahrhundert zurückreichende – nun eben: literarische – Tradition (vor allem im angelsächsischen Raum); sie wurde durch die Abenteuer- und Reise-Schriftstellerei der folgenden Jahrhunderte beflügelt und entfaltete ein eigenes Erzähl-Genre (vgl. Haller 2006: 21 ff.). In der Ära des News-Reporting verlor sie an Bedeutung. Eine Wiederbelebung der literarischen Recherche bewirkte in den USA der Einfluss des »New Journalism« (insb. Truman Capote, Hunter S. Thompson, Joan Didion, Tom Wolfe). Seit den 60er-Jahren besitzt diese Romankultur, die sich als »Faction« versteht und fiktionale mit faktischen (= recherchierten) Materialien zu einer Art Sittenbild oder Milieustudie verwebt, ihre Fangemeinde.

Soweit die literarische Recherche auch konkrete Vorgänge und Ereignisse aufgreift und behandelt, gelten hierbei sinngemäß die im zuvor beschriebenen Verfahren, wobei die literarische Recherche im Aufbau eher dem Muster des Features oder der Reportage folgt und insofern Atmosphäre einfangen muss.

Augenscheinliches: Die Vor-Ort-Recherche

Wie im ersten Teil dargelegt, ist die Recherche im Internetzeitalter überwiegend Second-hand-Journalismus: Vom Schreibtisch aus wird überprüft und rekonstruiert, was sich draußen abgespielt hat.

Nun handelt es sich ja nicht immer um ein Strukturthema oder ein entlegenes Geschehen. Oft muss zu brandaktuellen Vorgängen der derzeitige Hintergrund sichtbar gemacht, sollen die vorherrschenden Verhältnisse aufgedeckt oder Anschaulichkeit hergestellt werden. Vor allem, wenn es um *erlebte Ereignisse* und deren Beurteilung geht, sind zudem die Erzählungen von Informanten wenig zuverlässig: Wie die Mitarbeiter der Asylbehörde mit ihren Klienten umspringen, wie der Umgangston in der Notfallstation des Ortskrankenhauses ist, wie das Verhalten von Polizisten, wenn sie auf Streife gehen und einer lallenden Person den Weg zeigen oder auf dem Polizeiposten eine Anzeige entgegennehmen sollen: Solche Situationen lassen sich oft nur augenscheinlich, also *unvermittelt* beurteilen.

Vor allem im Lokalbereich sollte die Vor-Ort-Recherche im Sinne des Augenscheins als *Erkundungsverfahren* häufiger genutzt werden. Oft helfen gerade miterlebte Situationen, die Bedeutung des Recherchenthemas richtig einzuschätzen und später auch bei der Niederschrift den angemessenen Ton zu finden. Darüber hinaus lassen sich zur *Veranschaulichung* eigene Erlebnisse als Reportagenelemente in den recherchierten Artikel einbauen, der dadurch lebensnaher wird.

Erlebnishungrige Journalisten übersehen allerdings gern, dass der Augenschein meist nicht spontan und beliebig absolviert werden darf, sondern sorgfältig überlegt sein muss: Uhrzeit, Wochentag, Monatsphase, Jahressaison, Wetterverhältnisse und andere Umstände bestimmen mitunter, wen und was der Journalist vor Ort zu sehen bekommt – und was nicht.

Beispiele: An der unfallträchtigen Kreuzung, die es zu inspizieren gilt, kommt es immer bei feuchtem Wetter, überwiegend montags früh und freitags, zu gefährlichen Situationen. Der Augenschein hat zu klären, ob es spezifische bauliche Gründe dafür gibt.
Oder: Das Personal der Notfallstation des Kreiskrankenhauses steht vielleicht immer nur in der Nacht vom Samstag auf Sonntag unter Stress und produziert nur dann Fehlleistungen; offenbar sind die Schichtpläne falsch angelegt.
Oder: Die Organisationspannen bei der Feuerwehr hängen vielleicht mit urlaubsbedingten Abwesenheiten zusammen.
Oder: Die Klagen über den üblen Umgangston auf dem Arbeitsamt kamen vielleicht nur deshalb zum Quartalsende, weil die saisonal bedingten Arbeitslosen anstehen, die sich weniger gefallen lassen – und so weiter.

Die genaue Vorbereitung des Augenscheins setzt ein *hinreichendes Vorwissen* über den Gegenstand/das Thema voraus. Mit anderen Worten: Der Augenschein kann niemals die Informationsbeschaffung ersetzen, sondern meist nur ergänzen und erweitern.

Die schwer zu entscheidende Frage lautet: Wie weit können die *Beobachtungen* und Erlebnisse des Rechercheurs als *Beleg für Zustände (Gegebenheiten)* – oder nur als Episode, bestenfalls als Beispiel gelten? Oftmals handelt es sich ja um eine einmalige, nicht wiederholbare Beobachtung: Der Polizist Meyer schlug tatsächlich den wehrlosen Demonstranten; die vermummten Chaoten demolierten tatsächlich ohne äußeren Anlass die Schaufensterauslage der Boutique; der Behördenbeamte weigerte sich tatsächlich, auf das Anliegen des fragenden Migranten einzugehen, und so weiter. Dürfen nun solche Beobachtungen als Zustandsbeschreibung verallgemeinert werden?

Eine Antwort gibt das Verfahren selbst: Da der Augenschein das Thema mit dem Erlebnis verknüpft, bleibt die Beobachtung an die *singuläre Situation* und die Subjektivität des Beobachters gebunden: Sie ist als Erlebnis einmalig und unwiederbringlich. Der Journalist wird seine Beobachtungen *schildernd* und sinnlich, also *reportagenhaft* aufschreiben und damit deren *Besonderheit* herausstellen; soll seine Beobachtung indessen beispielhaft (pars pro toto) gelten, muss er dies durch Faktenrecherche auch nachweisen.

Beispiel: In der Zeit, als Deutschland der Losung der Bundeskanzlerin folgte (»Wir schaffen das!«) und annähernd eine Million Flüchtlinge beherbergte, fanden Anfang September 2016 im Bundesland Mecklenburg-Vorpommern Wahlen statt. Diese bescherten der CDU hohe Verluste und der rechtskonservativen »Alternative für Deutschland« (AfD) einen Erdrutschsieg. Das Erstaunliche: Obwohl auf der Urlauberinsel Usedom keine Asylbewerber oder Flüchtlinge lebten und die Insel wegen des Touristenstroms (mit vielen Ausländern) wirtschaftlich florierte, war der Sieg der AfD mit 35,3 Prozent Erststimmen (CDU 19 %) noch höher als dort, wo man es tatsächlich mit Flüchtlingen zu tun hatte.
Um eine Erklärung zu finden, reiste der FAZ-Journalist Frank Pergande nach Wolgast/Usedom. Mit Material gut vorbereit, nahm er einen ausgiebigen Augenschein, führte verschiedene Gespräche mit den lokalen Mandatsträgern, mit Leuten auf der Straße. Dabei fand er heraus, dass der größere Teil der AfD-Stimmen von Protestwählern kam, die keineswegs Merkels Flüchtlingspolitik meinten, sondern wegen mehrerer politischer Entscheidungen auf der lokalen Ebene frustriert waren, etwa die Kreisgebietsreform, wegen der das Finanzamt geschlossen und das Amtsgericht verlegt wurden. Oder die Schließung der Gynäkologie-Abteilung des Krankenhauses (trotz steigender Entbindungsraten). Mit 20.000 Unterschriften hatten die Bürger dagegen protestiert – vergebens. Der Autor berichtete über weitere ähnliche Vorkommnisse und schloss mit dem Fazit: »So ist Usedom tatsächlich abgehängt worden. Das rächt sich nun« (Frankfurter Sonntagszeitung 11.09.2016:2).

Probleme der Kamera-Recherche

Für aktuelle TV- oder Videoberichte ist die Am-Ort-Recherche unverzichtbar. Besonders wichtig ist dabei die Vorbereitung. Anhand der Ereignis-Informationen werden die Gegebenheiten am Ort des Geschehens telefonisch abgeklärt. Die Vorbereitung der Interviews geschieht durch Materialauswertung und telefonische Befragung von (möglichst) neutralen Fachleuten. Daran schließt sich die Organisation des Augenscheins an:

- *Termine:* Was genau (Situation, Gegebenheiten) treffen wir wann (Zeitpunkt und -raum) an?
- *Personen:* Wen brauchen wir in welchen Funktionen?
- *Technik:* Kann ich als Videoreporter die Situation erfassen? Brauche ich eine Assistenz? Wie sind die Raum- und Lichtverhältnisse?

Für den Augenschein am Ort des Geschehens sollte genügend Zeit einkalkuliert werden, um die Situation zu erfassen, charakteristische Merkmale zu erkennen und mit den Personen hinreichend ausführlich sprechen zu können. Hinrennen, Draufhalten, Wegrennen: Solche Verfahrensweisen sind nicht Recherche, sondern führen zu konfektionierten Beiträgen, die in ihrer Oberflächlichkeit nur zeigen, was man ohnehin schon weiß.

Unter Fernsehreportern vor allem des Magazin- und Ballungsraum-Fernsehens grassiert wegen des steigenden Kostendrucks der Kamera-Draufhalte-Journalismus, der die fehlende Recherche durch Bildcollagen ersetzt. Der freie Kameramann Ernst Krell erkannte diese Tendenz bereits zur Zeit der Jahrtausendwende: »Nach einer kurzen morgendlichen Redaktionssitzung unter dem Motto: Was machen wir heute? der schnelle Blick in die Bildzeitung, ein kurzer Anruf: ›Gibt's die Person wirklich?‹, – ›Ist das wirklich passiert?‹. Das Kamerateam ist natürlich schon standby. Und ab die Post. Recherchiert wird auf der Fahrt – nein, es wird telefoniert – und geflucht, weil man keine Zeit mehr zum Recherchieren hat (…). Und dann wird im wahrsten Sinne des Wortes mit der Kamera recherchiert. An jeder Haustür, an der man Anwohner zu einem Sachverhalt befragt, läuft die Kamera nach Möglichkeit mit – als Bilddiktafon? Alles wird gedreht, was irgendwie in das Puzzle passen könnte, das man in den nächsten drei bis vier Stunden zusammenträgt, zusammentragen muss. Überhaupt sind es zunehmend die Kameraleute, die die Stücke beim Dreh recherchieren und noch einigermaßen sinnvoll entstehen lassen. Leider sind sich nicht alle Kollegen, vor allem die jungen und frei arbeitenden, der Verantwortung bewusst, die sie tragen. Gesendet werden kann schließlich nur das, was auch gedreht wurde. (…) Und geschnitten werden muss ja auch noch. Wenn dann nicht alles hundertprozentig stimmt, die Bild-/Text-Schere klafft, die Bilder verwackelt, die Schwenks verrissen sind, was macht das schon. Zum Glück hat der Kameramann einen halbwegs frischen Blutfleck – Spermaflecken werden auch immer gern genommen – gedreht, der diese kleinen Mängel überdeckt.« (Krell 1999: 196 f.).

Ein ganz anderes Bild vermitteln technisch hochversierte Videoreporter. Beispiel: Als die Bauleitung des (noch immer nicht fertigen) Flughafens Berlin-Brandenburg im Oktober 2016 die Journalisten zum Pressetermin lud, hatte der Videochef der Zeitung Die Welt, Martin Heller, mehrere Kameras dabei, auch eine 360°-Kamera für Augmented Reality-Effekte, und filmte während des Interviews die ganze Szene quasi aus der Hüfte. Später konnte sich der Zuschauer während des Zuhörens die Räumlichkeiten nach eigenem Gusto anschauen (http://webvideoblog.de/360-video-vom-flughafen-ber-vr-news-journalismus/). Heller nennt die damit verbundenen Möglichkeiten so: »Es geht darum, Menschen zu teleportieren an andere Orte und nicht nur als Reporter irgendwo Material einzusammeln, es zurecht zu schneiden und es dann auf irgendeinem Gerät auszuspielen.« (turi2 vom 13.7.2016).

Mehr zum Problem der Recherche mit der Kamera (verdeckte Aufzeichnungen) im folgenden Kapitel.

Diskussion umstrittener Recherchierverfahren

In den vorausgegangenen Kapiteln wurden einige Recherchierverfahren am Rande erwähnt oder ganz übergangen, die bei bestimmten publizistischen Produkten (Boulevardmedien, Magazine, Illustrierte, Sachbuch) breiten Raum einnehmen. Jede dieser Verfahrensweisen verdiente eine gründliche, durchaus auch kritische Erörterung. Im Folgenden begnüge ich mich mit stichwortartigen Hinweisen.

Die sogenannte Scheckbuch-Recherche

Mit diesem Schlagwort ist der Kauf von Informationen gemeint: Der Rechercheur (meist ist es die Chefredaktion in Absprache mit der Verlagsleitung) zückt – bildlich gesprochen – das Scheckbuch, um den Zuträger für seine Lieferung zu bezahlen.

Diejenigen, die Enthüllungsmaterial zuspielen oder direkt anbieten, handeln selten genug aus einem Verantwortungsgefühl der Öffentlichkeit gegenüber; häufiger tun sie es aus niederen Beweggründen, etwa aus Rache, gekränkter Eitelkeit, Geltungstrieb. Sehr oft tun sie es aber auch, um ihre nächste Südseereise zu finanzieren oder die zweite Hypothek vom Eigenheim abzutragen: Die Enthüllung wird so zur Ware, die an den Meistbietenden verscherbelt wird.

Wir beklagen das – und können nicht verhindern, dass auch umgekehrt ein regelrechter Informationspreis-Überbietungs-Journalismus praktiziert wird. Ihr Scheckbuch eher locker tragen die Chefs vor allem der Boulevard-Magazine, die in hartem Konkurrenzkampf um Reichweiten einander als Werbeträger auszustechen trachten – nicht mit allgemein bedeutsamen Enthüllungen, sondern meist mit Schlüssellochgeschichten und Paparazzi-Klatsch über die »Leute von heute«. Um Authentizität zu vermitteln, werden Bilder der prominenten Personen eingekauft, der Text wird dann am Schreibtisch hinzufabuliert – sei es mal über die jetzt gerade wieder glückliche Caroline von Monaco, über die Angst Manuel Neuers vor der Niederlage oder über die fünfte Eifersuchtsszene eines Popstars – die Sujets sind austauschbar.

Meist wird das Material von einschlägigen Bildagenturen angeboten. Wie bei einer Auktion jagen sich die großen Blätter wechselseitig die Geschichten ab, den Zuschlag erhält der Meistbietende. Immer wieder kommt es vor, dass zahlungskräftige Illustrierte wie etwa der *Stern* im Anschluss an einen spektakulären Vorfall alles erreichbare Bildmaterial aufkaufen, es aber nicht veröffentlichen – nur damit es sonst niemand publizieren kann.

Die Boulevardmedien, im deutschen Sprachraum allen voran *Bild-Online* und die *Bild-Zeitung*, führen immer wieder den Missbrauch journalistischer Recherche in Form des »Ausschlachtens« von Lebensgeschichten irgendwelcher Mitmenschen vor – ebenfalls eine Form von Scheckbuch-Journalismus. Günter Wallraff hat anhand zahlreicher Beispiele »die Struktur und journalistische Praxis« dieser Leichenfledder-Technik in seinem Buch »Zeugen der Anklage« beschrieben.

Wegweisend für diesen Vermarktungsjournalismus, bei dem der redaktionelle Teil als die bunte Verpackung der Inserate fungiert, sind die englischen Massenblätter. 1982, als der »Yorkshire Ripper« genannte mutmaßliche Mörder Peter Sutcliff gefasst und unter Anklage gestellt wurde, machten sogenannte Reporter der großen Massenblätter Jagd auf die Verwandten des Angeklagten und boten »Blutgeld« für jedes erzählenswerte Detail. Der *Daily Mail* etwa offerierte der Mutter des »Ripper« rund eine Viertelmillion DM für ein paar Episoden aus dessen Kinder- und Jugendzeit.
Im März 2013 kaufte The Sun, die zum Medienkonzern von Murdoch gehört, Informationen von britischen Behörden: Zwei Polizeibeamte, ein Justizangestellter und ein Angestellter im öffentlichen Dienst gaben bei Vernehmungen zu, Reportern des Murdoch-Boulevardblatts gegen Geld Informationen durchgereicht zu haben.
Im Herbst desselben Jahres geriet Murdochs *News of the World* wegen unlauterer Abhör-Methoden in die Schlagzeilen (und wurde dann ganz eingestellt): Drei Journalisten, darunter der frühere Chefkorrespondent der Zeitung sowie zwei Mitglieder der Nachrichtenredaktion, gaben zu, illegal Gespräche abgehört zu haben. Mit Wissen der Chefredaktion wurden über Jahre Nachrichten auf Anrufbeantwortern von Mobiltelefonen prominenter Briten, Angehöriger getöteter Soldaten und Verbrechensopfer abgehört; zu den prominenten Opfern zählten die Schauspieler Hugh Grant und Sienna Miller sowie Sarah Ferguson, Ex-Frau von Prinz Andrew. Um an die Daten zu kommen, wurden auch Polizisten bestochen. Die Affäre löste in Großbritannien erhebliche politische, wirtschaftliche und gesellschaftliche Irritationen aus, Dutzende Verantwortliche wurden festgenommen.

Rechtswidrig ist der Scheckbuch-Journalismus nur, wenn damit – wie im Falle der Murdoch-Blätter – strafbare Handlungen belohnt werden. Verheerend wirkt er sich aus, wenn es um politische Vorgänge, um Wirtschaftsthemen und Kriminalistik geht – um die Bereiche also, deren Bearbeitung ohnehin zur »öffentlichen Aufgabe« der Massenmedien gehört: Hier darf die enthüllende Recherche nicht zur Geldfrage und/oder zum Konkurrenz-Exklusivspiel unter den Medien werden. Gleichwohl muss meines Erachtens differenziert werden: Eine politisch brisante, für das Grundwertebewusstsein der Öffentlichkeit notwendige Enthüllung nur deshalb zu unterlassen, weil der Materialüberbringer Geld verlangt, wäre töricht. Dies umso mehr, als das deutsche Presserecht sehr wohl unterscheidet zwischen den Informationen einerseits und den Informanten andererseits: Die Veröffentlichung allgemein bedeutsamer Informationen soll gewährleistet werden. Und deshalb wurde in der 60er-Jahren des vorigen Jahrhunderts in den Landespressegesetzen das Zeugnisverweigerungsrecht verankert. Die Quellen werden geschützt.

Zurück zur Scheckbuch-Recherche: Je mehr Renommee ein Medium in der Öffentlichkeit besitzt, desto häufiger wird ihm vertrauliches Material zur Enthüllung *unentgeltlich* angeboten. Je weniger Gewicht und Geltung ein Medium in der Öffentlichkeit besitzt, desto eher sind seine Redakteure geneigt, Material einzukaufen. Wie oft dabei gezinktes Material wider besseres Wissen nur deswegen ausgeschlachtet und publiziert wird, weil dafür bezahlt worden ist, führten häufiger Springers *Bild-Zeitung* und die Yellowpress unter Einschluss der *Bunten* vor Augen.

Verdeckt recherchieren: Die so genannte Wallraff-Methode

Darf der recherchierende Journalist, wenn nötig, seine wahre Identität verdecken und sich per Rollenspiel als jemand anderer ausgeben, um so zu Informationen zu gelangen, die er als deklarierter Medienvertreter wahrscheinlich nicht erhielte?

Das verdeckte Verfahren, Bestandteil des investigativen Journalismus, ist so alt wie die Recherche (vgl. hierzu das im ersten Buchteil beschriebene Beispiel des britischen Journalisten Stead). Bekannt und umstritten ist das verdeckte Recherchieren heute vor allem durch die Methoden des Publizisten *Günter Wallraff*, der dieses Verfahren zu einem geradezu kunstvoll inszenierten Rollenspiel ausgebaut hat.

Moralisch zulässig? Der Deutsche Presserat stritt sich während mehrerer Jahre darüber, ob Wallraffs Recherchiertechnik – nämlich unter falschem Namen vor Ort die Verhältnisse auszukundschaften – mit Ziffer 4 des Pressekodex zu vereinbaren sei, demzufolge »bei der Beschaffung von Nachrichten, Informationsmaterial und Bildern keine unlauteren Methoden angewandt werden (dürfen)«. Was aber heißt »unlauter«?

Zur Diskussion stand Wallraffs Enthüllungsrecherche über die Arbeitsmethoden der *Bild*-Redaktion, in deren Hannoveraner Redaktionsvertretung Wallraff unter dem Pseudonym »Hans Esser« 1977 während drei Monaten gearbeitet hatte. Die Debatte im Presserat, ob Wallraffs Methoden *moralisch* vertretbar seien (W: »Ich entschuldige meine Mittel nicht, ich finde sie notwendig … um unterschlagene Sachverhalte, die in jedermanns Interesse liegen, damit aufzuzeigen«, 1970), führte am Problem vorbei. Denn: »Wenn nur schon ein Teil der Kernbehauptungen Wallraffs« über die Verhältnisse bei der *Bild-Zeitung* nicht widerlegt werden könnte, »dann haben die Verantwortlichen das Grundrecht auf Pressefreiheit moralisch verwirkt«, befand der damalige Presserat-Sprecher Hans Detlev Becker.

Damit machte der Presserat deutlich, dass es um eine Art Güterabwägung geht: Wenn die erschlichenen Informationen einem Sachverhalt von herausragender Bedeutung gelten, dann war das Vorgehen zumindest moralisch gerechtfertigt. So heißt es seither in den Richtlinien zu Ziffer 4 des Pressekodex: »Das Mittel der verdeckten Recherche kann im Einzelfall gerechtfertigt sein, wenn damit Informationen von besonderem öffentlichen Interesse beschafft werden, die auf andere Weise nicht zugänglich sind.«

Unzulässig war demnach die verdeckte Recherche eines Journalisten, der in einer Zeitschrift Gespräche im Wortlaut veröffentlichte, die er angeblich mit katholischen Geistlichen im Beichtstuhl geführt haben wollte. »Unter der Überschrift ›Sündige Beichten – So strafen Pfarrer Handarbeit‹ wird der Beitrag auf der Titelseite angekündigt. Die Veröffentlichung der ›Beichtstuhlgespräche‹ – so der Anwalt des Blattes, zeige einen ›Wandel der Katholischen Kirche zu einer positiven, liberalen und aufgeklärten Beurteilung von Sexualproblemen.‹ Der Deutsche Presserat erteilt der Zeitschrift eine öffentliche Rüge.« (Spruchpraxis des Deutschen Presserats 1990, 252).
Als gerechtfertigt beurteilte der Presserat die verdeckte Recherche einer jungen Journalistin, die sich unter falschem Namen auf ein Chiffre-Inserat meldete. In der Anzeige hatte ein Autoverkäufer kostenlos eine Orgasmusschule angeboten. Die falsche Klientin führte mit dem Mann einen Briefwechsel und traf sich auch mit ihm. Der Presserat schrieb: »Die Ergebnisse ihrer verdeckten Recherche (verwertet) sie in einem Beitrag unter der Überschrift ›Windige Sexgeschäfte: Die schnelle Mark?‹. (...) Unter Namensnennung teilt die Journalistin mit, der junge Mann versuche unter Decknamen, seine autodidaktischen Künste an die Frau zu bringen. (...) Der durch die Veröffentlichung bloßgestellte Mann wendet sich auch an den Deutschen Presserat. Die Zeitschrift habe es zugelassen, dass (...) aus dem geführten Briefwechsel und dem Gespräch in unerlaubter Weise öffentlich berichtet« worden sei. Der Entscheid: »Der Presserat hält die verdeckt geführte Recherche der Autorin für zulässig, denn nur durch diese Methode war es möglich, die erforderlichen Daten für die Veröffentlichung zu erhalten.« Trotzdem wurde die Zeitschrift mit einer »Missbilligung« bedacht. Grund: »Die Erwähnung des vollen Namens sowie seines Berufs berührt den Intimbereich der Person.« (Jahrbuch 1994, 163). Die Kritik gilt also nicht der Methode, sondern der Missachtung des Persönlichkeitsrechts wegen der Namensnennung.

Tatsächlich rechtfertigt sich die Rollenspiel-Methode vor allem gegenüber Behörden, Institutionen, Gruppen und Einrichtungen, an deren Machenschaften ein *allgemeines* (öffentliches) Interesse besteht, diese aber vor Journalisten völlig abgeschirmt werden.

Solche Zugangsprobleme kennt der Schreibende auch aus der Beobachtung von Randgruppen und Zirkeln, von politisch oder konfessionell extrem eingestellten Gruppierungen, Gangs und Sekten: Wenn man sich als Journalist zu erkennen gibt, wird man meistens abgewiesen oder erhält geschminkte Informationen, oft aus Angst vor der Veröffentlichung, manchmal aber auch aufgrund schlechter Erfahrungen mit Vermarktungsjournalisten – oder einfach, weil den Betreffenden jede Publizität missfällt. Bei mehreren solcher Fälle hat sich der Schreibende unter Vorspiegelung unzutreffender Absichten Zugang verschafft und in der Rolle des teilnehmenden Beobachters »mitgemacht«. Es sind dies Situationen, mit denen sich jeder Rechercheur früher oder später konfrontiert sieht und in denen er um eine solide Güterabwägung nicht herumkommt.

Zulässig oder unzulässig? Das verdeckte Recherchieren nach der sogenannten Wallraff-Methode hat seine rechtlichen Finessen, die in der Bundesrepublik (anders als in Österreich und der Schweiz) durch eine dezidierte Rechtsprechung inzwischen geklärt sind. Grundsätzlich sei die »rechtswidrige *Beschaffung* von Informationen« weder durch die Meinungsäußerungsfreiheit noch durch die Pressefreiheit geschützt, sondern müsse als »illegales Vorgehen« und »unzulässiges Einschleichen« gewertet werden, urteilte das Bundesverfassungsgericht. Was indessen die *Veröffentlichung* solch »rechtswidrig beschaffter oder erlangter Informationen« betreffe, so müsse der Informationswert der Nachricht deutlich schwerer wiegen als die durch ihre Beschaffung begangene Rechtsverletzung (BVerfG 66, 116/136ff.).

Dies heißt: Wenn die Informationen zutreffen und an ihrer Verbreitung ein gesteigertes öffentliches Interesse besteht, ist es unerheblich, wie diese Informationen beschafft worden sind: »Es wäre wenig folgerichtig, ein Aussageverweigerungsrecht aus der Pressefreiheit abzuleiten, wenn dies nicht auch die Veröffentlichung dessen umfasste, was ein Informant auf rechtswidrige Weise erlangt und der Presse zugetragen hat«, urteilte das Bundesverfassungsgericht. Zudem »könnte die Kontrollaufgabe der Presse leiden, zu deren Funktion es gehört, auf Missstände von öffentlicher Bedeutung hinzuweisen« (BVerfG 60, 234, 240f.).

Wenn nun aber der »Publizierende« *selber* sich die Informationen »widerrechtlich in der Absicht verschafft hat, sie gegen den Getäuschten zu verwerten«, dann darf dies laut Bundesverfassungsgericht nur geschehen, »wenn die Bedeutung der Informationen für die Unterrichtung der Öffentlichkeit und für die öffentliche Meinungsbildung eindeutig die Nachteile überwiegt, welche der Rechtsbruch für den Betroffenen und für die Rechtsordnung nach sich ziehen« (BVerfG 1 BvR 272/8 1). In diesem Falle »stellt die Rechtswidrigkeit der Informationsbeschaffung kein Verwertungshindernis dar« (Soehring 1990:264).

Wallraff war sich in Sachen *Bild-Zeitung* sicher, dass es bei seiner illegalen Beschaffung um ein für die öffentliche Meinung wichtiges Thema ging In seinem Enthüllungsbuch gehe es »um Gewalt, um eine besondere ›geistige‹ Spielart, die keiner Molotowcocktails und Maschinengewehre bedarf: Die Opfer sind Menschen, ihre Gedanken, ihre Gefühle, ihre Würde« (1977:9). Nur: Er beschaffte sich seine Informationen über eine Zeitungsredaktion, die nun ihrerseits den Schutz der Pressefreiheit genießt. So kam in dem damals vom Springer-Konzern gegen Wallraff angestrengten Prozess das Bundesverfassungsgericht zur Überzeugung, »dass der Schutz der Vertraulichkeit der gesamten Redaktionsarbeit notwendige Bedingung einer freien Presse ist«. Tatsächlich ist das Redaktionsgeheimnis seinerseits für den Quellenschutz unabdingbar, der nicht von Fall zu Fall, sondern grundsätzlich als tragendes Element der Pressefreiheit gelten soll.

Damit standen sich zwei einander beschränkende Grundrechtsbereiche entgegen: die von Wallraff reklamierte Meinungsäußerungsfreiheit und die vom Springer-Konzern beanspruchte Pressefreiheit mitsamt dem Schutz der Redaktionsarbeit. Schließlich wurde Wallraffs Ausplauderei einer Redaktionskonferenz als unzulässiger Eingriff in die Vertraulichkeit der Redaktionsarbeit gewertet und der Journalist nur in diesem Punkt verurteilt (1 BvR 272/81 vom 21. Januar 1984).

Die 1984 mit der Wallraff-Methode inszenierte Recherche über *staatliche* Geldhilfen bei Industrie-Neuansiedlungen hatte aus den genannten Gründen keine prozessrechtlichen Folgen. Der Wissenschaftler Jörg Heimbrecht, assistiert vom Journalisten Otmar Steinbicker, beide DKP-Mitglieder, hatten zum Schein eine Unternehmensberatungsfirma gegründet. Dann wurden sie bei Stadtoberen, Kommunalpolitikern, Staatssekretären und Ministern vorstellig: Angeblich im Auftrag eines amerikanischen Chemie-Konzerns suchten sie nach einem möglichst günstigen Standort. In der Folge erhielten sie Geschenke und Vergünstigungsangebote in Milliardenhöhe, unter anderem Strom und Gas zum halben Preis, ein eigenes Hochseehafen-Terminal oder auch einen Quadratkilometer bestes Bauland. Die in mancher Hinsicht atemberaubenden Ergebnisse ihrer Inszenierung fassten sie in dem im Sommer 1984 publizierten Buch »Das Milliardending – Minister, Multis, Moneten« zusammen.
Im Vorwort heißt es: »Am Anfang ging es lediglich darum nachzuweisen, dass den Großbetrieben und Konzernen Strom, Gas und Wasser mit zum Teil erheblichen Preisnachlässen geliefert werden – auf Kosten der privaten Kleinverbraucher, die diese Praktiken mitbezahlen müssen. Erst im Verlauf der Untersuchung hat sich dem Autor die Möglichkeit eröffnet, in die Zentralen der Entscheidungsträger vorzudringen, die über die Vergabe von Steuergeldern in Milliardenhöhe befinden und Freibriefe zur Vergiftung der Umwelt ausstellen« (Heimbrecht 1984: 8).
Eine gleichzeitig offenkundig von Journalisten durchgeführte Befragung der betreffenden Politiker und Staatssekretäre über deren Förderungspolitik bei Industrieansiedlungen erbrachte kaum mehr als schön gestanzte Phrasen über das »Gleichgewicht zwischen Wirtschafts- und Umweltpolitik«. Mit anderen Worten: Wäre die Recherche offen durchgeführt worden, hätte sie niemals enthüllen können, was die verdeckte, per Rollenspiel inszenierte Recherche ans Licht gebracht hat.
»Man wird wieder einmal mit geheuchelter Empörung über die ›verwerflichen‹ Recherchiermethoden herfallen, um von den erschreckenden Tatbeständen abzusehen«, schrieb Wallraff im Vorwort. Zu Auseinandersetzungen führte indessen nicht die Enthüllung in Buchform (die konnte als DKP-Machwerk abgetan werden), sondern ein vom ARD-Magazin »Monitor« produzierter Film über jene Enthüllung, welcher am 10. August 1984 ausgestrahlt wurde. Bei den Dreharbeiten waren die ministeriellen Heimbrecht-Gesprächspartner über deren Industrieansiedlungspolitik interviewt worden, ohne den Anlass und den Zusammenhang zu kennen, in denen die Interviews gestellt wurden. Einige der Interviewten sahen sich in der Folge von den Filmemachern getäuscht und protestierten. Flankenschutz bot ihnen Ziffer 5 der »Grundsätze« der ARD, die besagt: »Personen, die um eine Mitwirkung in Sendungen gebeten werden, dürfen über Art und Zweck ihrer Mitwirkung nicht getäuscht werden.«

Versteckte Bildaufzeichnung

Laut Gesetz dürfen Bildnisse nur mit Einwilligung des Abgebildeten verbreitet oder öffentlich gemacht werden. Video-Rechercheure, die Situationen, Objekte und Personen in Ton und/oder Bild zeigen sollen (da oftmals das Bilddokument als Nachweis der Gültigkeit der Aussagen dient), haben hier ein Problem. Was die Tonaufzeichnung betrifft, so sind hier die rechtlich bindenden Regelungen eindeutig. Dasselbe gilt auch für Bildaufzeichnungen, soweit sie mit Tonaufzeichnungen gekoppelt sind.

Trotz dieser Generalregel greifen TV-Journalisten, sofern sie investigativ recherchieren, zur List der (in der Aktenmappe versteckten) Kamera oder der Handy-Mikrokamera – und betreten das Grenzland des Bildnisschutzes zwischen »rechtlich zulässig« und »rechtlich unzulässig«.

Bericht eines investigativ recherchierenden Fernsehreporters, der illegale Exportgeschäfte mit britischem Rindfleisch aufdecken will: »(…) Ein paar Wochen später stehe ich mit Udo in der Herrentoilette einer Kneipe mitten im Lütticher Rotlichtviertel. Udo klebt mir mit besonderem Isolierband einen Fernsehrecorder auf den Rücken, dann wird die versteckte Kamera eingerichtet. Ständig sind wir so ausgerüstet in Gespräche gegangen: Mini-Kameras, in Kugelschreibern, Aktenkoffern oder Krawatten versteckt, immer in der Hoffnung, endlich einen Beweis aufs Band zu bekommen. Und immer ohne Erfolg, weil niemand reden will. Heute trete ich als Jobvermittler der Firma Flexman Meat Enterprises auf, in der Tasche selbst entworfene Bewerbungsbögen (…)« (Lielischkies/Stuchlik 1999: 96).

Man kann argumentieren, dass Recherchen über relevante Themen (wie: Lebensmittel- oder Umweltvergifter; menschenschädigende, kriminelle Handlungen) stets im öffentlichen Interesse unternommen werden; dass darum die heimlich gefilmten Hauptakteure als Personen der Zeitgeschichte (im Sinne aktuellen Zeitgeschehens) gelten und somit auch ohne Zustimmung öffentlich gezeigt werden dürfen. Gleichwohl ist unter ethischem Blickwinkel die Arbeit mit versteckter Kamera sehr umstritten. So wurde vermerkt, dass eine buchstabengetreue Handhabung von Ziffer 5 der ARD-Grundsätze jedwelche Aufklärung schadenstiftender oder gar strafbarer Handlungen verunmögliche. »Eine Redaktion muss eigenverantwortlich entscheiden, ob das Thema wichtig genug ist, um die Regelverletzung in Kauf zu nehmen«, argumentierte Peter Gatter, damaliger Leiter von *Panorama*.

Seit damals haben sich die Techniken verfeinert, ist der Wettbewerb um Knaller und Knüller zwischen den Programmanbietern härter geworden. Folgerichtig gehen viele Fernsehmagazinjournalisten weiter und setzen die versteckte Kamera für beliebige Effekte, manchmal auch fürs Recherchieren ein – und reklamieren dann das Interesse an Aufklärung.

Beispiel: »Anfang 1992 war ich einer der ersten deutschen Journalisten, die im Fernsehen dieses Mittel angewandt haben (ein Irrtum, M. H.). In Bremen konnte ich so einen Schönheitschirurgen überführen, der Frauen gebrauchte Brustimplantate einsetzte und zudem noch schwarz, vorbei an Kassen und Steuer, abrechnete. Ohne die versteckte Kamera würde der Mediziner vielleicht immer noch so weitermachen. Nach der Sendung diente das Bildmaterial der Bremer Staatsanwaltschaft für ihre weiteren Ermittlungen gegen den Chirurgen« (Klaus Arth 2000).

Es ist eine Gratwanderung zwischen Voyeurismus und aufdeckender Dokumentation – und nur ausnahmsweise ein Erfordernis der Recherche. Etwas vollmundig, im Kern aber treffend lautete die Arbeitsformel des Geschäftsführers von *ntv*, Hans Demmel: »Wo die versteckte Kamera die Augen öffnet und dokumentiert, was im Verborgenen Illegales geschieht, ist sie ein legitimes Mittel der Recherche. Wo diese Grenze überschritten wird, bleibt die versteckte Kamera besser ausgeschaltet. Die Würde des Menschen ist unantastbar. Für offene wie für versteckte Kameras« (2000:30).

Das Verallgemeinerungs-Problem

Bereits die Vor-Ort-Recherche, noch mehr die verdeckte Recherche, ganz besonders aber das Rollenspiel nach der Wallraff-Methode wirft ein tiefgründiges, in der Einleitung definitorisch gefasstes Problem auf: die Frage nach der *Gültigkeit* und der *Verallgemeinerung von singulären Beobachtungen.*

Wieweit darf (oder soll) eine einmal beobachtete Regelwidrigkeit als Fakt veröffentlicht werden – obwohl der Journalist doch davon auszugehen hat, dass solche Mitteilungen nicht als Ausnahme, sondern als regelhaft rezipiert werden?

Risiken der Inszenierung: Zunächst stellt sich beim Wallraff'schen Rollenspiel die Frage nach der Gültigkeit: Inwieweit *produziere* ich als agierender Journalist *selbst* die Geschehnisse, die ich dann als Informationen, als Enthüllung nutze? Der Schreibende kennt Beispiele von Reportern aus Illustrierten-Verlagen, die ihre »Opfer« zu regelwidrigem Verhalten animierten, um dann der Redaktion eine bildträchtige Enthüllungsstory liefern zu können.

Dass es sich hierbei um einen Methoden-Missbrauch handelt, dürfte unbestritten sein. Also darf das Rollenspiel nur benutzt werden, um zu *evozieren,* also hervorzurufen, was an Einstellungen, Verhaltensweisen und Handlungsmustern in den beobachteten Personen ohnehin angelegt ist. Und das heißt: Die Rolle muss trotz der Teilnahme *defensiv,* also abwieglerisch gespielt werden. Und sie darf nicht aus dem Rahmen fallen, sondern soll sich am Mutmaßlichen, Alltäglichen, Gewöhnlichen orientieren. So gesehen waren die von Wallraff jeweils gewählten Rollen adäquat gespielt; das von ihm evozierte Verhalten war (bezogen auf die angetroffenen Verhältnisse) »gewöhnlich«. Aber waren sie auch »typisch« und konnten darum als Nachweis für skandalöse Verhältnisse dienen?

Die vom Rechercheur zu beantwortende Frage lautet hier: Ist der von ihm beobachtete Vorgang einmalig, also doch eher eine Ausnahme – oder wiederholt er sich, vielleicht in verschiedenen Versionen, ist also typisch, mithin ein Indiz? Die vom damaligen Presserat-Sprecher Hans Detlev Becker gegebene Einschätzung sieht hierbei die Beweislast nicht beim beobachtenden Rechercheur, sondern bei der Gegenseite. Die Angaben des Journalisten seien zutreffend, solange sie »nicht widerlegt werden« (*Der Spiegel* 50/1981: 104).

Problem der Geltung (= Reichweite) von Aussagen: Sie ist ein für die Theorie der Recherche interessantes Problem, über das vor allem im Fernseh-Alltag gründlicher nachgedacht werden sollte. Die vom Presserat eingenommene Position entspricht im Grunde derjenigen des kritischen Rationalismus: Thesen sind so lange gültig, so lange sie nicht als widerlegt (»falsifiziert«) gelten; wird eine Aussage auch nur in einem Falle und unter einem Minimalaspekt widerlegt, ist die ganze These hinfällig.

Diese vom österreichisch-englischen Philosophen Karl Popper begründete Auffassung bezog sich freilich auf die Art wissenschaftlichen Erkennens, also auf die Geltung von Hypothesen und Theorien – und nicht auf die Welt der sprachlichen Vermittlung sinnlicher Wahrnehmung wie im Falle eines Zeitungsberichts (siehe erster Teil des Buchs): Hier konkurrieren vielleicht verschiedene singuläre Beobachtungen im Sinne von Versionen, die nicht deckungsgleich sind, aber sie widerlegen sich nicht, weil sie keine je allgemeine Geltung beanspruchen können. Demnach war Beckers Hinweis unzutreffend, weil es hier keine plausible Begründung für die Verallgemeinerung singulärer Beobachtungen gibt.

Aus diesem Grund greift der *vor Ort beobachtende*, auch der rollenspielende Rechercheur zweckmäßigerweise zum *Mittel der Reportage* und schildert das Geschehene als *eine einmalige, aus subjektiver Sicht* erfolgte Beobachtung. Die übrigen von ihm recherchierend beigebrachten Sachverhalte (Aussagen Dritter, Materialien u. a.) helfen *dem Leser* als *Orientierung*, wieweit *er* bei seiner Meinungsbildung verallgemeinern darf.

Der sogenannte Recherchierverzicht

Nach geltendem Recht (Landespressegesetze) wird die Recherchierarbeit eingegrenzt einerseits durch übergeordnete Interessen staatlicher Institutionen und andererseits durch den Schutzanspruch privater Personen. Mit dieser Begrenzung einher geht eine Reihe von Unterlassungs-Geboten, auch wenn diese in der Praxis oft nicht eingehalten werden:

- keine Namensnennung bei nicht verurteilten Angeklagten (sofern sie keine sogenannten Personen der Zeitgeschichte sind) und Rücksichtnahme nach Maßgabe der *Unschuldsvermutung;*
- keine bloßstellenden Details aus dem Privatleben der von einer Recherche betroffenen Person;
- keine die Staatssicherheit *real* (d. h. in Zeiten akuter außenpolitischer Bedrohung) gefährdenden Veröffentlichungen.

Dieses Terrain steckte der Deutsche Presserat vor einem halben Jahrhundert folgendermaßen ab: »Recherchen sind das legitime Mittel publizistischer Arbeit. Dabei sind jedoch die durch Verfassung, Gesetz und publizistischen Anstand gezogenen Grenzen zu wahren. Insbesondere sind die Grundrechte des Schutzes der Menschenwürde und der Persönlichkeit zu respektieren« (Beschluss vom 16. Oktober 1967).

Was unter »publizistischem Anstand« nun eigentlich zu verstehen sei, blieb vage und interpretationsbedürftig. Hinzu kommt, dass sich solche Begriffsinhalte mit dem Normen- und Wertewandel der Gesellschaft verändern. So standen noch in den 70er-Jahren etwa der Ablauf und die Umstände eines Selbstmordes unter Recherchier-Tabu. Vom Recherchierjournalismus übergangen wurden auch andere Formen sozial krass abweichenden Verhaltens, etwa die Umstände und Motive krimineller Handlungen. Heutzutage haben sich die Verhältnisse geradezu umgekehrt. Extreme Randgruppen, abnorme Handlungen, radikale Gewalttaten mitsamt dem Motivhintergrund stoßen auf publizistisches Interesse: Die Gesellschaft versteht derzeit abweichendes Verhalten durchaus reflexiv als Orientierungshilfe beim Versuch, ihren eigenen Status zu verstehen.

Freilich gehört zum »publizistischen Anstand«, so es ihn gibt, auch der im Populärjournalismus schwierige Umgang mit Persönlichkeitsrechten zumal im Privat- und Intimbereich von Prominenten.

Dass hier Grenzziehungen von kulturellen Traditionen geprägt sind, veranschaulicht der Fall des sogenannten Seitensprungs von Bundeskanzler Gerhard Schröder im Winter 2002/03: Drei Zeitungen, insbesondere die *Märkische Oderzeitung*, kolportierten das Gerücht eines Ehekrachs und, damit verbunden, eines Seitensprungs des Kanzlers (»Klatsch über einen lautstarken Ehekrach«). Die meisten Zeitungen enthielten sich der Berichterstattung. Eine vom Kanzler angestrengte Klage vor dem Landgericht Berlin gab Schröder Recht: Die Kolportage von Klatsch aus dem Privatbereich bedeute eine Verletzung der Privatsphäre: »Ein etwaiges Nichteinhalten eines Eheversprechens bedeute nicht den Bruch eines Wahlversprechens«, also bestünde kein öffentliches Interesse an solchen Informationen (zit. nach: Message Nr. 3/2003: 83). Eine deutlich andere Sicht der Dinge vertrat die britische Boulevardzeitung *Mail on Sunday*. Ihre Reporterin Sarah Oliver recherchierte im privaten Umfeld von Schröder und publizierte die Ergebnisse unter der Überschrift: »Das unglaubliche Geheimnis, das dem deutschen Publikum zu lesen verboten wurde.« Spekuliert wurde über eine Affäre mit einer renommierten TV-Moderatorin. In den Augen auch solider britischer Journalisten war diese Pseudo-Enthüllung durchaus in Ordnung (Näheres siehe: Peter Bild: Schröder vs. *Mail on Sunday*, in Message 2/2003, S. 71).

Wo also »publizistischer Anstand« über die rechtlich definierten Grenzen hinaus ein Recherchier-Tabu statuiert, kann und soll nicht allgemein gültig festgelegt werden. Den Tabu-Bereich im jeweiligen Fall zu erfassen, ist vielmehr Merkmal einer Berufsethik, die letztlich in der journalistischen Kompetenz zum Vorschein kommt.

Dritter Teil: Über den Umgang mit Quellen und Informanten. Über das Auswerten von Informationen. Und über das Schreiben.

Inhalt

Übersicht

Wie findet man einen auskunftswilligen Informanten und wie führt man eine telefonische Befragung durch? Was soll man machen, wenn derjenige, den man befragen will, sich verleugnen lässt oder unerreichbar scheint? Wie überhaupt geht man bei einem persönlichen Interview vor, darf man auch mal frech werden? Droht nicht die Gefahr, das Thema kaputtzurecherchieren – oder auch zu früh abzubrechen? Wie kann man am besten seine Informanten schützen? Und auf was soll man dann bei der Auswertung des Materials achten? Muss man Schlussfolgerungen belegen? Für was stehen Zitate, wann ist bunter Erzählstoff erforderlich?

Solche und viele weitere Fragen aus dem Recherchieralltag soll dieser Buchteil beantworten: in Anleitungen, Hinweisen und Tipps – und mit ein bisschen Theorie. Dabei folgen die Abschnitte der Reihenfolge, in der auch recherchiert wird: Zuerst erschließt man sich die Quellen, dann beschafft man sich Informationen und erst ganz am Schluss kommt die Auswertung, dann die Umsetzung der Ergebnisse als Beitrag für eine Publikation.

Wie man mit Informanten umgeht

Internet hin oder her: Wer wirklich Neues herausfinden und den Dingen auf den Grund gehen will, darf sich nicht mit dem Absuchen von Wissensbeständen zufriedengeben. Die Online-Informationssuche ist zur Einarbeitung, oft auch als Basisrecherche sehr nützlich; doch die Hauptrecherche bringt das Noch-nicht-Gewusste ans Licht, sie gilt den Akteuren und ihren Mitwissern. Der Erfolg einer um Enthüllung bemühten Recherche hängt darum wesentlich davon ab, mit wem der Rechercheur Kontakte herstellen und von wem er neue, sachdienliche Informationen bekommen und überprüfen kann.

Informantennetze

Beides – kompetente Informanten und sachdienliche Informationen –sind nur ausnahmsweise Glücksache. Als Regel gilt vielmehr: Gute Informationen setzen den Aufbau eines Informantennetzes voraus. Und dieses ist mitunter die Frucht mehrjähriger Informantenpflege.

> *Definition Informant:* Für einen Journalisten ist jeder ein Informant, der a) ein höheres Sachwissen besitzt als der Rechercheur zum Zeitpunkt der Kontaktaufnahme und der b) in den aufzuklärenden Sachverhalt nicht involviert ist (Beispiele: ein Mitwisser, ehemaliges Mitglied, ein Fachmann, Augen-/Ohrenzeuge, aber auch ein Konkurrent). Wenn der Informant in das Geschehen aktiv verwickelt ist, nennen wir ihn Akteur (wie zum Beispiel: ein Mitarbeiter, Auftraggeber bzw. -nehmer, Vorstandsmitglied, Geschäftsleiter, Politiker, Berater).
> Informanten sind auch *Quellen*. Doch nicht jede Quelle ist ein Informant. Vielmehr ist jeder beliebige Urheber eine Quelle, egal ob als Person, als Zeugnis oder als ein Text aus dem Archiv.

Informanten sind nicht immer eindeutig und nicht immer richtig einzuschätzen. Sie verfolgen oftmals eigene Interessen und suchen den Rechercheur einzubinden oder sein Medium zu instrumentalisieren.

Beispiel Wikipedia: Quelle oder Informant?
Wer das Wiki nutzt, liest auf der Startseite dies: »Wikipedia ist ein Projekt zum Aufbau einer Enzyklopädie aus freien Inhalten, zu dem du mit deinem Wissen beitragen kannst. Seit Mai 2001 sind 1.976.998 Artikel in deutscher Sprache entstanden.« (https://de.wikipedia.org/wiki/Wikipedia:Hauptseite /Download 11.09.16).

Damit ist die Grundidee genannt: Menschen schreiben freiwillig auf, was sie wissen bzw. was sie zu wissen glauben. Irrtümer oder Falschinformationen inklusive. Das Konzept geht davon aus, dass sich auf einer offenen Plattform im Diskurs der Mit-Schreibenden nach und nach das gesicherte Wissen herausschäle und Falschinformationen entdeckt und eliminiert würden. Allein die deutsche Version wird jeden Tag von rund 1,5 Mio. Menschen genutzt (Quelle: http://de.wikiwatch.de/ Abruf 11.09.2016).
In der Praxis hat sich gezeigt, dass dieses Konzept zuverlässiger als eine gedruckte Enzyklopädie dann funktioniert, wenn es sich a) um einen abgeschlossenen historischen Sachverhalt handelt (Beispiel: Biografie des Publizisten Herodot aus der Zeit der Antike) oder b) um Begriffe aus der Welt der Naturwissenschaften und Technik, weil es dort eindeutige Definitionen und formallogisch beschreibbare Funktionen gibt (Beispiel: »Der Oszilloskop«). Dasselbe umgekehrt: Wikipedia ähnelt umso mehr einer Schwatzbude, je aktueller das mit dem Suchbegriff intendierte Thema und je wertebesetzter dieses ist (Beispiel: »Willkommenskultur« im Jahre 2015). Oftmals dienen Einträge, etwa Produktbeschreibungen und Biografien lebender Akteure spezifischen Selbstdarstellungs- oder Marketinginteressen (zum Beispiel der Artikel »VW Golf«: In dem ausführlichen Text findet sich über Golf Diesel oder Golf TDI kein Wort und auch kein Link über den mit »Dieselgate« etikettierten Abgasskandal, der schon seit September 2015 VW und die Autobranche in Atem hält – Check am 12.09.2016).

Für die Recherche sehr nützlich ist Wikipedia aus zwei anderen Gründen. Der Erste: Wikipedia ist zwar keine Primärquelle, aber eine sehr ergiebige Sekundärquelle, indem bei vielen Ausführungen die Herkunftsquellen genannt und (wenn Internet) abrufbar sind. Wer sich zum Beispiel in die Ereignisse rund um die »CDU-Parteispendenaffäre« von 1999 mit der anschließenden Schwarzgeldaffäre von Helmut Kohl einlesen möchte, freut sich über eine detailreiche Chronologie und die damit verknüpften Spezialthemen sowie die Porträts der beteiligten Politiker. Man findet 19 Einzelnachweise (überwiegend Presseberichte) sowie insgesamt sieben Links zu Primärquellen, die per Klick geprüft und genutzt werden können. Ist das üppig?
Der zweite Grund ist die bei Wikipedia vorgeschriebene Transparenz der Textbearbeitung und -diskussion. Über den Reiter »Diskussion« gelangt man bei unserem Beispiel zum Abschnitt »Quellen« und findet hier ab Frühjahr 2009 aufschlussreiche Kommentare, zum Beispiel über den Mangel an zuverlässigen Primärquellen wie auch neue Hinweise und Formulierungsvorschläge. Beispielsweise wurde ein Abschnitt, der über mögliches Schwarzgeld aus dem SED-Vermögen schwadronierte, in der Folge der Diskussion sechs Jahre später (2015) mangels Belege herausgenommen.

Schließlich der Reiter »Versionsgeschichte«: Er zeigt an, wer (Name oder URL) wann was geschrieben bzw. verändert hat. Jede Änderung, vom Umfang (Bytes) bis zur Uhrzeit der Änderung ist in einer Zeile festgehalten. Über den »Versionenvergleich« erkennt man auch, welche Änderungen wie und wann vorgenommen wurden. Man entdeckt auch Manipulationen und Einflussversuche, weil auch der Diskussionsverlauf per Versionsgeschichte nachvollzogen werden kann. So kam von der URL 89.15.239.110 am 20. Februar 2015 um 15:12 Uhr der Kommentar: »Zum Glück taucht die wirre SED-Vermögens-Geschichte nicht wieder auf. Ein Gewinn für den Artikel und für Wikipedia insgesamt.« Klickt man auf die Absender-URL, finden sich deren sämtliche Wikipedia-Aktivitäten – Hinweise, die eine Einschätzung dieser Quelle erleichtern.

Ein Informant ist nicht immer der, als den er sich ausgibt. Insbesondere im Politikfeld benutzen angebliche Informanten die Medien, um Themen und Thesen zu lancieren, um Personen und Programme hochzuloben oder abzuschießen. Der Rechercheur sollte wissen, auf wen er sich einlässt. Nachfolgend eine kurze Klassifikation der im Alltagsgeschäft häufigsten Informantengruppen:

Media- und Pressestellen

Allgemein gesagt: Die scheinbar neutrale, den Medien als Dienstleistung dienende Einrichtung »Öffentlichkeitsarbeit/Pressestelle« oder ähnlich verfolgt nur ausnahmsweise dieselben Ziele wie der Rechercheur. Tatsächlich sind dies Informanten, die sich gleichsam im Niemandsland zwischen »neutral« und »involviert« bewegen: Einerseits dienen sie der Informationsverbreitung und sind insofern unbeteiligt; andererseits sind sie Interessensvertreter und insofern an der Vermittlung *ganz bestimmter* Informationen (bzw. an der Unterdrückung anderer Informationen) interessiert und darum keineswegs neutral.

Wenn es um die Informations- oder Auskunftsbegehren des Rechercheurs geht, muss zwischen den behördlichen Pressestellen einerseits und den Informationsgebern aus der Wirtschaft, den Dienstleistungsunternehmen, NGOs, Verbänden und Prominenten andererseits unterschieden werden. Erstere folgen Verpflichtungen, die sich aus dem öffentlichen Interesse ableiten, Letztere sind PR-Stellen, Marketingagenturen und Agenten, die Partikularinteressen dienen und für deren Zwecke Auftragskommunikation organisieren.

Freilich orientieren sich viele PR-Stellen – darin dem Pressekodex des deutschen Presserats ähnlich – an eigens geschaffenen berufsethischen Standards. So hat der *Deutsche Rat für Public Relations* (DRPR) einen »Kommunikationskodex« ausgearbeitet, der 2012 von den vier Trägerverbänden der PR-Berufe in Kraft gesetzt wurde.

Darin heißt es unter anderem (Ziffer 1): »PR- und Kommunikationsfachleute sorgen dafür, dass der Absender ihrer Botschaften klar erkennbar ist. Sie machen ihre Arbeit offen und transparent, soweit dies die rechtlichen Bestimmungen und die Verschwiegenheitsverpflichtungen gegenüber den jeweiligen Arbeits- oder Auftraggebern zulassen.« Für Rechercheure, die PR-Stellen kontaktieren, ist auch Ziffer 9 relevant: »PR- und Kommunikationsfachleute sind der Wahrhaftigkeit verpflichtet, verbreiten wissentlich keine falschen oder irreführenden Informationen oder ungeprüfte Gerüchte.« (Näheres: www.kommunikationskodex.de/wp-content/uploads/Deutscher_Kommunikationskodex.pdf).

Behörden

Bei »amtlichen Informationen« geht es um Vorgänge, an denen staatliche Behörden zumindest beteiligt waren. Hinzu kommen (unter bestimmten Gegebenheiten) vom Staat mit der Besorgung öffentlicher Aufgaben betraute Organisationen und Einrichtungen.

Um gegenüber Behörden an Informationen heranzukommen, hat der Rechercheur zwei Beschaffungshilfen: zum einen das seit 2006 geltende *Informationsfreiheitsgesetz* (IFG) auf Bundesebene wie auch entsprechende Gesetze auf der Bundesländerebene (bis 2015 in zwölf Bundesländern); zum andern die in allen Bundesländern geltenden *Landesmedien- bzw. Landespressegesetze.* Erstere Hilfe kann jede Person in Anspruch nehmen, Letztere sind den Berufsjournalisten vorbehalten.

Informationsfreiheitsgesetz: Mit der Inkraftsetzung des IFG verbindet sich in punkto Behördeninformation ein Paradigmenwechsel: Früher galt das Prinzip, dass behördliche Informationen nur ausnahmsweise öffentlich zu machen sind; seither gilt umgekehrt, dass Geheimhaltung die Ausnahme sein soll. Wer das IFG für sich in Anspruch nehmen will, muss einen Antrag stellen (formloses Schreiben an die jeweils zuständige Behörde). Auf diesem Wege kann der Rechercheur Daten- oder Akteneinsicht zum fraglichen Vorgang erhalten, sofern dieser abgeschlossen und dokumentiert ist. Informationen über laufende Verfahren oder über Aufzeichnungen, die nicht zum förmlichen Vorgang gehören, sind nicht erhältlich; Anträge für personenbezogene Daten müssen gut begründet sein.

Zwar sind viele staatliche Zuständigkeiten für das IFG unzugänglich. Doch seit Inkrafttreten des Gesetzes wurden die Bereiche erweitert, die mit dem IFG geöffnet werden können. Beispielsweise sind seit 2015 (aufgrund eines BVerfG-Urteils) auch die vom Wissenschaftlichen Dienst des Deutschen Bundestages erarbeiteten Materialien zugänglich. Näheres siehe unter »Informationsfreiheitsgesetz« auf der aktuell gehaltenen, gut dokumentierten Wikipedia-Webseite.

Landespressegesetze: In diesem Regelwerk sind die Rechte und Pflichten der Journalisten festgehalten. Ihr wichtigstes Recht ist das *Auskunftsrecht.* Paragraf 4 lautet übereinstimmend: »Die Behörden sind verpflichtet, den Vertretern der Presse die der Erfüllung ihrer öffentlichen Aufgabe dienenden Auskünfte zu erteilen.« Verweigert werden darf die Auskunft, wenn dadurch ein schwebendes Verfahren verzögert oder gefährdet würde, wenn öffentliche oder schutzwürdige private Interessen verletzt würden, wenn Geheimhaltungsvorschriften dies verlangen – oder der Umfang das Maß des Zumutbaren übersteigt. Man sieht schon daran, dass Behörden immer mal wieder Schlupflöcher finden, um ihrer Auskunftspflicht zu entkommen. Umgekehrt kennen erfahrene Rechercheure manche dieser Behördentricks und erstreiten ihre Rechte gegebenenfalls über das Verwaltungsgericht.

Dessen ungeachtet gilt: Weil staatliche Behörden und viele öffentlich-rechtliche Einrichtungen in den Bundesländern (gegenüber Journalisten) zur Auskunft verpflichtet sind, gelten behördliche Pressestellen prima vista als verlässliche, dabei aber oftmals »zugeknöpfte« Informanten: Sie sagen so viel wie nötig, kaum je so viel wie möglich.

Fachleute und Experten

Definition: Im journalistischen Sinne sind dies nicht zwingend Berufsfachleute, sondern alle Personen, die a) ein größeres Sachwissen besitzen als der Rechercheur und die b) nicht in eigener Sache sprechen. Darum dürfen sie in den Vorgang, der gerade recherchiert wird, auch nicht verwickelt sein.

Experte ist beispielsweise der Studienrat, der uns als erfahrener Briefmarkensammler über die aktuellen Markttrends im Hinblick auf die große Briefmarkenauktion detaillierte Hinweise gibt. Und wie verhält es sich mit dem Versicherungsvertreter, der seit vielen Jahren zu den bekanntesten Hunderasse-Züchtern der Region zählt und über genetische Defekte der Import-Dalmatiner viel zu sagen weiß? Experte ist der dann, wenn er selbst keine Dalmatiner züchtet; andernfalls wäre er in dieser Frage nur bedingt glaubwürdig.

Im Unterschied zu Fachleuten besitzen Informanten meist keine spezifische Sachkompetenz. Sie geben Wissen (Gehörtes, Gelesenes, Ermitteltes) an den Rechercheur weiter – aus welchen Motiven auch immer. Deshalb lauten die für den Rechercheur zentralen drei Fragen:

a) Woher stammt das Wissen?
b) Wie steht der Informant zu dem, über das er spricht?
c) Welche Interessen verfolgt bzw. welchen dient er?

Wo gibt es zum Beispiel einen Experten des Verwaltungsrechts, einen Betriebsökonomen, einen Strafrechtsspezialisten und einen Experten für zeitgenössische bildende

Kunst, die für eine kurze Auskunft oder eine sachdienliche Erklärung angefragt werden können? Nachschlageverzeichnisse genügen meist nicht, weil sie die spezifische Kompetenz nicht ausweisen. Darum sind Erfahrungen so wichtig, die andere Rechercheure mit Fachleuten bereits gesammelt und in ihren Veröffentlichungen ausgewiesen haben. Vor allem Lokal- und Fachjournalisten sollten sich eigene Adresskarteien mit den lokalen Fachleuten (Ärzte, Anwälte, Lehrer, Architekten, Straßeningenieure, Ökologen usw.) aufbauen.

Dieser Aufbau persönlicher Informanten-/Expertenverzeichnisse beginnt damit, dass man während der ersten Berufsjahre sämtliche externe Kontakte notiert (am besten elektronisch mit einer Adressdatenbank). Jeder Wissensträger, mit dem man in Kontakt kam, erhält ein eigenes Datenblatt: oben die Angaben zur Person (Berufstätigkeit, Funktion, Erreichbarkeit, Publikationen, Hinweise zum Privatleben und Vorlieben der Person), daneben die Kontakte in chronologischer Abfolge (Kanal, wann, zu was, mit welchem Ertrag).

Nach etwa zwei Jahren – so die Erfahrung – sind vielleicht 200 Einträge beisammen. Nun beginnt die Auswertung: Wer war nur ein Zufallskontakt, wer ist verzogen, wer hat sich als unergiebig herausgestellt? Wer erwies sich als ergiebig, auf wen war man wiederholt angewiesen? Die Erfahrung lehrt, dass zwischen 50 und 80 brauchbare Adressen übrig bleiben. Dies ist der Grundstock der persönlichen Adressdatei, die nun stetig weiterwächst.

Multiplizierung der Kontakte: Fachleute haben in aller Regel für ihr Fachgebiet einen sehr guten Expertenüberblick. Dies macht sich der Rechercheur zunutze, indem er am Ende des Gesprächs mit dem Fachmann die sogenannte *Schneeballfrage* stellt. Sie lautet etwa so: »Vielen Dank für diese wertvollen Hinweise. Sie sind wirklich hervorragend informiert. Gibt es eigentlich noch andere, die sich ähnlich intensiv wie Sie mit dem Fall/dem Problem/dem Gebiet beschäftigt haben?« Wenn dann weitere Fachleute genannt werden, bittet ihn der Rechercheur um eine kurze Qualifizierung von deren Fachkompetenz. Später, wenn er die anderen Fachleute anruft, stellt er am Ende jedes Gesprächs erneut die Schneeballfrage. Bald wird er wissen, wer in der fraglichen »Scientific Community« eher als strittig und wer als unstrittig gilt – und dies in seiner Informantenkartei festhalten.

Kontakte zu Fachleuten sind umso ergiebiger, je mehr sich der Rechercheur mit der Person befasst hat. Bevor er mit dem Fachmann in Kontakt tritt, sollte er also dessen Spezialgebiet und Tätigkeitsfelder sowie dessen wichtigste Publikationen (den Titeln nach) kennen. Merke: Nicht mit vermeintlichem Fachwissen aufspielen, sondern mit Personenkenntnis! (Schließlich fragen wir ihn, weil *wir* etwas wissen wollen.)

Im Unterschied zu Politikern und Medienleuten sind viele Fachleute oft eher verschlossen und öffentlichkeitsscheu, dabei aber gleichwohl eitel. Es schmeichelt ihnen, wenn sie vom Rechercheur als besonders kompetente Informanten angesprochen werden. Dies berücksichtigt der Rechercheur, wenn er einen Fachmann kontaktiert: Dieser wird zu einem umso besseren Informanten, je mehr er sich als fachlich renommierte Persönlichkeit ernst genommen fühlt. Darum: Zuerst das Personenarchiv auswerten, dann erst die E-Mail-Adresse nutzen oder zum Telefon greifen. Dann aber, nach der Begrüßung, den Fachmann »auf den Thron setzen« (d.h. seine Bedeutung als ausgewiesener Fachmann für die Recherche herausstellen).

Die »gut informierten Kreise«

In der Politik wie in der Wirtschaft tummeln sich Leute, denen es Freude bereitet, Hinweise, Einschätzungen und sogenannte Tipps zu geben, selbst aber im Hintergrund bleiben wollen. Sie wenden sich vorzugsweise an solche Rechercheure, zu denen sie ein Vertrauensverhältnis haben (möchten). Dasselbe umgekehrt: Weitsichtig operierende Rechercheure bauen zu »Insidern« – meist Leute, die in der zweiten Reihe operieren – ein Vertrauensverhältnis auf, indem sie diesen bei Gelegenheit selbst mal eine Info, einen Hinweis geben.

Manchmal helfen solche Informanten tatsächlich bei der Einschätzung/Gewichtung eines Vorgangs oder sie geben eine wertvolle Information. Manchmal aber bauen sie eine Sphäre des Geheimnisvollen nur deshalb auf, damit der fragliche Journalist beeindruckt ist und den vermeintlichen Tipp veröffentlicht – als Laternenträger für andere, verborgene Ziele. Darum sollte jeder Rechercheur die Gründe genau prüfen, warum der Informant ungenannt sein will. (Weil Informantenschutz so wichtig ist, haben wir ihm einen speziellen Abschnitt gewidmet – Näheres siehe Seite 168ff. und S. 185ff. zum Thema »Hintergrundinformation«.)

Wenn der Informant ungenannt bleiben will, müssen seine Aussagen nach Maßgabe der zwei Ebenen – Sachebene und Deutungsebene – doppelt geprüft werden:

- Handelt es sich um Sachinformationen, dann geht es allein um die Frage, ob sie zutreffen. Wenn sie nach den Regeln der Überprüfungsrecherche »hart« gemacht werden konnten, spielt der Informant als Quelle keine Rolle mehr, der Sachverhalt kann im Indikativ vermeldet werden. Konnte der Sachverhalt (etwa mangels Zeugen) nicht überprüft werden, dann steht die Glaubwürdigkeit des Informanten und die Tragweite seiner Aussage im Zentrum. Jedenfalls sollte der Rechercheur den Status der Information (= dass es eine ungesicherte Information ist) in seinem Bericht kenntlich machen. Oder er sollte sie tatsächlich nur als »Hintergrundinformation« behandeln, d.h. sie im Bericht nicht nennen (mehr hierzu im folgenden Abschnitt).

- Handelt es sich um deutende Aussagen über einen Vorgang (wie: Einschätzung, Mutmaßung, Unterstellung, Beurteilung), dann sollte diese Aussage ohnehin nicht zitiert, sondern als Rollen- und Zusammenhangswissen benutzt werden.
- Handelt es sich um eine persönliche Meinung, dann dient diese Aussage dem Rechercheur als Hintergrund zur besseren Einschätzung des Informanten, Motto: »Aha, so denkt der/die also über X«.

Augen- und Ohrenzeugen

Ereignisbezogene Rekonstruktionsrecherchen müssen sich meist auf die Erzählungen von Beobachtern stützen. Doch man weiß es aus der Strafrechtspflege: Nichts ist so unzuverlässig wie Zeugenberichte. Selbst eindeutig scheinende Tatsachen (Geschlecht der Person, Farbe des Autos, Tageszeit des Vorgangs) werden mitunter widersprüchlich erzählt, zumal, wenn der Vorgang schon länger zurückliegt – und dies meist ohne böse Absicht, die Zeugen täuschen sich einfach. Und darin liegt das Hauptproblem: Zeugen erzählen mit größter Überzeugung und sind tief gekränkt, wenn der Rechercheur skeptisch bleibt und mit seinen Fragen das Erzählte überprüfen möchte.

Es empfiehlt sich darum, Zeugen *zweimal* zu befragen: Beim ersten Mal sollen sie möglichst detailliert und genau erzählen, der Rechercheur fragt explorierend. Beim zweiten Mal werden allfällige Ungereimtheiten und Widersprüche zu Aussagen anderer Zeugen bzw. zu vorliegenden Dokumenten zur Sprache gebracht.

Seine Zeugenaussage ist umso besser, je sicherer sich der Informant fühlt. Darum ist es wichtig, für eine möglichst entspannte Gesprächssituation zu sorgen und dem Zeugen allfällige Ängste zu nehmen, etwa durch vertrauensbildende Maßnahmen und Angebote. Das wirksamste Angebot lautet, dass der Zeuge seine Aussagen, so weit sie zitiert werden, zuvor gegenlesen darf.

Informantenpflege

Zu den Untugenden vieler Journalisten gehört der sogenannte *Dracula-Effekt*. Er funktioniert etwa folgendermaßen: Eines Nachmittags um halb drei Uhr braucht man ganz dringend (noch zwei Stunden bis Redaktionsschluss) ein Statement des Chefarztes der Unfallchirurgie zur dpa-Meldung, dass die Zahl der Motorradunfälle mit Schwerverletzten in den vergangenen sechs Monaten gegenüber dem Vorjahr dramatisch angestiegen sei (Frage: Gilt dies auch für den Einzugsbereich Ihrer Klinik? Art der Verletzungen?). Der Fachmann ruft tatsächlich noch vor 17 Uhr zurück und gibt bereitwillig auf alle Fragen Auskunft. Der Recherchenbericht erscheint rechtzeitig und wird stark beachtet. Ein halbes Jahr später, als wieder ein Unfallthema anliegt, erinnert sich der Journalist an den guten Kontakt und ruft wieder in der Klinik an. Doch diesmal hat der Chefarzt »leider keine Zeit« (so seine Sekretärin), man möge die Fragen doch schriftlich einreichen. Mit anderen Worten: Der Informant (hier in der Rolle des Experten) zeigt keine Auskunftsbereitschaft mehr, weil er nach dem *Dracula-Muster* behandelt wurde: anbeißen, absaugen, fallenlassen.

Statt sich wie Dracula zu verhalten, hätte der Rechercheur seinen Artikel, kaum publiziert, zusammen mit einem Dreizeiler (»Vielen Dank für Ihre Auskunftsbereitschaft – ich hoffe, ich habe Ihre Ausführungen richtig verstanden, jedenfalls waren Sie mir eine große Hilfe – Mit freundlichen Grüßen, Ihr Fritz Müller«) dem Informanten zusenden sollen – als ein Zeichen der Wertschätzung.

Das wirksamste Gegenrezept zum Dracula-Verhalten lautet: *Kommunikation.* Vor allem im Lokalen pflegt der Journalist zu seinen Informanten eine dialogische Beziehung, indem er auch außerhalb des Recherchekontakts Anlässe schafft, um mit ihnen im Kontakt zu bleiben.

Checkliste Informanten-Kontakt

Kontaktnahme durch den Informanten: Wenn der Erstkontakt vom Informanten ausgeht, prüft der Rechercheur zuerst dessen Motivation, dann sein Angebot:

- Warum gelangt er/sie an unser Medium? Und warum ausgerechnet an mich? (Vielleicht habe ich das Image, gutgläubig, bestechlich, naiv oder überengagiert zu sein!).
- Sind seine/ihre Beweggründe plausibel? Idealistische Motive (»ich will für Aufklärung sorgen«) sind schön, aber oft unaufrichtig. Eigeninteressen (wie: geschäftlicher Vorteil, Honorarwünsche) sind nicht schön, aber glaubwürdig, ebenso niedere Beweggründe (Rache aus gekränkter Eitelkeit, Geltungswünsche). Die Art, wie der Informant über seine Motive spricht, kann ein Kriterium für seine Glaubwürdigkeit sein.

Kontaktnahme durch den Rechercheur: Wenn der Rechercheur den ersten Kontakt herstellt, sollte er genau prüfen, ob der Informant überhaupt *auskunftsfähig und -willig* ist. Geht es um Konfliktstoff, sollte zu Beginn der Kontaktaufnahme geklärt werden,

- ob der Informant der für den fraglichen Sachverhalt richtige (zuständige, informierte usw.) Gesprächspartner ist;
- ob der Zeitpunkt, der Ort (Büro, Café oder privat) und die Form (per Telefon, Mail oder persönlich) für den Informanten günstig sind;
- ob der Informant, wenn er sich zu den Fragen äußert, in einen Loyalitätskonflikt geraten könnte – und wie er damit umgeht;
- ob der Informant mit dem Fragenkomplex (mit dem Thema, dem Problem, dem Konflikt) direkt zu tun hat, also involviert und darum eher ein Akteur ist.

Feedback: Wenn ein ergiebiges Gespräch zustande kam, bedankt sich der Rechercheur nachträglich, indem er dem Informanten seinen *publizierten* Bericht mit einem »Dankeschön!« und der Bitte um Hinweise auf allfällige Ungenauigkeiten usw. zusendet.

Zwei Fehlhaltungen sollten indessen vermieden werden: erstens die Anbiederei und zweitens die Wichtigtuerei. Also keine Bier-Abende und keine inhaltsleeren (themenlose) Kontaktnahmen. Denn beides weckt bei den meisten Informanten das Gefühl, dass man ihre Zeit vergeude.

Und vor allem keine Gefälligkeiten, die als Bestechlichkeit ausgelegt werden könnten. Denn die Glaubwürdigkeit des Rechercheurs hängt wesentlich davon ab, ob er bei seinen Informanten als unabhängig und unvoreingenommen gilt.

Geschenke und Gefälligkeiten: Kleine Gesten erhalten die Freundschaft – aber bitte keine Geschenke nehmen oder geben, die als Beeinflussungsversuch (Vorteilnahme) missverstanden werden könnten. Ebenso, wie seriöse Journalisten nur kleine Symbolgeschenke etwa zum Jahreswechsel akzeptieren, ebenso verhalten sie sich gegenüber ihren Informanten: Kurz vor dem ersten Advent die neue Agenda mit dem Signet des Verlagshauses, zum Jahreswechsel das Jahrbuch oder den schmucken Kalender des Hauses (oder auch nicht, weil der Informant bereits -zig andere Kalender bekommt. Darum zuerst anfragen, denn das Aufnötigen eines überflüssigen Geschenks erreicht oft das Gegenteil der beabsichtigten Wirkung.).

Doch ein Dankeschön sollte bei gegebenem Anlass schon sein. Für eine umfängliche Informationshilfe oder auch zur Feier des Tages (ein runder Geburtstag) schickt man eine gute Flasche Wein von der Sorte, die der Informant auch wirklich mag (siehe Informantenkartei). Übrigens: *Eine* wirklich gute Flasche macht mehr Eindruck als drei Flaschen eines mediokren Tropfens.

Wie man mit Informationen umgeht

Dauernd ist die Rede von Informationen. Doch was ist – im Zusammenhang mit Medienkommunikation – eine Information? Unter informationstheoretischem Blickwinkel handelt es sich um ein Signal, das eine Zustandsänderung signalisiert. Sein Informationswert besteht darin, dass es die Veränderung anzeigt und so beim Empfänger zugleich Ungewissheit abbaut.

Für den Recherchierjournalismus benutzen wir diese Definition in einem sprachpragmatischen Sinn. Wir sprechen nicht von Signalen, sondern von Aussagen, die etwas bedeuten. Und mit Zustandsänderungen meinen wir keinen Schalter, sondern Vorgänge in der Lebenswelt. Jedes Ereignis, sofern bemerkenswert, bedeutet eine Veränderung. Manchmal bezieht sich die Neuigkeit auf ein schon länger zurückliegendes Ereignis, sie muss also nicht aktuell sein. Auch Wissenszuwachs (etwa aus einem Archiv) wird unter Umständen als Neuigkeit, mithin wie eine Nachricht wahrgenommen. Jedenfalls beziehen sich Informationen nicht etwa auf die Befindlichkeit eines Informanten, sondern auf reale Vorgänge, die sich außerhalb des Kopfes (und Herzen) des Informanten zugetragen haben (sollen).

Beispiele: Die Aussage eines Stadtbewohners namens Fritz Müller »Ich mag Asylanten nicht« hat keinen Informationswert, weil sie eine beliebige Selbstäußerung darstellt. Die Aussage »zahlreiche Bewohner unserer Stadt äußern sich ausländerfeindlich« hat einen Informationswert, weil sie einen Sachverhalt als Neuigkeit zur Sprache bringt. Die Aussage des Parteivorsitzenden »Ich mag Ausländer nicht«, hat einen Informationswert, weil der Parteivorsitzende ein Rollenträger ist und die Rollenbesetzung allgemein bedeutsam (= politisch folgenreich) ist. Die Aussage des Gegenkandidaten, der Parteivorsitzende sei ausländerfeindlich, hat einen doppelten Informationswert: erstens als Primäraussage eines Rollenträgers, zweitens als Aussage 2. Ordnung über die Einstellung des Parteivorsitzenden. Jeder dieser Aussagetypen verlangt eine Überprüfungsrecherche.

Informationen im journalistischen Sinne sind ...

- **... Aussagen über reale Vorgänge in der Lebenswelt, die als Sachverhalte beschrieben werden können** (wie: vorigen Dienstag um 17.15 Uhr; das rote Auto; an der Heinestraße 17; die Vorstandssitzung fand statt; in den ersten drei Monaten gab es in unserem Bundesland 20 Verkehrstote);
- **... Aussagen über Aussagen (= Aussagen 2. Grades), die sich auf reale Vorgänge beziehen** (wie: »Gestern stellte der Finanzminister das neue Steuergesetz vor«; oder: »›Der Spitzenkandidat der SPD/der CDU ist völlig unglaubwürdig‹, rief der Parteivorsitzende Müller an der Wahlveranstaltung in Buxtehude«);

- **… Aussagen über den Vergleich unterschiedlicher Aussagen, die sich auf denselben Sachverhalt beziehen (Aussagen 3. Ordnung), also Widersprüche** (wie: »Herr B. war gar nicht dabei, als der Beschluss gefasst wurde«, sagt Herr A., und: »Ich war dabei, als der Beschluss gefasst wurde«, sagt Herr B. Informationshaltige Folgerung: Herr A. oder Herr B. sagt die Unwahrheit);
- **… Aussagen über Daten oder Datenketten, die sich auf reale, miteinander vergleichbare Vorgänge beziehen** (wie: »Im ersten Halbjahr dieses Jahres ereigneten sich 20 Prozent mehr Motorradunfälle als im gleichen Zeitraum des Vorjahres«, oder: »Der Anteil der Jugendlichen unter 15 Jahren, der Zigaretten raucht, ist seit drei Jahren rückläufig«);
- **… Aussagen von Rollen- und Funktionsträgern, die für das Zusammenleben der Menschen folgenreich sind und darum als relevante Äußerungen gelten** (wie: »Auf der Kundgebung sagte der Bundeskanzler: ›Ich bin der Auffassung, dass wir in Europa mehr für den Frieden als für die freie Marktwirtschaft tun sollten‹«. Oder: »›Ich bin erst glücklich, wenn wir alle anderen Autofirmen geschluckt haben‹, bekannte Ex-Volkswagen-Vorstandschef Winterkorn auf einem Empfang der Familie Piëch in Salzburg«).

Status von Informationen

Die Definition (siehe Kasten) zeigt, dass Informationen ganz unterschiedliche Bezüge zur Realität besitzen können. Diese zu erkennen und zu qualifizieren, ist eine der wichtigsten Aufgaben des Rechercheurs. Nachfolgend eine kurze Typisierung des Status von Informationen (vgl. Schaubild Seite 170):

Empirische Aussagen (= Sachinformationen): Hierzu gehören alle Aussagen über irgendein singuläres Geschehen, das mit Hilfe der Sinnesorgane wahrgenommen und anhand von Konventionen (wie: Zeitmessung) sprachlich beschrieben wird. Ihr Merkmal ist die faktische Überprüfbarkeit. Prüfkriterien sind die W-Fragen »Wer«, »Was«, »Wann«, »Wo«.

> *Muster:* Die Kollision zwischen dem roten VW Golf und dem schwarzen BMW 323 ereignete sich am vorigen Dienstag um 16.15 Uhr MEZ auf der Kreuzung Heine-/Goethestraße. Beide Fahrzeuglenker wurden in die Notfallstation des Krankenhauses eingeliefert.

Kontextualisierende Aussagen (= Zusammenhangsinformationen): Damit sind Sachaussagen gemeint, die nach einem logischen Muster (wie: chronologisch, situativ, kontextuell) miteinander verknüpft sind. Prüfkriterium sind syntaktische Satz- und Satzteilverknüpfungen. Die häufigsten: nachdem, indem, als, während, bevor, zugleich. Prüfkriterium: Gültigkeit der empirischen Aussagen (s. o.) und Plausibilität des einordnenden Zusammenhangs (Wie-Fragen).

> *Muster:* Während der Lenker des schwarzen BMW mit seiner Beifahrerin sprach, rollte sein Fahrzeug auf die Kreuzung Heine-/Goethestraße. Die Beifahrerin deutete plötzlich mit der Hand zum rechten hinteren Fenster und der Fahrer drehte seinen Kopf. Zeitgleich fuhr der rote VW Golf mit etwa 60 km/Stunde von links kommend aus der Heinestraße auf die Kreuzung. Lautes Quietschen der Reifen war zu hören, dann ein sehr heftiger Knall.

Wissensaussagen (= gespeicherte Informationen als Wissensbestand): Dies sind Aussagen, die keinen Ereignisbezug besitzen, die primär (empirisch) oder abgeleitet (2. oder 3. Ordnung) sein können oder Konventionen und Normen zum Inhalt haben. Prüfkriterium ist die Gültigkeit des Wissens unabhängig vom Wissenserwerb in zeitlicher, sozialer und geografischer Hinsicht (stimmt es tatsächlich, stimmt es noch heute, stimmt es in diesem Zusammenhang?).

> *Muster:* Innerorts ist die Geschwindigkeit generell auf 50 km/Stunde beschränkt. Die Heinestraße ist vorfahrtsberechtigt. Der Bremsweg beträgt bei 60 km/Stunde bei diesem Straßenzustand 25 bis 28 Meter. Ein Autofahrer soll sich, während er steuert, nicht ablenken lassen.

Aggregierte Aussagen (= datenbasierte Informationen): Darunter fallen Aussagen, die nicht empirische Sachverhalte (Situationen, Ereignisse), sondern Strukturen beschreiben. Sie abstrahieren, indem sie sich nicht auf empirische Situationen, sondern auf Merkmale beziehen. Prüfkriterien: Zuverlässigkeit der Basisdaten (Gültigkeit bzw. Geltung der Definitionen und der Vergleichbarkeit der Situationen, die der Datenaufnahme zugrunde liegen) sowie Richtigkeit der Erhebungsmethoden.

> *Muster:* Seitdem vor vier Jahren die Heinestraße verbreitert wurde, ereignen sich auf der Kreuzung Heine-/Goethestraße pro Jahr acht Prozent mehr Unfälle. Oder: Autofahrer mit Beifahrerinnen zeigen bei Verkehrskontrollen höhere Promillewerte als Autofahrer ohne Beifahrerinnen. Oder: Schwarze Autos sind häufiger an Unfällen beteiligt als rote. Oder: Autolenker, die älter sind als 65 Jahre, fahren langsamer als jüngere.

Trendaussagen (= logisches Konstrukt aus Häufigkeitsmessungen): Aggregierte Datenreihen werden in einen logischen Zusammenhang gestellt (wie: statistische Korrelation, Hochrechnung). Prüfkriterium: Zuverlässigkeit und Vergleichbarkeit der Datenbasen (s. o.), wissenschaftliche Richtigkeit der statistischen Methoden.

Muster: Obwohl die Zahl der Geschwindigkeitsübertretungen innerorts seit zehn Jahren stetig steigt (umgerechnet auf die Zahl und die Dauer der Radarkontrollen), sinkt ebenfalls seit zehn Jahren die Zahl der Unfälle je 1.000 zugelassener PKW (bzw. je 1.000 gefahrene Kilometer, je 1.000 Führerscheinbesitzer). Oder: Je älter die Autofahrer *werden*, desto langsamer fahren sie.

Hypothetische Aussagen (= angenommene Sachverhalte): Dies sind eigentlich keine Informationen, sondern nicht überprüfte bzw. nicht belegte *Behauptungen* über Sachverhalte, die erst als Sachverhalt erwiesen oder als Spekulationen, Annahmen, Mutmaßungen entlarvt werden müssen (und die oftmals als Sachinformation ausgegeben werden). Prüfkriterium: Gegeninformationen.

Muster: »In dem Dämmerlicht sind schwarze und graue Autos praktisch nicht zu erkennen«. Oder: »Wahrscheinlich hat er sie geküsst, während sie auf die Kreuzung zufuhren«. Oder: »Er hat wohl auf die Frau, statt auf die Kreuzung geschaut.«

Erklärende, begründende Aussagen (Zusammenhangsdeutungen): Solche Aussagen sind zunächst keine Informationen. Sie entstehen, indem verschiedene Sachaussagen mit erklärenden Deutungen (= *Thesen*) verknüpft werden. Sie unterstellen einen Wirkungszusammenhang. Indem begründende Aussagen Sinn erzeugen, sind sie aufschlussreich (Aha-Erlebnis); es sind Erkenntnisse, die wie Informationen oder Nachrichten behandelt werden. Prüfkriterium: Stimmigkeit und logische Plausibilität (Evidenz – Antworten auf Wie-Fragen) nach Maßgabe von Sinnmodellen, wie zum Beispiel das der Kausalität (Antworten auf Warum-Fragen).

Muster: »Wenn der BMW rot oder gelb gewesen wäre, hätte ihn der Golf-Fahrer eher gesehen«. Oder: »Weil er in die Frau verliebt war, ließ er sich von ihr ablenken.« Oder: »Das Straßenbauamt ist schuld, dass es wieder zum Unfall kam, weil es die Kreuzung unübersichtlich umgebaut hat.«

Meinungen (= Beurteilungen, Einstellungen): Solche Aussagen geben die Auffassung des Sprechers als dessen Ansicht (meist als dessen Vorurteil) wieder und sind nur auf der Meta-Ebene (Aussagen 2. Grades) eine Information, etwa, *dass* die fragliche Person, die sich hier äußert, diese Meinung hat. Prüfkriterien: keine.

Muster: Der Satz eines beliebigen Bürgers oder des Journalisten: »Man sollte ein Gesetz schaffen, dass alle Autos in grellen Farben lackiert sein müssen«, hat keinen Informationswert. Ebenso der Satz: »Schürzenjäger lassen sich schnell von einer attraktiven Beifahrerin ablenken«. Oder der Ausruf: »Das Straßenbauamt muss zur Rechenschaft gezogen werden!« Es sind kommentierende Sätze.

Verwertung von Informationen

Eine schon mehrmals erwähnte Grundregel publizistischer Fairness lautet: Die Art der Informationsverwertung sollte mit dem Informanten abgestimmt werden. Eine zweite Grundregel gilt der Bedeutung der Aussage: Für wen hat die Veröffentlichung der Information welche mutmaßlichen Folgen? Nachfolgend die wichtigsten Punkte, die der Rechercheur bedenken sollte, ehe er publiziert.

Abstimmung mit dem Informanten: Weiß er (ist er einverstanden), dass er namentlich (und wörtlich) zitiert wird? Wenn ja: Ist das Zitat mit ihm abgestimmt? Wenn nein: Gab er eine Blanko-Vollmacht fürs Zitieren? Gibt es andere vertretbare Gründe, trotzdem zu publizieren? Ein vertretbarer Grund wäre, dass der Informant an seine Mitteilung keine Bedingungen knüpfte (kein Diskretionsgebot) und sich nicht mehr gemeldet hat. Da kann der Rechercheur davon ausgehen, dass er eine Nennung seines Namens als Quelle in Kauf nahm.

Beispiel: Der Schauspiel-Intendant spricht kurz vor seiner Abreise mit dem Lokalredakteur und erzählt, dass die Kulturbehörde dem kaufmännischen Direktor des Opernhauses »auf informellem Wege« eine Budget-Kürzung in Höhe von 20 Prozent des gesamten Etats angekündigt habe. Der Gegen-Check bei der Pressestelle der Kulturbehörde führt zur Auskunft: »keine Stellungnahme, weil schwebendes Verfahren«. Dasselbe sagt der kaufmännische Leiter der Oper. Der Redakteur bespricht sich mit dem Feuilletonchef und kontaktiert ein Mitglied des Finanzausschusses, ebenfalls ein Informant. Nun publiziert er die Information unter der Schlagzeile: »Zurück zum Provinztheater«; Unterzeile: »Die Kulturbehörde will ihren Sparkurs auf Kosten des Opernhauses durchziehen«. Der Bericht führt zu einer Diskussion im Stadtrat, prominente Kulturträger sammeln Unterschriften. Nun wiegelt die Behörde ab, nach weiteren drei Tagen wird die Budgetkürzung auf 10 Prozent reduziert, drei Wochen später meldet das Medium, die Behörde werde den Opernhaus-Etat um nur mehr 7,8 Prozent kürzen. Versteht sich, dass der Schauspiel-Intendant (der hier eine Doppelrolle innehatte: Informant und Akteur) keine Einwände gegen die Veröffentlichung seiner Information gehabt hätte.

Die Publikationsfolgen: Sind mit der Veröffentlichung der Information Nachteile für Dritte verbunden? Wenn ja: für wen genau und welcher Art Nachteile? Sind sie rechtlicher und/oder sozialer und/oder wirtschaftlicher Art? Kann der Rechercheur (bzw. der publizierende Redakteur) diese Folgen billigend in Kauf nehmen?

Ein Prüfkriterium ist das *Prinzip Verantwortung:* Hat die genannte Person oder Einrichtung an dem, was geschehen ist, eine (Mit-)Verantwortung zu tragen – oder ist sie eher Betroffene oder gar Opfer? Respekt vor den Persönlichkeitsrechten gehört zu den Grundnormen einer Zivilgesellschaft. Darum muss das öffentliche Interesse an der Publikation der Information gegenüber den Schutzinteressen deutlich überwiegen, damit die Veröffentlichung legitimiert ist.

Beispiel: Der Journalist der den schlecht organisierten Einsatz der Berufsfeuerwehren bei der großen Flutkatastrophe nachrecherchiert, erfährt von Betroffenen, dass sich zwei Familien um ein vom Helikopter abgeworfenes Schlauchboot stritten und am Ende beide Familien, fünf Erwachsene und vier Kinder, ertrunken seien. In seinem Bericht schildert er diesen tragischen Fall, nennt aber nicht den Ort und schon gar nicht das Haus, um die überlebende Verwandtschaft zu schützen.

Sensationalismus: Weil die Boulevardmedien zu erheblichen Teilen vom Tabubruch leben und zu diesem Zweck die Privatsphäre auch der Betroffenen und der Opfer bloßlegen, sind hier die Fairness-Regeln außer Kraft gesetzt. Vor allem das sogenannte *Witwenschütteln* setzt alles in den Dienst der Informationsbeschaffung und-verwertung, unbesehen der Folgen für die Betroffenen.

Beispiel für Witwenschütteln: Der Magazin-Reporter hört am Unglücksort, wie der Notfallarzt den Tod des Schulbus-Chauffeurs feststellt und der Polizeibeamte Name und Anschrift notiert. Eine halbe Stunde später klingelt er bei der hinterbliebenen Ehefrau, um ihr mit tragischer Mine die Todesnachricht zu überbringen und ihr Beistand anzubieten. Er nutzt den Schock der Betroffenen, um sie als Informantin über die Chauffeur-Einsätze ihres Mannes, seine Fahrten und Schichtdienste auszuquetschen und ihr Fotos aus dem Familienalbum abzuschwatzen. Beim Weggang hinterlässt er auf dem Couchtisch 200 Euro (im Streitfall kann er später sagen, die Frau habe der Veröffentlichung zugestimmt, schließlich nahm sie Geld). In der folgenden Magazinsendung sehen wir das Hochzeitsfoto des Unfallopfers, dazu aus dem Off den Kommentar: »Sie wären noch heute glücklich zusammen, wenn er rechtzeitig den Fuß vom Gas genommen hätte«.

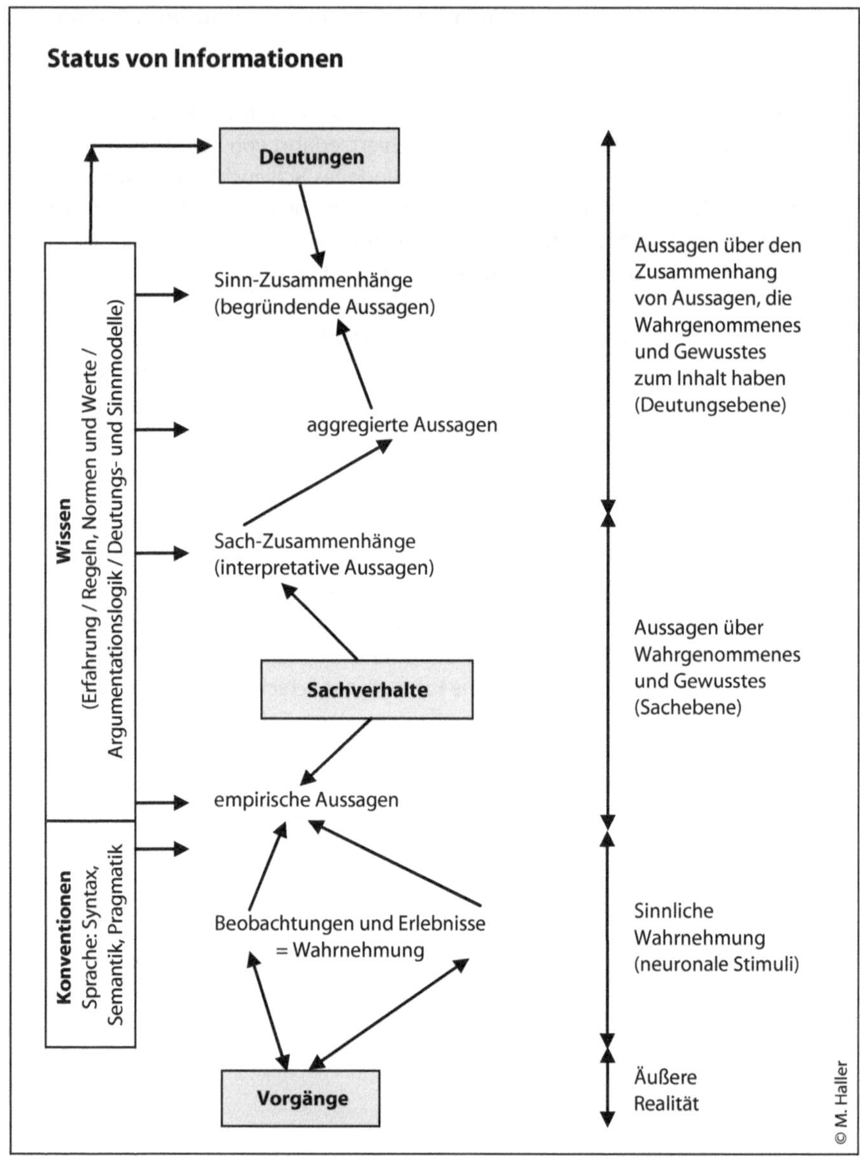

Definition: Informationen sind Aussagen 1. und 2. Ordnung über Vorgänge in der Lebenswelt (hier: nur zutreffende, keine hypothetischen oder spekulativen Aussagen).

Recherchieren im Internet

Folgt man den im ersten Jahrzehnt dieses Jahrhunderts durchgeführten Redaktionsbefragungen, dann denken die meisten Medienberufler beim Stichwort Recherche erstens an das Internet und zweitens an die Suchmaschine Google, nach dem Muster: Google aufrufen, Suchwort eingeben, Trefferliste durchsehen, die ersten für geeignet gehaltenen Treffer anklicken, die fraglichen Dokumente öffnen und auswerten (vgl. Machill et al. 2008: 205 ff.). Dieses Vorgehen entspricht seiner Logik nach dem Durchblättern von Clippings im Ablagefach, mit dem Unterschied, dass im Web riesige Mengen in Sekundenschnelle abgesucht werden. Allerdings bieten Suchmaschinen wie Google ihre Treffer nach Maßgabe undurchschaubarer Rankings. Und ihre Treffer stammen aus einem nur kleinen Teil dessen, was im WorldWideWeb vorhanden ist.

Zielführendes Recherchieren im Internet setzt voraus, dass man die verschiedenen Bereiche kennt, die online erschlossen werden können: erstens die zum sogenannten *Deep Web* zählenden, meist passwortgeschützten Datenbanken (Wissenschaft und Forschung, Medienarchive, Fachdienste, Metadatenbanken). Zweitens die für Personenrecherche geeigneten Netzwerke der *Social Media* (wie: Xing, LinkedIn, Twitter, Facebook u. a.) mit ihren Foren und Gruppen,, in denen der Rechercheur auch anonymisiert oder pseudoanonym auf die Suche geht. Drittens das offene, über Crawler erschlossene Web (Domain-Recherche; Suchmaschinen, neben Google auch solche, die auf Tracking und Profiling verzichten, wie z. B. Duckduckgo, sowie Meta-Crawler wie die deutsche MetaGer, die den Datenschutz respektiert). Viertens das sogenannte *Dark Net*, in welchem nur verschlüsselt kommuniziert wird (das bekannteste ist das TOR-Netz).

Für jede dieser Welten empfehlen sich verschiedene Vorgehensweisen, Methoden, Hilfen und Tricks, die man kennen sollte, wenn man unerkannt und zielführend online recherchieren will. (Näheres über aktuelle Hinweise und Hilfen: siehe Anhang).

Wie man sich Quellen erschließt

Manchmal ist das Informantennetz nicht ergiebig genug. Zudem ist bei überraschenden Ereignissen oder top-aktuellen Themen das Zugangswissen oft allzu karg. Man hat das Gefühl, bei Null beginnen zu müssen. Doch wie und wo? Nachfolgend einige Hinweise, wie man sich anhand der über Suchmaschinen und aus Datenbanken beschafften Ausgangsinformationen neue Quellen erschließt.

Das Umfeld

Zum Umfeld gehören die *Vorgeschichte und direkte Umgebung* des zu erforschenden Sachverhalts. Die Erschließung läuft nun über folgende Stationen:

- Zuerst: Mit Hilfe des Medienarchivs, der Datenbanken, der eigenen Handablage, dem Internet (Suchmaschinen) sowie dem eigenen Vor- und Zugangswissen (Quellen) und ggf. Fachliteratur wird die Vorgeschichte summarisch rekonstruiert;
- Dann: Kollegen der *Lokalredaktion* des Ortes, an dem sich das Ereignis zugetragen hat, um Hinweise und Angabe ergiebiger Kontaktpersonen bitten;
- Im Weiteren: Fachleute, die zu ausgewählten Sachfragen kompetent Auskunft geben können, auflisten;
- Gegebenenfalls die Rolle von Behörden und ihren Sachbearbeitern ermitteln und Auskunftsansprüche anmelden;
- Außerdem: Personen, die das Ereignis oder Einzelheiten des Geschehens aus eigener Anschauung erzählen können, sollen *ihre Versionen* schildern, also Farbe und Details liefern (nicht dezidiert befragen, sondern möglichst frei erzählen lassen!);
- Zudem: eine Liste der zuständigen Verbands- und/oder Firmenvertreter mit genauer Angabe der Zuständigkeiten (wer ist für was, wann und wo zuständig?) anlegen.

Zum Beispiel die Recherche über jugendliche Arbeitslose und wachsenden Alkoholkonsum: Dank des Zugangswissens werden Berichte über Alkoholikergewohnheiten mit Statistiken und Daten über den aktuellen Trend der Jugendarbeitslosigkeit beschafft; ein Kollege, der ein Jahr zuvor über Alkoholismus recherchiert hatte, wird nach Quellen befragt; arbeitslose Jugendliche werden in ihrer Stammkneipe aufgesucht; zwei Fachbücher über Suchtverhalten der unter Dreißigjährigen aus der Bibliothek beschafft; zwei im Arbeitsamt zuständige Beamte, ein Sachbearbeiter im Sozialamt, ein Sprecher der Anonymen Alkoholiker, zwei alternativ arbeitende Sozialarbeiter werden mit Anschrift und Telefonnummern aufgelistet.

Auswertung des Materials

Jede der Personen, die in den vorliegenden Berichten und Artikeln auftauchen und etwas mit dem aktuellen Geschehen zu tun haben oder hatten, wird in das für diese Recherche speziell angelegte Personenverzeichnis aufgenommen (Adressbuch oder Datenbank-File). Man sollte sich notieren: Angaben zur Person, Erreichbarkeit (Anschrift, Telefon-Durchwahl, E-Mail-Adresse u. a.) mit günstigen Uhrzeiten, wichtigen Zitaten, weiteren Quellenhinweisen. Daneben notiert man seine Einschätzung (mit Datum): Wie zuverlässig sind die Angaben der betreffenden Person, welche Einstellung hat sie zur Recherchierthese (ist sie befangen?).

Außerdem notiert sich der Rechercheur alle für ihn *offen gebliebenen Fragen* zum Hergang (Sachebene) und vor allem die Punkte, in denen die Aussagen der betreffenden Personen von anderen Quellen abweichen.

Schließlich bewertet/gewichtet er die Rolle der Personen für seinen *Befragungsplan*, um die *Reihenfolge* der Befragung festzulegen. Dabei folgt er den zwei schon genannten Grundsätzen:

- von außen nach innen recherchieren;
- den dem Thema innewohnenden Konfliktstoff in Form von (wenigstens) zwei Lagern abbilden.

Eignung von Informanten und Quellen: Je nachdem sind sie ....

	... involviert	... nicht involviert
... authentisch	Akteure Beteiligte Betroffene	Zeugen Ex-Akteure Ex-Beteiligte
... nicht authentisch	Sprecher Mandatsträger Verwandte	Datenbank Experten Andere vom Fach

Das telefonische Befragen

Vier von fünf Befragungen werden heutzutage telefonisch durchgeführt. Das ist praktisch, weil schnell, unkompliziert und situationsneutral. Aber es ist auch von Nachteil, weil man den Gesprächspartner nicht beobachten und keine Vertraulichkeit herstellen kann. Gleichwohl ist sich der Rechercheur bewusst, dass er auch beim Telefonieren eine kommunikative Beziehung knüpft. Die Art, wie er diese Beziehung ad hoc gestaltet, steuert wesentlich das Antwortverhalten des Gesprächspartners.

Grundregel: Der Rechercheur eröffnet das Telefongespräch, indem er seinen Namen, seine Funktion (plus Name des Mediums, für das er arbeitet) und den Zweck des Anrufs nennt. Er spricht in betont sachlichem Ton; er bleibt freundlich und gibt sich neutral bis distanziert.
Sinn und Zweck der ersten Telefonbefragungen ist es, die Gesprächspartner möglichst unverkrampft erzählen zu lassen, sie nicht zu überrumpeln, gar zu verhören. In seiner Redeweise gibt sich der Rechercheur weder inquisitorisch noch anbiedernd, sondern explorierend.

Spricht er mit Akteuren, dann bezieht sich der Rechercheur am besten auf die *publizierte* Darstellung des Sachverhalts, also zum Beispiel auf die Agentur- oder Pressemeldung, die für ihn Ausgangspunkt der Recherche war. Er eröffnet das Gespräch etwa so: Die Meldung, die vorliege, sei dürftig, sie lasse diese und jene Fragen offen und solle vervollständigt werden. Der Angefragte möge bitte den Hergang *schildern* und den Sachverhalt aus *seiner Sicht* erläutern. Wichtig also ist, dass der Gesprächspartner möglichst ungebremst frei reden kann.

Erst nachdem der Befragte alles Wichtige gesagt zu haben meint, werden Zusatzfragen gestellt, um Präzision zu gewinnen, etwa: »Wann genau am Nachmittag?« – »Aus welcher Richtung kam er?« – »… und *was* antwortete sie dann?« – »Welche Farbe hatte *sein* Auto?« – »Welches Outfit hatte diese Frau?« usw.

Zweite Regel: Wenn die Aussagen des Befragten von den Angaben im vorliegenden Material abweichen, sollten diese Unstimmigkeiten erst gegen Ende der Befragung angesprochen werden.

Wird nämlich der Gesprächspartner zu früh auf Ungereimtheiten oder Widersprüche hingewiesen, so verschließt er sich, weil er sich attackiert fühlt: Er wird abweisend, sieht sich in eine rechtfertigende Position gedrängt oder verstummt. Erwähnt aber der Rechercheur die Widersprüche erst gegen Schluss des Gesprächs, dann hatte sich der Gesprächspartner ja bereits auf den Fragenden eingelassen und eine Atmosphäre des Vertrauens geschaffen. Will nun der Anrufer abschließend auf Widersprüche eingehen, so tut er dies möglichst zurückhaltend, etwa: »Der Sprecher der Firma Glücksmann erklärt demgegenüber, die Entlassung sei aus anderen Gründen erfolgt, nämlich wegen mangelnder Qualifikation. Was sagen Sie dazu?«

Dritte Regel: Erst wenn offensichtlich ist, dass der Befragte ausweicht, sollte insistiert, konfrontiert und Widersprüchliches vorgehalten werden.

Bei der *nächsten telefonischen Befragung* geht der Anrufer genauso vor wie bei seinem ersten Partner, nur: Er kontrolliert nun, ob die Darstellungen des zweiten Gesprächspartners von denjenigen des Ersten abweichen. Gegen Schluss des Gesprächs spricht er beiläufig allfällige Widersprüche an. Bestehen Abweichungen zwischen den Aussagen des Befragten und dem eigenen Wissen des Rechercheurs, wird, wie am Schluss des ersten Telefongesprächs, nachgefragt. Wenn Abweichungen bestehen zwischen den Aussagen des zweiten Telefonpartners und denjenigen des Ersten, mündet das Gespräch *erst gegen Ende des Telefonats* in ein konfrontierendes Nachfassen durch Gegenüberstellung der Versionen.

Vierte Regel: Erst wenn der Rechercheur den Sachverhalt/den Ablauf/die Kontroverse in Umrissen kennt, befragt er die Hauptakteure. Er stellt seine Fragen so, dass die wichtigsten Antworten der Befragten zitiert werden können.

Reihenfolge der Befragungen: Zuerst sucht sich der Rechercheur Gesprächspartner, die als Betroffene *gesprächsoffen* sind. Wenn er deren Sicht der Dinge kennt, wechselt er die Fronten und befragt die Gegenseite. Es versteht sich, dass die telefonischen Befragungen, je mehr sich der Rechercheur dem Zentrum seiner Recherchierthese (und damit den Hauptakteuren) nähert, zunehmend konfrontativ werden.

Der Journalist sollte sich dabei vergegenwärtigen, dass jede telefonische Befragung in ihrer Art *unwiederholbar* ist. Auch wenn derselbe Gesprächspartner ein zweites Mal befragt werden kann, so wird er bei diesem zweiten Anruf vielleicht befangen sein, zurückhaltender, vielleicht auch misstrauischer, wer weiß. Der Anrufer sollte deshalb das Telefongespräch als unwiederbringliche Chance nutzen: Er schreibt die zitierbaren Aussageteile *wörtlich* mit (oder schaltet an seinem Handy die Aufnahmefunktion ein) – und er notiert sich auch immer den Bezugspunkt, auf den die betreffende Aussage gemünzt ist (per Stichwort), damit später der Zitat-Zusammenhang klar ist. Oft wird nämlich übersehen, dass eine in den falschen Zusammenhang gestellte Aussage trotz richtigen Zitierens unter Umständen als unzutreffende Unterstellung eingeklagt werden kann.

Fünfte Regel: Jede Befragung ist in ihrer Art (Situation) unwiederholbar, auch die telefonische. Darum bereitet sich der Rechercheur optimal vor: über die Person und die Rolle des Gesprächspartners. Und natürlich über den aktuellen Wissensstand zum Thema.

Manchmal ist es zweckmäßig, während der telefonischen Befragung ein Aufzeichnungsgerät einzuschalten, wobei allerdings dem Gesprächspartner die Tatsache, dass nun das Gespräch aufgezeichnet wird, von Rechts wegen mitzuteilen ist. Verweigert jener den Mitschnitt, sollte man über die Lautsprecher-Funktion für Ohrenzeugen und/oder Protokollanten sorgen. Diese Art der Dokumentation ist nicht zustimmungspflichtig.

Sechste Regel: Mitschnitte, bzw. das digitale Aufzeichnen nicht-öffentlicher Gespräche, sind ohne Zustimmung des Gesprächspartners unzulässig. Wenn der Befragte den Mitschnitt ablehnt, sollte der Rechercheur die zitierfähigen Antworten wörtlich mitschreiben.

Es empfiehlt sich auch bei laufender Aufzeichnung, einzelne Aussagen mit dem Gesprächspartner als Zitate festzulegen, zumindest durch Nebensätze mitzuteilen, dass Aussagen unter Umständen als Zitate publiziert werden. Etwa: »Sie sagten also, dass …« oder: »Ich habe mir notiert …« oder: »… habe ich Sie hier richtig verstanden« und Ähnliches. Für den Rechercheur besteht im Übrigen keine Pflicht, wörtliche Zitate dem Informanten vor der Veröffentlichung vorzulegen. Dies ist vielmehr eine Frage der Übereinkunft.

Gewalt gegen Frauen im Rotlichtmilieu, Überfälle auf das Flüchtlingsaufnahmelager, Betrügereien der Anlageberater einer Großbank: Manchmal sind Reihenbefragungen (=verschiedene Personen zum selben Vorgang) erforderlich, um Vorgänge zu rekonstruieren und Aufschluss zu erhalten. Die Organisation solcher Befragungen erfordert ein systematisches Vorgehen. Hier kann die methodische Herangehensweise der Sozialwissenschaftler, wenn sie Befragungen durchführen, sehr hilfreich sein. Dies gilt insbesondere für das narrative Interview: »Da der Befragte von sich und seinen Erlebnissen erzählen soll, hat das Interview einen Geschichtencharakter«, schreibt Medienwissenschaftler Armin Scholl und gibt Hinweise und Tipps für die Vorbereitung und Durchführung von Befragungen und Interviews (Näheres hierzu Scholl 2014:62–76; 190–202).

Das Interview

Das Besondere des Interviews gegenüber der telefonischen Befragung macht die *Gesprächssituation* aus: das körperliche Vis-à-vis, die zum Gespräch parallel verlaufende *nonverbale Kommunikation,* also die Mimik mitsamt der Körpersprache, die *Dauer* des Gesprächs und der damit verbundene *Zuwachs an Vertrautheit* – und so auch die vielfältigen Möglichkeiten des Insistierens, ohne sogleich einen Gesprächsabbruch riskieren zu müssen.

Im praktischen Journalismus gibt es allerdings zwei grundlegend unterschiedliche Interviewformen. Bei der einen handelt es sich um eine eigenständige Darstellungsform und wird als »geformtes Interview« oder »wörtliches Interview«, als »Gespräch« oder als »Porträt« (erzähltes Interview) publiziert. Die andere Form ist das Instrument der Informationsbeschaffung im Rahmen der Recherche.

Uns interessiert hier das Interview nur als Recherchier-Instrument: als Befragung, als sogenanntes Hintergrundgespräch und auch als Aussagen- bzw. Zitat-Beschaffer (Statements).

Dies ist natürlich keine eherne Regel: Unter Umständen kann ein Rechercheninterview auszugsweise zum eigenständigen Interview aufbereitet und als Supplement zum Recherchenbericht – etwa als Kasten – gedruckt werden (Näheres in: Haller, Das Interview, 2013:127 ff.).

Wann und mit wem?

Dank seiner besonderen Gesprächssituation eignet sich das Interview für die Befragung

- der Personen aus dem *Kernbereich* der Recherche, der Hauptbeteiligten und Hauptverantwortlichen;
- der Personen, die aufgrund ihrer Funktion oder ihrer Persönlichkeit als besonders *»schwierig«* gelten; etwa weil sie dazu neigen, ihre Aussagen nachträglich zu dementieren;
- bei Vertretern sogenannter Randgruppen, die besonders ängstlich, misstrauisch oder deprimiert sind.

Bei Personen dieser Gruppen geht es zuerst einmal darum, die Bereitschaft zu einem Interview zu wecken und einen Gesprächstermin zu finden. Der versierte Rechercheur wird darum seine Ausgangslage – er geht zu dem Gesprächspartner hin, ist mithin der Bittsteller – psychologisch zu nutzen wissen: Er wird dem potenziellen Interviewpartner zu verstehen geben, dass dieser wegen seiner beruflichen Stellung oder seiner

Bedeutung im Geschehenen um ein Interview gebeten werde; dass man *seine* Erfahrung oder Meinung möglichst genau in Erfahrung bringen wolle; dass die Interviewform die dabei fairste Methode sei u. Ä.

Seine Interviews macht der Rechercheur am besten erst nach Abschluss seiner Materialbeschaffung, wenn er soviel wie möglich über den Interviewpartner und das Geschehene bzw. das Recherchierthema weiß.

Wichtig ist, dass der Rechercheur seine Recherchierthese so stichfest wie eben möglich mit Tatsachenbehauptungen und Argumenten untermauern kann. Und dass er die abweichenden oder gar widersprüchlichen Ansichten anderer Gesprächspartner schon kennt, die er seinem Interviewpartner gegebenenfalls als Gegeninformation unter die Nase halten kann.

Gerade das Wissen von der *Einmaligkeit der Interviewsituation* kann nun den Rechercheur dazu verleiten, über alles und jedes reden zu wollen, aus Angst, den einen oder anderen Aspekt zu vergessen. Solche Interviews führen indessen nur selten zu prägnanten Zitaten oder präzisen Sachverhaltsdarstellungen. Darum sollte er bei der Interviewvorbereitung das Thema so weit wie möglich *zentrieren.*

Checkliste Befragen und Interviewen

Vorbereitung:

- Zu klärenden Sachverhalt in einer Frageliste (Fragenkatalog) notieren und untergliedern.
- Zwei Listen erstellen: a) eine detaillierte, mit Stichworten zur Interviewstrategie versehene Liste sowie b) einen Katalog, der die Fragen in Themenblöcke zusammenfasst (für den Fall, dass der Gesprächspartner die Frageliste haben möchte oder einzelne Aspekte schriftlich nachreichen oder dokumentieren will).

Verabredung:

- Bei der ersten Kontaktnahme Name, Beruf, Medium, Grund des Anrufs und Thema nennen. Gesprächsort (vorzugsweise dort, wo der Gesprächspartner sich wohl fühlt), Termin und Zeitrahmen (möglichst mit Zeitreserve) vereinbaren, Zahl der Teilnehmer auf beiden Seiten klären bzw. festlegen.

Durchführung:

- Sitzordnung beeinflussen (genügend Abstand, besser schräge Anordnung als Vis-à-vis), Einsatz eines Aufzeichnungsgeräts klären, Aufwärmgespräch (smalltalk) in zeitlich eng begrenztem Rahmen führen. Unmittelbar nach Interviewende allfällige Autorisierung von Zitaten sowie ergänzende Informations- und Dokumentationswünsche klären.

- Keine Geschichten erzählen und nicht mit Wissen prahlen, sondern Interviewziel verfolgen und für eindeutige Aussagen sorgen (allfälliges Missverstehen mit Kontrollfragen ausräumen).
- Jeweils nur *eine* Frage stellen (also keine Doppelfragen), und zwar ohne Relativkonstruktion oder selbstentschuldigende Begleitfloskeln (wie: »sozusagen«, »dürfte man vielleicht ...«).
- Auf der Sachebene »von oben nach unten« (ins Konkrete) fragen. Dabei zwischen halboffenen und geschlossenen Fragen wechseln. Unterstellende und suggestive Fragen meiden.
- Auf der Deutungsebene »in den Hintergrund« fragen (Begründungen für Abläufe, Entscheidungen und Einschätzungen sowie Gründe für die Begründungen, also nach Normen, Grundhaltungen usw. suchen). Offene Fragen verwenden, auch rhetorische, unterstellende und suggestive Fragen sind hier erlaubt.

Mit folgenden zwei Vorfragen lässt sich das Thema eingrenzen und die Rolle des Gesprächspartners festlegen:
- Was genau interessiert mich am Interviewpartner (seine Eigenschaft, seine Rolle etwa als Augenzeuge, Akteur oder Experte, seine Funktion)?
- Für was brauche ich ihn in meiner Recherche (als Lückenfüller, Beleg, Kommentator, Deutungshilfe, Illustrator und/oder zur Kontrolle usw.)?

Wie aufbauen?

Für die *Vorbereitung des Interviews* scheut der Rechercheur nicht die Mühe, eine Frageliste aufzustellen. Er notiert sich sachbezogene Detailfragen, durchsetzt mit summarischen Einschätzungsfragen (»Wie beurteilen Sie eigentlich ...«), um dem Gesprächspartner immer wieder Freiflächen und Erholungsräume zu bieten.

In den ersten Teil der Frageliste baut der Rechercheur *Kontrollfragen* ein: Über das eine oder andere Detail macht er sich so sachkundig wie irgend möglich, vielleicht sogar sachkundiger als es sein Gesprächspartner in diesem Punkte ist. Trotzdem notiert er sich eine vergleichsweise banale Frage, die ihn als ahnungslos erscheinen lässt. Aufgrund der Antworten, die der Gesprächspartner auf diese arglos scheinenden Fragen gibt, wird der Interviewer unbemerkt die Zuverlässigkeit seines Interviewpartners einschätzen können.

Wichtig: Das Recherchierinterview sollte *nicht* kommentierend geführt werden. Und: Der Rechercheur sollte sich wenn möglich nicht emotional erregen lassen. Darum formuliert er seine Fragen betont sachlich und unpolemisch, auch wenn ihm vor Empörung der Kragen zu platzen droht.

Wie durchführen?

Die Frageliste hat der Journalist als eine Art roten Faden bei sich, als Skizze und Gedankenstütze – und nicht als Kanon. Er darf also auch von der Liste abweichen und im Verlauf des Interviews aus der Situation heraus weitere Fragen stellen.

Interview-Verhalten

Wenn Menschen miteinander sprechen, tauschen sie nicht nur Informationen aus, sondern stellen sich selbst dar und reagieren auf die Selbstdarstellung ihres Gesprächspartners (vgl. Schulz von Thun 1993). Auch bei einer Recherchenbefragung laufen neben dem Sachthema (Aussagenebene) Informationen auf der Bedeutungsebene hintergründig mit (wie: Absichten, Motive, Vorurteile, Erwartungen). Der zu befragende Informant oder Akteur reagiert sozusagen mit vier Ohren, die Unterschiedliches (unterschiedlich gut) hören:

- **Die Sachebene:** »Auf was zielt die gestellte Frage?«
- **Beziehungsdimension:** »Was will dieser Journalist eigentlich von mir, was hat er für Erwartungen an mich?«
- **Selbstoffenbarung:** »Ist er glaubwürdig oder nur clever?«
- **Appell:** »Mit welchem Bild, welchem Eindruck von mir soll der Journalist nachher wieder gehen?«

Die drei »Ohren« der *Bedeutungsebene* (Beziehung, Selbstoffenbarung, Appell) lassen sich für das Interviewziel nutzen, indem folgende Regeln beachtet werden:

- Der Befrager trennt die Sachebene von der Beziehungsebene. Er ist in der Sache klar und hart, auf der Beziehungsebene indessen stets höflich und freundlich (unverständliche Antworten des Gesprächspartners führt er auf seine offenbar unklare Frage zurück, usw.).
- Der Befrager enthält sich eigener Meinungen und Werturteile, lässt aber Urteilsäußerungen des andern gelten.
- Dialoge, die nicht zum Sachthema gehören (»warming up«, Persönliches, Gegenfragen) werden nicht unterbunden, sondern aus dem eigentlichen Interview ausgegrenzt (wie: »Das kann ich Ihnen nach dem Interview erzählen«).
- Wenn der Befragte unsachlich wird (emotional, appellierend usw.), geht der Rechercheur nicht darauf ein (äußert keine Meinung dazu), sondern hört nur aktiv zu.
- Der Befrager stellt sich auf den Charakter/den Verhaltenstyp des Gesprächspartners ein (Besserwisser sollen es besser wissen dürfen, Ängstliche brauchen keine Angst zu haben, Vielschwätzer dürfen sich leerquasseln – soweit möglich).
- Der Befrager hält an seiner Rolle als Gesprächsleiter – er ist der Fragende, jener der Antwortende – konsequent fest.

Für das »*Setting*« (die Gesprächsanordnung) des Interviews sind folgende Faustregeln zu beachten:

- **Outfit:** Auch der Interviewer ist in seiner Berufsrolle nun eben ein Rollenträger. Er sollte daher seine Kleidung der Situation (dem Interviewpartner) anpassen und weniger seinem Selbstbild. Jacke und Hemd sind mitunter sachdienlicher als Jeans und T-Shirt; mit sorgfältig geschnittenen Fingernägeln erreicht man oft mehr als mit löchrigen Jeans (manchmal ist es umgekehrt).
- **Situation:** Je konfrontativer das Interview zu werden verspricht, desto mehr Freiraum benötigen beide Gesprächspartner – und eine entsprechend größere *räumliche Distanz* sollte zwischen den Gesprächspartnern vorhanden sein (also: auf die Stuhlanordnung noch *vor* Beginn des Interviews achten!).
- **Kommunikationsstil:** Wegen ihrer Unwiederholbarkeit bedeuten Interview-Situationen für viele Journalisten Stress, Verkrampfung, auch Angst. Deshalb sollte sehr darauf geachtet werden, dass diese Situation nicht in Fehlverhalten mündet, wie: übertrieben anbiedernd, ungewollt arrogant, übermäßig geschwätzig, anerkennungs- und bestätigungsbedürftig usw. So gehört es zur Untugend vieler Interviewer, das *eigene* Wissen vorführen und die Darlegungen des Interviewpartners mit Selbsterzähltem garnieren zu wollen. Solche Interviews sind eher peinlich.
- **Ambiente:** Oftmals sind die Interviewpartner ihrerseits ängstlich, verschlossen und in der Defensive. In diesem Falle sollte der Interviewer »Aufweichtechniken« anwenden: Vor Beginn des Interviews (sachlich gerechtfertigtes) Lob spenden, und sei es nur über die besonders geschmackvolle Schreibtischuhr. Falls der Gesprächspartner selbst schon publiziert hat, sollte der Interviewer zumindest Titel einiger Schriften kennen und sie auch erwähnen (nicht aber behaupten, er habe sie gelesen!).
- **Frageweise:** Der Interviewer sollte aller Aufweich- und Anwärmbemühungen zum Trotz stets das Heft in der Hand behalten: Er stellt die Fragen, der andere soll antworten. Bleibt der Gesprächspartner auch während des Interviews zugeknöpft, empfiehlt es sich, ihn etwas unter Stress zu setzen (etwa Äußerungen einer Person aufzugreifen, die der Gesprächspartner nicht ausstehen kann, um dann plötzlich das Thema zu wechseln und auf die eigentliche Hauptsache zu kommen. Der Interviewpartner wird den Themenwechsel mit Erleichterung quittieren, innerlich vielleicht irgendwie dankbar sein und gesprächiger werden.
- **Frageziel**: Der Befragte muss das Frageziel nicht mitgeteilt bekommen. Es kann der Sache dienlich sein, dass der Interviewer sein *Hauptthema* dem Gesprächspartner zuvor *nicht* bekanntgibt, sondern ein Nebenthema als Hauptsache deklariert.
- **Doppelte Gesprächsführung:** *Allein oder zu zweit?* Interviews, die länger als rund 20 Minuten dauern und kontrovers werden könnten, sollten wenn möglich von *zwei Journalisten* geführt werden: Der oder die eine amtet sozusagen als Spielmacher, indem er oder sie für den Fortgang des Interviews (roter Faden) verantwortlich ist. Der andere fungiert gleichsam als Ausputzer, indem er Zusatz- und Ergänzungs-

fragen stellt. Diese Rollenverteilung entlastet den Rechercheur. Sie setzt aber die Fähigkeit zum *partnerschaftlichen Zusammenspiel* zwischen den beiden Interviewern voraus.

Wie absichern?

Noch bevor das Interview formell beendet wird, unbedingt die *Frageliste durchgehen und kontrollieren,* ob auch tatsächlich nichts vergessen wurde (keine falsche Eitelkeit walten lassen!).

- **Mit oder ohne Gesprächsaufzeichnung?** Allgemeiner Erfahrung nach sind heute die Interviewpartner in der Regel den Umgang mit Gesprächsaufzeichnungen (Aufnahmefunktion des Smartphones oder, für bessere Qualität, ein leistungsfähiger Digitalrecorder) gewohnt. Zudem entlastet die Aufzeichnung das Gedächtnis der Interviewer, sie können sich ungeschmälert dem Partner zuwenden. Darum: In der Regel ein Aufzeichnungsgerät einschalten, für alle Fälle …
  Nur wenn der Gesprächspartner ein äußerst schwieriger Mensch, wenn er besonders gehemmt, misstrauisch oder ängstlich ist, sollte das Gerät in der Aktentasche bleiben.
- **Gesprächs-Ohrenzeugen:** Wenn zu erwarten ist, dass der Gesprächspartner keine Aufzeichnung duldet, empfiehlt es sich, eine Kollegin/einen Kollegen mitzunehmen als Ohrenzeugen – oder gleich als Fragepartner (siehe oben).

Journalisten-Jargon

Wie geht man mit direkt zugespielten Aussagen einer politischen Quelle um: müssen sie vertraulich bleiben? Im Sprachcode des politischen Journalismus sind hierzu diese Formeln üblich: unter 1, unter 2, unter 3. Sie entstammen den Regularien der Bundespressekonferenz (=Verein der Hauptstadtkorrespondenten), die in Art. 16 den Umgang mit Informationen folgendermaßen regeln: »Die Mitteilungen auf den Pressekonferenzen erfolgen: unter 1. zu beliebiger Verwendung oder unter 2. zur Verwertung ohne Quelle und ohne Nennung des Auskunftsgebenden oder unter 3. vertraulich. Die Auskunftsgebenden können erklären, wie ihre Mitteilungen behandelt werden sollen. Die Mitglieder des Vereins und die Teilnehmer der Konferenz sind an diese Erklärung über die Verwertung dieser Mitteilungen gebunden. Wird keine Erklärung abgegeben, so gilt das Material als beliebig verwendbar.« (www.bundespressekonferenz.de/verein/satzung).
Im Journalistenjargon heißt »unter 3« darum generell, dass die Information bitte vertraulich zu behandeln sei

Verschlossene Quellen öffnen

Im Berufsalltag handelt es sich bei den abzuklärenden Vorfällen nur selten um derart heiße Geschichten, dass der Rechercheur ringsum auf eine Mauer des Schweigens prallt.

Gleichwohl erleben wir es oft, dass gerade die dem *Kernbereich der Recherchierthese* zuzuordnenden Leute Auskünfte und Interviews verweigern – aus schlechter Medienerfahrung, aus Abwehr oder aus Angst, an den Pranger gestellt zu werden. Es kann aber auch Situationen geben, in denen die Erschließung solch verschlossener Quellen zwingend erforderlich ist, etwa weil anders zwei kontroverse Darstellungen nicht überprüft werden können.

Es gibt in solchen Fällen zwei – aber nur mit Bedacht und notfallmäßig einzusetzende – *Behelfstechniken,* die manchmal zum Ziel führen.

Das Provozieren und Unterstellen

Der Rechercheur kennt den äußeren Ablauf des fraglichen Hergangs bereits; er möchte aber noch das *Maß der Verantwortung,* der Mitschuld der *Hauptbeteiligten* wissen. Doch jene sind nicht bereit, Auskünfte und Erklärungen zu geben. Der Rechercheur wählt nun aus dem Kreis der Akteure den – seiner Einschätzung nach – am wenigsten »Belasteten« (Harmlosesten) aus und erzählt dieser Person den Hergang insgesamt so, als sei sie die Hauptfigur – mit dem Hinweis, er habe die Geschichte so in Erfahrung gebracht, wolle aber vom »Beschuldigten« selbst erfahren, wie es wirklich war. In der Regel taut nun der Angefragte auf: Er möchte den Sachverhalt »klarstellen«, d. h. auf seine nur marginale Rolle hinweisen und anderen die Hauptverantwortung zuschieben. Mit den so gewonnenen Erkenntnissen lässt sich nun der nächste der Hauptbeteiligten zu Einlassungen provozieren. Achtung: Trotz allem sachlich und fair bleiben! Holzhammer-Provokationen helfen auch hier nicht weiter.

Diese *Fragetechnik der Unterstellung* empfiehlt sich im Übrigen manchmal auch bei *Interviews,* wenn der Befragte zu einem *»harten« Statement* provoziert werden soll, etwa durch ein Pauschalurteil oder eine Verallgemeinerung (Muster: »Herr Meier, als Chef der Wasserschutzpolizei waren Sie im Mai vorigen Jahres weg, diesen Mai im Urlaub: Hauen Sie *eigentlich immer* ab, kurz bevor die Hochwasserzeit mit ihren Gefahren und Nöten kommt?« usw.).

Die gleiche *Behelfstechnik* ist manchmal auch unvermeidlich bei der *Vor-Ort-Recherche,* wenn Aussagen bzw. Beobachtungen auf ihre Zuverlässigkeit hin *überprüft* oder Augenzeugen zu weiteren Einlassungen provoziert werden sollen (Muster: »Haben Sie als Augenzeuge da den Ablauf nicht durcheinandergebracht? Ich habe *nämlich gehört,* der Mann habe zuerst das Messer gezogen, ehe der Wirt ...« usw.).

Achtung: Nicht ins Fabulieren verfallen! Die unterstellende Behauptung muss realistisch bleiben.

Unter Druck setzen – aber mit Bedacht

Wir nehmen eine ähnliche Ausgangssituation an wie bei der Schilderung der Unterstellungstechnik. Um die Auskunftsverweigerung des Hauptbeteiligten zu durchbrechen, teilt der Journalist der Person mit, die Recherche müsse nun leider zwangsläufig einseitig, zu *Lasten dieser Person* veröffentlicht werden. Zusätzlich kann der Rechercheur (nach Absprache mit seinem Ressortleiter oder der Chefredaktion) behaupten, man wolle dann noch einen redaktionellen Kommentar beistellen, der die Auskunftsverweigerung beleuchte (dies ist vor allem gegenüber Behördenvertretern manchmal wirksam, weil sie zur Auskunft presserechtlich verpflichtet sind – aber auch bei Geschäftsleitungen von Unternehmen, deren Tätigkeit ja auch öffentlich relevante Aspekte – wie Umweltschutz – umfasst und das Firmen-Image beeinflusst).

In besonderen Fällen kann ausnahmsweise diese Drohhaltung weiter gesteigert werden, indem gegenüber dem fraglichen Akteur die Veröffentlichung eines einseitig abgefassten Rechercheartikels vorbehalten wird (da darf auch mal ein für diesen Zweck zugespitzter Absatz am Telefon vorgelesen werden, mit dem Hinweis: »Wenn Sie nicht Stellung nehmen, können wir den Text so online stellen, mit dem Zusatz, dass Sie sich hierüber in Schweigen hüllen«).

Es versteht sich, dass solche Droh-Eskalationen viel Fingerspitzengefühl verlangen, weil man jede *strafrechtlich fassbare Nötigung* (= Versuch der Erzwingung eines Handelns durch Androhung eines ernsthaften Nachteils) unterlassen sollte – aber auch deshalb, weil besonders hartnäckig-aggressive Gegner mit einer einstweiligen Verfügung zurückschlagen könnten, wenn sie den tatsächlich zur Publikation anstehenden Text kennen. Deshalb nie die tatsächlich vorgesehenen Formulierungen als Drohmittel verwenden.

Man mag einwenden, dass die hier als »notfallmäßige Techniken« apostrophierten Verfahrensweisen unlauter seien. Ich glaube dies nicht, vorausgesetzt allerdings, sie werden nicht einfach zur Einschüchterung irgendwelcher Privatpersonen, sondern zur seriösen Aufklärung öffentlich relevanter Vorgänge, mithin *verhältnismäßig* eingesetzt – und zwar stets nur als *ultima ratio.*

Das einzige der Publizistik eigentümliche und ihr angemessene Druckmittel ist ja das »Offenlegen«. Und solange Fairness, Privat- und Intimbereich voll respektiert sind, soll für das Recht des Veröffentlichens auch täglich neu gekämpft werden: Nur so behält die Pressefreiheit ihren Geltungsraum.

Der Quellenschutz

Genauso wichtig wie das Erschließen verschlossener Quellen ist das Vermögen des Rechercheurs, seinen Informanten Schutz zu geben. Damit ist nicht nur die rechtlich gut abgesicherte Verschwiegenheit (in der Bundesrepublik Deutschland und Österreich das Zeugnisverweigerungsrecht) gemeint, sondern vielmehr das *Zudecken der Urheberschaft* bei heiklen Informationen, mitunter auch bei Kolportagen: Wenn es nur einen Zeugen eines Vorfalls gab und über diesen Vorfall berichtet wird, kommt dieser Zeuge unter Umständen *»an die Kasse«:* Er erleidet Repressalien, verliert das Vertrauen des Chefs, vielleicht den Arbeitsplatz usw.

Zur Stärkung der *Auskunftsbereitschaft* seiner Informanten sollte jeder Rechercheur seine Quellen schützen, sie unter Umständen *zudecken* oder *einnebeln* (siehe übernächste Abschnitte).

Hintergrundinformationen

So mancher Informant hat den (nicht immer ehrenhaften) Wunsch, als Quelle nicht in Erscheinung zu treten: »... aber benutzen Sie diese Information nur als Hintergrund«, oder: »Das sollten Sie wissen, aber schreiben dürfen Sie es nicht!« (siehe Infokasten »Journalisten-Jargon«).

Gründe gibt es viele. Manchmal ist die Information nur eine Spekulation, für die der Informant den Kopf nicht hinhalten möchte. Machmal befürchtet er einen Schaden für sich oder die von ihm vertretenen Interessen, wenn er öffentlich in Erscheinung tritt. Gelegentlich dient die Geheimniskrämerei aber auch dem Zweck, den Rechercheur zu »impfen« (ihn auf eine bestimmte Fährte zu setzen), eine Kampagne loszutreten oder eine Information zu blockieren.

Umgang mit Quellen

Die Regel lautet: Der begründete Wunsch eines Informanten, unerkannt (inkognito) zu bleiben, hat für den Rechercheur erste Priorität: Er »anonymisiert« seine Quelle.

Und die Ausnahme von der Regel heißt: Wenn der Rechercheur gute Gründe hat, die Vertraulichkeit zu durchbrechen, dann sollte er dies vor der Veröffentlichung seinem Informanten mitteilen – und ihm auch sagen, warum er sich ausnahmsweise an das Prinzip des Quellenschutzes nicht hält (zum Beispiel, weil es sich hier um einen Hauptbeteiligten oder einen Mandatsträger handelt, der zu den Vorwürfen öffentlich Stellung zu nehmen hat).

Darum sollte der Journalist als Erstes die Beweggründe des Informanten für seinen Inkognito-Wunsch in Erfahrung bringen, vor allem folgende zwei:

- Warum überhaupt will er es sagen? (Wenn er Selbstlosigkeit oder übergeordnete Interessen nennt, ist Misstrauen angezeigt).
- Warum fürchtet er sich vor der Öffentlichkeit? (Wenn er Bescheidenheit oder Sorge um das Wohl Dritter anführt, ist Skepsis angesagt; wenn Schüchternheit oder Angst der Grund ist, sollte das Motiv ernst genommen werden).

Um die Beweggründe für das Inkognito einzuschätzen, sollte man die Rolle des Informanten prüfen: Ist er ein neutraler Experte, der aus nachvollziehbaren Gründen (wie: Kollisionsgefahr mit einem anderen Auftrag) nicht genannt sein will? Ist es ein von Vorgesetzten, von Reglementen und Zuständigkeiten abhängiger Zeuge? Oder ist es ein Akteur, der die »Flucht nach vorn« antritt, um mit dem Hinweis auf Vertraulichkeit einer investigativen Befragung zuvorzukommen? Zwischen diesen Extremen bewegt sich die breite Palette mehr oder weniger plausibler Motive.

Gelegentlich ist es pure Angst: Angst vor Repressalien, Angst vor dem Gerede, Angst vor Reaktionen Dritter, die den Informanten quälen. Hier hilft mitunter ein klärendes Gespräch. Denn oftmals ist die Information gar nicht so »heiß« oder aktuell oder exklusiv, wie der Informant glaubt. Der Hinweis des Rechercheurs: »Das habe ich auch von X schon gehört« kann da helfen. Oder aber man bespricht mit dem Informanten, wie sich seine Darlegungen in verschiedene Portionen zerlegen und untergliedern lassen. Dann kann der Rechercheur vielleicht doch zwei Drittel der Aussagen explizit benutzen – und braucht nur ein Drittel als vertrauliche Hintergrundinformationen für sich zu behalten.

Die Technik des Zudeckens

Unterstellt, die Vertraulichkeit ist bindend: Dann benutzt der Rechercheur die Information *nur als Hintergrundwissen,* d. h. er gebraucht sie nie explizit. Seine Kenntnis der Information gestattet es ihm aber, den gleichen Sachverhalt mit Hilfe provozierender, gegebenenfalls mit Unterstellungen operierender Befragungstechniken von einem der Hauptbeteiligten nochmals erzählt zu bekommen, nun vielleicht mit neuen, interessanten Details. Er wiederholt dies, bis die Zahl der Einlassungen groß genug ist.

Es ist tatsächlich in vier von fünf Fällen falsch, die Information explizit zu gebrauchen und sie dabei einer anderen, fiktiven Quelle zuzuschreiben: Lügen haben meist sehr kurze Beine – und wenn's herauskommt, sitzt der Informant doppelt in der Patsche.

Die Technik des Einnebelns

Der Rechercheur verabredet mit seinem Informanten, den *Kreis der Informierten* gezielt zu *erweitern:* Kurz vor der Veröffentlichung erzählt der Informant sein Wissen unter dem Siegel der Verschwiegenheit an vielleicht drei Personen verschiedener Beziehungsebenen (zum Beispiel in der Firma: einem Kollegen am Arbeitsplatz, einem vom Betriebssport, einem von der andern Abteilung in der Kantine – alle drei sind als redselig bekannt) – das genügt: Später kann der Informant immer glaubhaft behaupten, er habe die Sache ja selbst *erzählt* bekommen.

Je nach Situation empfiehlt es sich auch, seinem Informanten die Information *vor Zeugen* als Neuigkeit zurückzuerzählen, so, als erfahre der andere dies hiermit zum ersten Mal. (Der Rechercheur muss sich aber gut vorbereiten und auf allfällige Rückfragen der Zuhörer – etwa: »Woher wissen Sie denn das?« – eine plausible Antwort haben.)

Beide Verschleierungsformen sind erst angebracht, wenn die Recherche abgeschlossen ist und die Veröffentlichung kurz bevorsteht.

Die vier Kommunikationsfelder

Was weiß man von den anderen Menschen, mit denen man spricht? Was wissen die, die mit uns sprechen? Und: Was darf, was soll zur Sprache kommen, was besser nicht? Welche Bereiche der Persönlichkeit im Gespräch thematisiert werden können, zeigten Joseph Luft und Harry Ingham, zwei Spezialisten der Gruppenpsychologie, 1955 modellhaft anhand folgender Vier-Felder-Matrix auf (»Johari-Fenster«):

	dem Informanten bekannt	ihm nicht bekannt	
auch anderen bekannt	1	4	aber anderen bekannt
anderen nicht bekannt	2	3	anderen auch nicht bekannt
	dem Informanten bekannt	ihm nicht bekannt	

Bei Befragungen achtet der Rechercheur auf diese vier Felder, denn im Fortgang des Interviews offenbart der Gesprächspartner meist unterschiedliche Fenstergrößen. So steigt der Wert des Informanten oder Akteurs, je umfassender das Feld 2 und je kleiner das Feld 4 sind. Die Befragung beginnt meist im ersten Feld (Testfragen), legt den Schwerpunkt auf Feld 2 (neue Informationen), exploriert im Feld 3 (abtasten) und provoziert im Feld 4, weil sich hier der Informant als Ignorant zu erkennen geben müsste und darum vielleicht blufft (Mehr hierzu bei Baumert 2012:16f.).

Die Auswertung der Befragungen – Drei Grundsätze

Bei der Auswertung von Befragungen und Interviews stellen sich keine besonderen Probleme, wenn folgende Grundsätze berücksichtigt werden:

Der erste Grundsatz ist der trivialste und der am meisten missachtete: Der Rechercheur sollte sich, wenn möglich, nie allein auf sein Gedächtnis verlassen. Darum: notieren, notieren, notieren.

Oft genug kommt es vor, dass nach drei oder vier Telefonaten wichtige Aussagen nicht mehr wortwörtlich erinnert oder nicht mehr genau zugeordnet werden können. Auch gehen oftmals wichtige Details und Eindrücke wieder verloren. Dann bleibt oft nur das vage Gefühl zurück: »Da war doch noch was ...« Solchen Flops entgeht derjenige, der hinreichend diszipliniert mit sich umgeht. Das heißt praktisch, dass er nach jeder Befragung, also nach jedem Arbeitsgang, sein *Rechercheprotokoll* nachführt. Jede neue Erkenntnis, jedes bemerkenswerte Detail sollte der Rechercheur sofort eintragen, zumindest sollte er sich sofort eine Notiz machen.

Der zweite Grundsatz lautet: Man darf sein Thema nicht kaputtrecherchieren (= die Übersicht verlieren). Also nicht in die Breite, sondern in die Tiefe fragen.

Immer wieder gehen hervorragende Recherchierthemen ins Leere, weil der betreffende Journalist *ins Uferlose* recherchiert, weil er vom Hundertsten zum Tausendsten kommt, weil er jedes Detail getreulich nacherzählen möchte, nur weil er es in Erfahrung gebracht hat. Darum gilt: Die anfänglich vorgenommene Themenbegrenzung muss durchgehalten werden. Und dies heißt: Der Rechercheur muss immer wieder *fokussieren*, also auch *ausklammern*. Er soll weglassen, was unwichtig geworden ist, und die Aussagen, Belege und Zitate von Arbeitsgang zu Arbeitsgang immer wieder auf das Wichtigste filtern und eindampfen.

Manchmal zeigt es sich im Verlauf einer Recherche, dass die Einstiegsthese umformuliert oder überhaupt zugunsten einer anderen fallengelassen werden muss. Gerade die Unsicherheit, ob die anfangs aufgestellten Thesen gültig sind, verleitet manchen Rechercheur, immer weiter in die Breite zu recherchieren – statt gezielt in die Tiefe. Deshalb ist es wichtig, eine unhaltbar gewordene These *sogleich* neu zu formulieren, um zielstrebig fortfahren zu können.

Der dritte Grundsatz lautet: Die Recherchierarbeit dauert so lange, bis der Rechercheur das Geschehene genau erzählen und erklären und alle *naheliegenden* Fragen beantworten kann. Sein Ziel ist die Herstellung eines plausiblen, gut belegten *Sinnzusammenhangs*.

Es gibt Rechercheure, die erst hinterher wissen, was sie eigentlich recherchiert haben. Deren Beiträge lesen sich dann wie der Erlebnisbericht eines Touristik-Mitarbeiters über seine Südsee-Tour: Alles erscheint irgendwie aufregend und ungewöhnlich, doch rückblickend auch irritierend.

Und es gibt Journalisten, die erklären ihre Recherche für beendet, wenn sie die Beteiligten oder Betroffenen abgefragt haben. Dann setzen sie sich an den Schreibtisch und beginnen– ohne zu wissen, welche Quintessenz sie ihren Lesern als Antwort auf die Recherchierfragen nach dem »Wie« und dem »Warum« auftischen sollen. Solche Storys bleiben meist auch in der Darlegung der Sachverhalte diffus, in den Begründungen gekünstelt oder unglaubwürdig.

Der Rechercheur sollte sich darum an die Regel halten, dass seine Nachforschungen dann beendet sind, wenn er sein Thema – den Hergang, den Sachzusammenhang und die Rolle der Hauptbeteiligten – *folgerichtig* rekonstruieren und erzählen kann.

»Folgerichtig« meint nicht: lückenlos, sondern: *plausibel.* Erst wenn der Journalist sich *sein eigenes* Urteil über die Ursachen und die Auswirkungen bzw. über den Strukturzusammenhang gebildet hat, wenn er glaubhaft erklären kann, *warum* und *wie* es dazu kam und *ihm* der Wirkungszusammenhang einsichtig ist, dann erst ist eine Vollrecherche mit ihrer umfassenden Materialbeschaffung und -auswertung beendet: Er kann mit dem Schreiben beginnen.

Neben diesen drei Grundsätzen gibt es noch ein paar Faustregeln, die zu beachten zweckmäßig sind:

- **O-Ton:** Im Unterschied zu Kommentaren, Leitartikeln und auch Reportagen sollten in einer Recherche die vom Artikelschreiber aufgestellten Behauptungen wenn möglich mit Statements und Quotes garniert werden, gleichsam als das Terrain, in dem die Behauptungen angesiedelt sind.
- **Redlichkeit:** Kontroversen und Widersprüche, die der Rechercheur nicht hat aufklären können, sollten entweder als widersprüchlich vorgeführt oder (wenn unerheblich) *als Ganzes* weggelassen werden.
- **Beide Seiten:** *Niemals* sollte der Rechercheur beim Abfassen seines Artikels *nur die eine* der beiden Seiten so darstellen, als stehe sie für das Ganze. Die im römischen Zivilrecht entwickelte Verfahrensregel: *audiatur et altera pars* gilt auch für den recherchierenden (nicht für den berichterstattenden) Journalisten. Im Übrigen ist es kein Qualitätsmerkmal, wenn der Rechercheur in seinem Artikel sämtliche Sachverhalte widerspruchsfrei darstellt. Und umgekehrt ist es nicht unbedingt ein Manko, wenn Nebenpunkte in ihrer Widersprüchlichkeit vorgeführt werden.
- **Belege:** Die Recherchierhypothese muss mit dem beschafften Material »belegt« werden: Bestätigende Zitate auch prominenter Persönlichkeiten sind in der Regel keine Belege, sondern *Bekräftigungen.* Als Belege gelten Dokumente und Bezeugungen (Indizien), im Weiteren aber auch Sachverhaltsschilderungen (etwa von

Zeugen), Hinweise auf analoge Vorgänge, die Nacherzählung kausaler Vorgeschichten und Selbstzeugnisse (Einlassungen) der Hauptbeteiligten.

- **Differenzierung:** Bei komplexen, sehr kontroversen Themen empfiehlt es sich, vor der Niederschrift für jedes »Lager« eine Liste mit den wichtigsten Argumenten anzulegen und diese im Hinblick auf die Recherchierthese zu gewichten.
- **Authentizität:** Bei der Auswertung prüft der Rechercheur, ob und wo er Vor-Ort-Beobachtungen in der Form von szenischen Schilderungen einfügen kann, um Authentizität zu zeigen und um Unmittelbarkeit herzustellen.
- **Interessant erzählen:** Noch vor der Niederschrift überlegt sich der Rechercheur, welche der vielen Details er entsprechend detailliert (und sorgfältig formuliert!) schildern will, um Spannungsbögen durch eine Art *Zoom-Effekt zu* erzeugen, die den Artikel interessant machen.

Und ansonsten gilt für die Recherche in besonderem Maße, was für jeden Bericht oder Beitrag richtig ist: raffen, weglassen und kürzen, soweit es eben geht.

Die Umsetzung der Ergebnisse in einen Beitrag

Ich knüpfe an meine Definition an, die ich in der Einführung zu diesem Buch gab: Recherchieren ist im engeren Sinne ein Verfahren zur Beschaffung und Beurteilung von Aussagen über reales Geschehen, welche ohne dieses Verfahren nicht preisgegeben, also nicht publik würden. Im weiteren Sinne ist es ein Verfahren zur Rekonstruktion erfahrbarer, d. h. sinnlich wahrgenommener Wirklichkeit mit den Mitteln der Sprache.

Wer recherchiert, der erzählt demnach keine übergeordnete Wahrheit, sondern durchleuchtet Sachverhalte, die *zutreffend* (also im juristischen Sinne wahr) sein sollen. Sie ist keine journalistische Darstellungsform wie etwa der gebaute Beitrag, das Feature, der TV-Report, die Meldung, die Magazingeschichte oder Reportage. Aus diesem Grund gibt es auch für die Umsetzung der Ergebnisse keine allgemeingültigen Regeln und auch keine einzig richtige Dramaturgie. Es kommt schlicht darauf an, dass die Leser/Hörer/Zuschauer ins Bild gesetzt und aufgeklärt werden. Und wenn dies in spannender und unterhaltsamer Weise gelingt: umso besser.

Der Newswert

Meistens will der Rechercheur mit dem, was er herausgefunden hat, etwas Neues kundtun, nach einem dieser drei Muster: »Bislang wusstet Ihr nicht, wer es und warum er es getan hat – hier bekommt Ihr die Antwort.« Oder aber: »Wusstet Ihr eigentlich, dass X wegen Y immer heftiger, gefährlicher usw. wird?« Und schließlich: »Ihr dachtet, es sei so – jetzt zeigen (oder erzählen) wir Euch, dass es ganz anders war beziehungsweise ist!«

Jedes dieser drei Motive ist im Kern nachrichtlich. Der Recherchenbericht folgt darum meist dem Muster jeder sonstigen Ereignisdarstellung in den Nachrichtenmedien: Sie ist so vollständig wie nötig und so knapp wie möglich.

Darüber hinaus gibt es ein paar Hinweise, die der Rechercheur beim Schreiben berücksichtigen sollte. Diese Regeln ergeben sich aus dem Umstand, dass der Rechercheberich ja *ein Kunstprodukt, eine Wirklichkeitsmontage* ist: Während der Berichterstatter den Ablauf eines Ereignisses, der Reporter über seine Erlebnisse und Beobachtungen erzählt, *(re)konstruiert* ja die Recherche die Geschehenszusammenhänge und baut den Zusammenhang entlang eines »roten Fadens«.

- Die damit verbundene erste und wichtigste Regel: Der Ablauf des Berichts sollte der Logik folgen, nach der man ein Geschehen quasi folgerichtig rekonstruiert. Das heißt: Der Bericht sollte in der Abfolge der Szenen »notwendig« und in der Zuordnung der Sachverhalte *plausibel* sein. Nach der Rezeption des Beitrags sollte sich der Hörer/Zuschauer/Leser nicht fragen müssen, wie und warum der Verfasser just zu *dieser* Darstellung, diesen Schilderungen und Bewertungen gelangt ist. Wenn sich solche Fragen stellen, war die Recherche ziellos oder nicht weit gediehen (was ausnahmsweise – siehe »fließende« Veröffentlichungen – auch sachdienlich sein kann).

- Dies führt zur zweiten Regel: Der Rezipient (egal, ob Hörer, Video-User oder Leser) sollte im Verlauf der Rezeption den *gleichen Aufklärungsprozess* – sozusagen das Aha-Erlebnis im Raffer – durchlaufen, welches der Rechercheur im Verlauf seiner Recherchen über das »Wer«, »Wie« und »Warum« absolviert hat.
- Die dritte Regel ist eine Empfehlung an die Adresse der News-Redaktionen, die ihre Storys nach Maßgabe ihrer Aktualität aufbereiten. Als *Einstieg* in den Bericht kann man das Thema (oder Problem), verknüpft mit der *Quintessenz* der Recherche, wie eine Neuigkeit präsentieren. Dies empfiehlt sich vor allem für kürzere Recherchen: Die Neuigkeit, die in der Quintessenz steckt, ergibt sich dann meist durch den Kontrast etwa zum herrschenden Vorurteil, zur landläufigen Meinung, zu vorausgegangenen Nachrichten.

Muster und Regeln helfen nicht, wenn man ein ganz besonderes, ein bedeutsames Thema aufbereiten oder eine heikle und *aufwendig* durchgeführte Thesen-Recherche hinter sich hat. In solchen Fällen möchte die Redaktion ihre Arbeit auch als ein besonderes Aufklärungsstück groß herauszubringen. Dass gängige Muster – vor allem für den Einstieg in die Geschichte – liefert oftmals die Konstruktion eines Kontrastes, der direkt zur *Recherchierthese* führt. Zuerst die Situation, dann die rhetorische Nachfrage: Wie kam es dazu/wie konnte das passieren? Dann die pointiert formulierte Richtung, die zur Lösung führt (und im Fortgang der Geschichte belegt wird).

> *Beispiel:* »Während der Osterzeit konsumiert jeder Deutsche 7,5 Eier – schön ovale, bunt bemalte Produkte von glücklichen deutschen Hennen. Überprüfungen des Landwirtschaftsministeriums bestätigen, dass in Hühnereiern keine unzulässigen Rückstände gefunden wurden. Und doch: 80 Prozent der Eier stammen von Tieren, die bei künstlichem Licht, auf eine winzige Fläche eingepfercht dahinvegetieren. Abhängig von Drogen und Hormonfutter, stabilisiert mit Kreislaufpräparaten, gackern Deutschlands Hühner um die Wette, stimuliert mit Aufputschmitteln, damit sie noch schneller Eier legen. Wie viele Giftstoffe werden wir wirklich zu uns genommen haben, wenn die Osterzeit vorüber ist? ›Gerade bei Hühnereiern‹, so der Veterinärmediziner Meier-Müller, ›ist ein Giftstoff-Nachweis kaum zu erbringen‹, selbst biologische Tests funktionierten nur selten realistisch. Recherchen unserer Redaktion brachte ans Licht, dass die Eier von Legehennen …« usw.

Geschichten erzählen

Im Unterschied zu diesen Umsetzungsmustern sollten die personenstarken Geschichten, die bildreichen Reports, die brutalen Konflikte und großen Erzählungen über bedeutsame Vorgänge und aufregende Ereignisse anders umgesetzt und aufbereitet werden.

Risiken und Nebenwirkungen: Manche Recherchetheoretiker empfehlen, schon die Recherche selbst unter dem Blickwinkel der Story, die man erzählen möchte, zu organisieren. Die Arbeitsschritte ergäben sich durch den roten Faden, dem entlang der Verfasser seine Geschichte erzählen möchte. Und der zu beschaffende Stoff der Geschichte wiederum werde durch die Recherchierthese festgelegt. Die Verfechter dieses Ansatzes nennen ihr Verfahren »Story-based Inquiry« (vgl. Hunter 2008 ff. und, ihm folgend, Boss/Strebel 2012:19 f.). Diese Vorgehensweise ist erfolgreich, wenn man »Storytelling« trainieren und gerade bei sprödem Material eine griffige Dramaturgie für seine Geschichte zu entwickeln lernen will. Im Sinne einer Heuristik also empfehlenswert.

Wenn es aber um die Recherche selbst geht, halte ich diesen Ansatz für heikel, weil er das Erzählen-wollen und nicht das Aufklären-wollen als Hauptmotiv bedient und belohnt. Er verleitet dazu, um der spannenden Geschichte willen Ursachen- und Wirkungsthesen aufzustellen, noch ehe der Rechercheur die Sachverhalte kennt. Die ins Auge gefasste Story dirigiert dann die Rechercheschritte; belegt wird, was sich gut erzählen lässt. Im Jargon ausgedrückt: Das Pferd reitet den Reiter. Im Übrigen folgt der im Journalismus populäre Erzähldrang einem vorübergehenden Trend, mit dem Effekt, dass in den journalistischen Medien zu viel erzählt und zu wenig aufgeklärt wird.

Dessen ungeachtet sollten große Recherchearbeiten interessant aufbereitet und spannend werden. Nachfolgend ein paar Hinweise und Tipps, wie aus den Rechercheergebnissen ein »gutes Stück« werden kann:

Rekonstruktionsrecherchen: Hier ist der Ablauf der Ereignisse »mit Ross und Reiter« das Thema. Darum kann man das ganze Geschehen chronologisch nacherzählen (mit einer Szene aus der Gegenwart als Einstieg). Spannung wird durch den *Zoom-Effekt* (sprachlich-stilistisch verdichten, Tempo aufnehmen, dann wieder verlangsam und Details zeigen) sowie durch anschauliche Schilderung der Akteure erzeugt. Der Rechercheur arbeitet dabei ähnlich wie der Verfasser eines Bühnenstücks: Er lässt die Personen auftreten und agieren – und auch wieder verschwinden.

Enthüllende Recherchen: Hier empfiehlt es sich, mit einer Episode, einer Begebenheit oder einem Erlebnis zu beginnen, welches die Bedeutung oder Tragweite des (anschließend) enthüllten Sachverhalts vermittelt und weiter in den Konflikt hineinführt. Dramaturgisch gedacht, lohnt es sich, die einzelnen Enthüllungsmerkmale locker aneinanderzureihen: zuerst eine wichtige Begebenheit mit ihren Kuriosa vorstellen, um den Enthüllungscharakter zu unterstreichen; dann die Schritte zur Enthüllung nacherzählen und mit Äußerungen Betroffener, Sachverständiger und Beteiligter durchmischen.

Themen: Wenn ein komplexer Ablauf mit mehreren Nebenschauplätzen und relativ vielen Akteuren systematisch von außen nach innen durchrecherchiert worden ist und trotz aller Themenbegrenzung eine unstrukturierte Materialflut vorliegt, kann der *Ablauf der Recherchierarbeit* selbst zum roten Faden gemacht werden: Der Journalist erzählt nicht nur, *was* er recherchiert hat, sondern verbindet das Was mit dem Wie: *wie* er vorgegangen ist und was er dabei erlebt hat (beispielhaft hierfür die Schilderungen in der Buchfassung der *Panama Papers*: Obermayer/Obermeier 2016).

Der Rechercheur muss bei diesem Vorgehen die einzelnen Arbeitsschritte wie spannende Erlebnisse und überraschende Episoden erzählen, damit die Story nicht langweilig wird – mit der Gefahr, sich und seiner Arbeit zu viel Raum und Gewicht zu geben. Darum empfiehlt sich diese Schreibweise nur, wenn die Recherche schwierig und kompliziert, wenn das Thema viele Menschen betrifft oder die Hauptakteure prominent, besonders heikel oder unzugänglich waren (beispielhaft hierfür sind Geschichten des Zeit-Dossiers, etwa die Schilderungen aus der sächsischen Kleinstadt Bautzen, wo Flüchtlinge und Neonazis gegeneinander antreten: »Kampf um den Kornmarkt« in: Zeit Nr. 42/2016).

Und zum Schluss noch ein Tipp, der für Profis selbstverständlich sein sollte: Wenn die Geschichte fertig geschrieben ist, sollte sie von einem Kollegen/einer Kollegin *gegengelesen* werden, der/die vom betreffenden Recherchierthema möglichst *keine Ahnung* hat, aber von Darstellungsformen viel versteht. Er/sie soll prüfen, ob alles verständlich dargestellt, ob alle wichtigen Fakten belegt und die Quintessenz plausibel gesetzt, ob der Zusammenhang transparent geworden und ob genug Farbe drin ist – und natürlich, ob es Unterbrüche und unnötige Längen gibt.

Ich meine dies auch aus eigener Erfahrung: Die perfekte Recherche gibt es nicht. Und die makellose, allzu süffig getextete Schreibe täuscht oft genug über die Mängel der Recherchierarbeit hinweg wie der Fassadenputz über die rissigen Stellen in der Wand.

Anhang

Inhalt

A. Hinweise zur Themenvertiefung

1. Recherche und Medienrecht

Udo Branahl: Medienrecht. Eine Einführung. VS Verlag, Wiesbaden [6]2009
Zur Klärung rechtlicher Fragen und Probleme, mit denen journalistische Rechercheure zu tun bekommen, ist das Handbuch von Udo Branahl besonders hilfreich. Es beschreibt die rechtlichen Freiräume und Hilfen der Recherche (wie: Auskunftsansprüche, Akteneinsicht, Informantenschutz) ebenso genau und detailliert wie deren Pflichten, Grenzen und Konfliktfelder (insb. Persönlichkeitsrechte und Privatsphärenschutz, Geheimnisschutz).

Ernst Fricke: Recht für Journalisten. Presse – Rundfunk – Neue Medien. Reihe Handbuch Journalismus. UVK Verlagsgesellschaft, Konstanz [2]2010
Wer eine enzyklopädisch gegliederte Einführung ins Medienrecht sucht, die als Nachschlagewerk sehr übersichtlich und insofern zu nutzen ist, dem empfehle ich das Werk von Ernst Fricke, zumal es der klassischen »Trichter«-Gliederung folgt: Vom Grundsätzlich-Allgemeinen (Medien und Grundgesetz) zum Besonderen (Rundfunkrecht, Sonderrechte und Sonderpflichten der Medien, Rechercherecht) und weiter zum Speziellen führt (Recht der Bildberichterstattung, der Wortberichterstattung, Schutz der Berichts-Betroffenen, Haftungsfragen usw.).

nachgehakt – Eine Textsammlung für die journalistische Praxis: Die Durchsetzung journalistischer Auskunftsansprüche
(www.nachgehakt-online.de/download/nachgehakt.pdf)
Dieses vom Netzwerk Recherche herausgegebene und von Udo Branahl redigierte Kompendium verbindet Rechtsbestimmungen mit konkreten Fragen und Problemen, die sich den Mitautoren beim Recherchieren stellten. Druckfassung vergriffen, aber kostenlos über den oben angegebenen Download zu beziehen.

Juris.de und Medienrecht-blog.com
Gibt es neue Gerichtsurteile, die für Rechercheure bedeutsam sind? Zusätzlich zu den gerichtsbehördlichen Informationsdiensten bietet das »Rechtsportal Juris« neben den Gesetzen und Rechtsverordnungen auch die Rechtsprechung des Bundesverfassungsgerichts und relevante Entscheidungen der Instanzgerichte zu allen Rechtsgebieten, die über eine Suche-Finde-Software recherchiert werden können. Als Recherchehilfe dient eine 2005 verfasste 30-seitige »Arbeitsgrundlage«, die unentgeltlich heruntergeladen werden kann (www.juris.de).

Zu ein paar Kernfragen des Medienrechts hat Rechtsanwalt Cornelius Renner einen Blog eingerichtet (verantw. LOH Rechtsanwälte – Partnerschaftsgesellschaft mbH). Dort werden auch aktuelle Gerichtsentscheide (insb. solche, an denen seine Kanzlei beteiligt war) referiert und kommentiert: http://medienrecht-blog.com/

2. Spezielle Recherchethemen

Johannes Ludwig: Investigatives Recherchieren. UVK Verlagsgesellschaft, Konstanz ³2014
Auf der Basis dieses Grundlagenbuchs bietet Medienwissenschaftler Ludwig eine fallreiche Beschreibung der verschiedenen Recherchestrategien und diskutiert anekdotenreich den bei einer Investigation besonderen Umgang mit Quellen und Informanten – mit allen Risiken und Nebenwirkungen.

Datenjournalismus
In informationsoffenen Gesellschaften sind immer weiter anwachsende ungeheure Datenmengen über Vorgänge und Sachverhalte online zugänglich. Sie ermöglichen Datenanalysen, die Strukturen und Strukturwandel nachzeichnen, aber auch Verhaltensmuster der Individuen abbilden (können).

http://datajournalismhandbook.org/1.0/en/index.html
Ein informatives, didaktisch exzellent gegliedertes Handbuch über Datenjournalismus wurde von den drei Herausgebern Jonathan Gray, Liliana Bounegru und Lucy Chambers 2012 als E-Book eingerichtet. Daran mitgearbeitet haben zahlreiche erfahrene Journalisten und Medienwissenschaftler. Die Herausgeber sagen: »The Data Journalism Handbook is a work in progress« und laden (fachlich versierte) Leser zur Mitarbeit ein. Im Kapitel Definitionen schreibt einer der Autoren dies: »Data can be the source of data journalism, or it can be the tool with which the story is told—or it can be both. Like any source, it should be treated with scepticism; and like any tool, we should be conscious of how it can shape and restrict the stories that are created with it.« In den Buchkapiteln beschreiben die Beitragsverfasser Verfahren der Datengewinnung, Generierung und Umsetzung; sie legen großes Gewicht auf Fragen der praktische Anwendung und Visualisierung. Zahlreiche Beispiele (Kapitel »case studies«) erläutern sehr anschaulich, was aus Big-Data alles herausgeholt, analysiert und für journalistische Geschichten (auch) visuell umgesetzt werden kann.

Lorenz Matzat (2016): Datenjournalismus. Methode einer digitalen Welt. Konstanz
Dies ist eine leicht verdauliche, für Data-Anfänger zu empfehlende, allerdings sehr knappe Einführung, die der erfahrene Datenjournalist Lorenz Matzat zusammenge-

stellt hat. Zur besonderen Qualität dieses Kompendiums gehört seine Verlängerung und Erweiterung über Matzats Website *www.datenjournalist.de/buch*. Diese besticht durch eine breit gefächerte, übersichtlich organisierte Link-Sammlung. Beispiel: Im Buch auf Seite 17 geht es um Definitionen. Der dazu gehörende Link führt auf der Website (Unterverzeichnis »Links aus dem Buch«) zum Link datascience@berkeley. Auf der Berkley-Unterseite sind dann 43 Fachautoren versammelt, deren Definitionen und Statements eingesehen werden können. Außerdem finden sich auf Matzats Website zahlreiche Hinweise inkl. Links zu aktuellen Beiträgen wie auch zu datenjournalistischen Arbeiten zahlreicher Journalisten in Europa – aber auch zu Data-Skeptikern wie Steffen Kühnes *datenkritik.de*.

»Welches Potential verbirgt sich hinter den Daten, die Behörden und Ministerien, Parlamente, Gerichte und andere Teile der öffentlichen Verwaltung produzieren? Was kann man mit den Umwelt- und Wetterdaten, Geodaten, Verkehrsdaten, Haushaltsdaten, den Statistiken, Publikationen, Protokollen, Gesetzen, Urteilen und Verordnungen machen?« So lautet der Vorspann zu diesem informativen Dossier »Open Data«, das die Bundeszentrale für politische Bildung 2011 zusammengestellt hat. http://www.bpb.de/gesellschaft/medien/opendata/

B. Ausgezeichnete Arbeiten aus der Recherche-Praxis

Ans Tageslicht: Das *Dokzentrum anstageslicht.de* wird von Johannes Ludwig, Experte für Investigativen Journalismus in Hamburg, betrieben. Es dokumentiert die für den »Wächterpreis der Tagespresse« eingereichten und von der Jury seit 2003 ausgezeichneten Recherchearbeiten. Dieser Preis wird von der gemeinnützigen Stiftung »Freiheit der Presse« vergeben. Die sieben Stiftungsratsmitglieder werden von den Landesverbänden der deutschen Zeitungsverleger gewählt. Ausgezeichnet werden Arbeiten, die gemäß Satzung in »Wahrnehmung von staatsbürgerlichen Rechten« Missstände »schonungslos aufdecken«, zum Beispiel »Übergriffe der Bürokratie oder anderer Machtgruppen«.

Auf der Webseite finden sich die preisgekrönten Arbeiten sowie Zusammenfassungen, mitunter auch Werkstattberichte (Was die Urheberschaft der Texte betrifft, ist die Doku etwas unübersichtlich).

Zugang: www.anstageslicht.de/waechterpreis/ausgezeichnete-geschichten/

Außerdem dokumentiert die Webseite Enthüllungsgeschichten, die auf Insider, sogenannte **Whistleblower** zurückgehen, »Geschichten von Menschen, die etwas bewegen«, um potenziellen Insidern Mut zu machen. Beispiel: Ausführlich wird dokumentiert, wie das ungeheure »Dopingsystem« des vielfachen Tour-de-France-Siegers und Radsporthelden Lance Armstrong funktionierte, das die Whistleblower Floyd Landis, Betsy und Frankie Andreu enthüllt haben
(www.anstageslicht.de/themen/sport-und-fairness/lance-armstrong/whistleblower-frankie-andreu-und-seine-frau-betsy/).

C. Anleitungen und Hinweise für die Online-Recherche

> **Hochschulen**: Studierenden, die mit Datenbanken verbundene Online-Recherchemöglichkeiten kennenlernen und für ihre Haus- oder Abschlussarbeit nutzen wollen, bietet die Deutsche Zentralbibliothek für Wirtschaftswissenschaften (ZBW) eine »Quick-and-dirty«-Einführung: Welche Kataloge und Datenbanken welche Datensätze enthalten; wie man diese online erschließt (was leistet beispielsweise das DBIS-Infosystem, was enthält die WISO-Datenbank?) und wie man mit Rankings umgeht. Zudem gibt es Tipps und Tricks für die effiziente Datenbank-Durchsuchung (wie funktionieren welche Thesauri, was muss man beim Trunkieren beachten, wie klappt die Phrasensuche – und, natürlich, wie arbeitet man zweckmäßig mit den Boole'schen Operatoren?). Weitere Tipps helfen bei der Informationsverarbeitung und dem korrekten Zitieren (etwa die Nutzung des Programms Zotero oder Citavi) sowie dem Auffinden und Auswerten von Makro-Statistiken (wie: Statista, Destatis, Eurostat). Dieses Training ist auch externen Rechercheuren zu empfehlen, vorausgesetzt, sie verfügen über einen Zugang zur Universitätsbibliothek. Näheres unter: www.zbw.eu/recherchieren/recherchetipps/

> **Hochschulen/Studiengänge nach Disziplinen**: Unter dem Euphemismus »Erfolgreich recherchieren« hat der Bibliotheksexperte Klaus Gantert ein umfangreiches Set an fachspezifischen Recherchierhilfen herausgegeben. Die knapp gehaltenen, zwischen 2012 und 2016 herausgebrachten 16 Bände (Stand September 2016) »stammen von renommierten ›Informationsprofis‹ aus den Universitäts- und Fachbibliotheken,« verspricht der Fachverlag De Gruyter Saur. Sie vermitteln das Recherchewissen im selben Modus wie die oben umrissene Anleitung der ZBW, freilich zugeschnitten auf die Spezifika der jeweiligen Fachdisziplin und deren Ressourcen.

> **Hochschulen, Studierende und Researcher**: Gleichsam eine eierlegende Wollmilchsau ist das für das Selbststudium gedachte Tutorial »Professionelle Internetrecherche und Wissensmanagement für Hochschulen«, das ein neunköpfiges Team an der Universität Tübingen, der Hochschule Winterthur und dem Zentrum für innovative Didaktik erarbeitet hat. Das Tutorial ist in modular strukturierte Lernschritte gegliedert, die nach persönlichem Gusto durchgearbeitet werden können. Anhand vieler Schaubilder werden die wichtigen Rechercheschritte (Suchstrategien, Übersicht Suchinstrumente, Vertiefung der Instrumente, Umgang mit News und Blogs usw.) mitsamt Hintergrundinformation erklärt und dazu die für das Wissensmanagement wichtigen Tools gezeigt (Knowledge Worker und IT-Literacy; Recherche und Wissensmanagement u. a. m.). Dank einer Linksammlung und interner Verweise lässt sich das Angebot flexibel erschließen, was umso hilfreicher ist, als es sich an Anfänger wie auch an Erfahrene richtet. Zu finden unter: www.recherchieren-im-internet.eu/home.html

> **Für Journalisten** ist die Berufsorganisation *Netzwerk Recherche* unverzichtbar: Einerseits engagiert sie sich für die Informationsfreiheit und die Auskunftsrechte der Journalisten sowie für die Datensicherheit der Rechercheure. Andererseits erarbeitet sie Trainingsmaterial für Aus- und Fortbildung und organisiert themenzentrierte Workshops für Rechercheure. Die Mitglieder erhalten zudem einen monatlichen Newsletter mit aktuellen Hinweisen und nutzwertigen Tipps. Einmal im Jahr berichten und diskutieren Rechercheprofis an der nr-Jahreskonferenz über aktuelle Probleme, Tendenzen und Risiken des Recherchierjournalismus in Deutschland und Europa. Näheres unter: https://netzwerkrecherche.org/

> **Deutscher Journalistenverband**: »Informationsfreiheit – Hier lässt es sich besonders gut recherchieren«, so lautet eine der Redaktionswerkstätten des *journalist* (Mitgliederzeitschrift des DJV). Zwei Journalisten zeigen, welche Recherchemöglichkeiten durch das Transparenzgesetz eröffnet wurden (z. B. große Datenbanken). (unter: www.journalist.de/ratgeber/handwerk-beruf/redaktionswerkstatt/informationsfreiheit-hier-laesst-es-sich-besonders-gut-recherchieren.html). Für die Abonnenten gibt es in der Rubrik »Handwerk & Recherche« brauchbare Praktikertipps.

> **Investigative Recherche**: Für international tätige (oder auch nur interessierte) Rechercheure sehr dienlich ist das *International Consortium of Investigative Journalists* (ICIJ) in Washington. Diese 1997 vom *Center for Public Integrity* gegründete Organisation dient dem Zweck (Selbstauskunft:) »focusing on issues that do not stop at national frontiers: cross-border crime, corruption, and the accountability of power«. Das ICIJ wurde 2015/16 wegen seines innovativen Netzwerk-Managements für die Recherchen rund um die sogenannten Panama Papers bekannt: Ihm gelang es, während rund eines Jahres weltweit bis zu 380 Journalisten kooperativ zu steuern und die Enthüllungsrecherchen zu orchestrieren. Auf seiner Webseite berichtet das ICIJ sowohl über verschiedene Recherchearbeiten wie auch über die Folgen und Auswirkungen, die mit den Veröffentlichungen verbunden waren. Auch dies ist ein Anliegen: »ICIJ reporters and editors provide real-time resources and state-of-the-art tools and techniques to journalists around the world.« Näheres unter: https://www.icij.org/

> **Web-Experten-Know-how**: Die sehr übersichtlich organisierte Website des Onlinerecherche-Experten Albrecht Ude. Sie bietet eine Einführung in die netzgestützte Recherche sowie in die Arbeit mit Suchmaschinen. Zudem liefern Fallbeispiele aus dem von Thomas Leif herausgegebenen Handbuch »Mehr Leidenschaft Recherche« Hinweise für die technischen Möglichkeiten wie auch Handicaps und Bedingungen der Web-Recherche. Ein besonderes Gewicht wird auf die persönliche Sicherheit (wie: Verschlüsselungen) beim Recherchieren gelegt. Näheres unter: www.ude.de/internet/index.html

> **Retro-»Recherchetipps«**: Die in den ersten zehn Jahren des WWW gut geführte Website »Internet-Links für Journalisten« wird seit mehreren Jahren nicht mehr aktualisiert. Sie ist für Web-Historiker durchaus aufschlussreich, etwa wenn man wissen will, wie sich die Web-Struktur entwickelt hat und wie einst wichtige Systeme (insbesondere Datenbanken) an Bedeutung oder Funktion verloren haben. Siehe: www.recherchetipps.de/index.html

> **Mit Google arbeiten**: Zahlreiche Anleitungen für Onlinerecherche stützen sich auf Logistiken, die weniger bieten als das, was *Google News Lab* den Nutzern zur Verfügung stellt. »Nutzen Sie leistungsfähige digitale Tools, die Ihnen die journalistische Arbeit auf ganzer Linie erleichtern – von der Recherche bis zur Online-Optimierung Ihrer Arbeit«, verspricht Google auf der Sub-Startseite *NewsLab*. Tatsächlich bietet Google weit mehr als nur die mit der »erweiterten Suche« verbundenen Funktionen: Zusätzlich gibt es zahlreiche, darunter auch effektive Recherche-Tools, mit denen man zielführend arbeiten kann. Beispiele: Für Nachwuchswissenschaftler, die wissenschaftliche Texte suchen, wird »Google-Scholar« fündig. Für Redaktionen dienlich ist die umgekehrte Bild-Textsuche. Und für manche Recherche nützlich ist die Speicherung einer vergangenen Situation über Google-Earth-Pro mit GEPFREE. Der Google Public Data-Explorer wiederum ermöglicht den Zugriff auf zahleiche Datenbasen sowie den Bau schöner, bunter Infografiken. Mit Google Trends kann man mitverfolgen, welche Themen und Vorgänge im Web zeitgleich besonders nachgefragt werden. Näheres über die »Tools« auf der Google-Unterseite: https://newslab.withgoogle.com/process/research

> **Nicht für Google arbeiten**: Spätestens seitdem die umfassende Überwachung der Web-Nutzer durch den US-Geheimdienst NSA im Zuge der Snowden-Enthüllungen bekannt wurde, empfehlen Handbücher und Anleitungen dem Profi, bei seiner Internetrecherche möglichst keine Spuren (Profil) auf den Servern der Suchmaschinenbetreiber zu hinterlassen. Inzwischen gibt es auch gute Suchmaschinen, die auf Werbefinanzierung verzichten, weil sie von gemeinnützigen Organisationen oder gesponserten Initiativen finanziert werden. Zu den Suchmaschinen, die den Anspruch haben, die Privatsphäre ihrer Nutzer zu schützen, zählen: DuckduckGo.com (»the search engine that doesn't track you«) sowie startpage.com, die dem niederländischen Unternehmen Surfboard Holding B. V. gehört und 2011 mit Ixquick.de verbandelt wurde. Die Betreiber schreiben: »Das Unabhängige Landeszentrum für Datenschutz bestätigt nach einer ausführlichen technischen Prüfung sämtliche Angaben unserer Datenschutzrichtlinien. Da StartPage und Ixquick nach wie vor die einzigen in Europa zertifizierten Suchmaschinen sind, bezeichnen wir sie zu Recht als die diskretesten Suchmaschinen der Welt.«

> Eine weitere Möglichkeit, »spurlos« zu recherchieren, bieten **Meta-Suchmaschinen**, die – wie der Kutscher eines Sechsspänners – auf mehrere Suchmaschinen zugreifen

und dabei die Identität (IP) ihres Users quasi vergessen. Für Onlinerecherchen besonders gut geeignet ist die 1995 am Rechenzentrum der Universität Hannover entwickelte, inzwischen vom gemeinnützigen Verein SUMA-EV in Hannover betriebene Maschine MetaGer.de. Selbstauskunft: »Das ganz Besondere an MetaGer ist, dass der Nutzer bei uns die volle Kontrolle über die Suche hat: [...] welche Suchmaschinen abgefragt werden und viele weitere Selektionskriterien – das bietet keine andere Suchmaschine. Sodann gehen wir mit den Daten unserer Nutzer sorgsamer um, als fast alle anderen Suchmaschinen: Wir speichern keine personenbeziehbaren Daten. Die IP-Adresse des Nutzers wird in der MetaGer-Software bereits während einer laufenden Suchanfrage anonymisiert.« **MetaGer** kann bis zu 50 Suchmaschinen einspannen, darunter auch solche mit globalem Index (wie Yahoo) sowie die russische Yandex (nach Google und Yahoo auf dem Weltmarkt die Nummer drei). Google allerdings ist nicht dabei, »denn dann hätten wir uns vertraglich verpflichten müssen, die jeweiligen Google-Ergebnisse genau so zu übernehmen, wie Google sie liefert. Also [...] keine Anwendung unseres eigenen Rankings, keine Aussortierung von Spam usw. Das ging uns zu weit, dann gäben wir unsere Identität auf und wären nur noch ein weiterer Clone unter Google.« (Interview vom Frühjahr 2013 mit Thomas Dominikowski, unter: http://blog.suma-ev.de/node/207).

Anmerkung: *Die in diesem Anhang gemachten Angaben (inkl. Links) wurden Ende September 2016 überprüft. Allfällige Änderungen auf Webseiten, die später stattfanden, konnten hier nicht berücksichtigt werden. Der Autor freut sich über Hinweise und Tipps seiner Leser.*

D. Literatur

Ackermann, Rolf; Clages, Horst; Roll, Holger (2011[4]): Handbuch Kriminalistik, Frankfurt

Allerbeck, Klaus (1985): Mündliche, schriftliche und telefonische Befragungen – ein Überblick. In: Kaase, M.; Küchler, M. (Hg.): Herausforderungen der empirischen Sozialforschung. Mannheim S. 56–65

Arth, Klaus (2000): Zwischen Effekthascherei und Aufklärung. In: Message – Internationale Fachzeitschrift für Journalismus 2000/1, S. 28–30

Augstein, Rudolf (2002): »Es hätte anders kommen können«. Rudolf Augstein über die SPIEGEL-Affäre 1962 und ihre Folgen. In: Der Spiegel, Nr. 46/2002, S. 126–127

Bacon, Francis (1990): Neues Organon. Lateinisch-deutsch. Hrsg. von Wolfgang Krohn. 2 Bde., Philosophische Bibliothek, Band 400a und 400b. Hamburg

Baerns, Barbara (1985): Öffentlichkeitsarbeit oder Journalismus? Zum Einfluß im Mediensystem. Köln

Baumert, Andreas (2012[2]): Interviews in der Recherche. Redaktionelle Gespräche zur Informationsbeschaffung. Wiesbaden

Bernays, Marie (1910): Auslese und Anpassung der Arbeiterschaft der geschlossenen Großindustrie, dargestellt an den Verhältnissen der ›Gladbacher Spinnerei und Weberei‹ A.-G. zu Mönchen-Gladbach im Rheinland. Schriften des Vereins für Socialpolitik, Untersuchungen über Auslese und Anpassung (Berufswahl und Berufsschicksal) der Arbeiter in den verschiedenen Zweigen der Großindustrie. Band 133/1. Leipzig 1910 (Neuauflage: Essen 2012)

Berner, Hermann (1983): Die Entstehung der empirischen Sozialforschung: Zum Apriori und zur Sozialgeschichte der quantifizierenden Sozialanlayse. Gießen

Bessette, Joseph M. (1980): Deliberative Democracy: The Majority Principle in Republican Government. In: R. Goldwin and W. Shambra (Hg.): How Democratic is the Constitution? Washington,

Bessette, Joseph M. (1994): The Mild Voice of Reason: Deliberative Democracy and American National Government. Chicago

Bly, Nellie (2012): Zehn Tage im Irrenhaus. Undercover in der Psychiatrie (»Ten Days in a Mad-House«, 1887). Herausgegeben, aus dem Amerikanischen übersetzt und mit einem Nachwort von Martin Wagner. Berlin

Bohman, James (1998): Survey Article: The Coming of Age of Deliberative Democracy. In: The Journal of Political Philosophy, Vol. 6/4, S. 400–425

Boss, Catherine; Strebel, Dominique (2012): Recherche in der Praxis. Informanten zum Reden bringen, Fakten hart machen und Missstände aufdecken. Zürich

Braun, Norman; Voss, Thomas (2014): Zur Aktualität von James Coleman. Einleitung in sein Werk. Wiesbaden

Bryson, Maurice C. (1976): The Literary Digest Poll: Making of a Statistical Myth. In: The American Statistician. Band 30, S. 184–185

Carlyle, Thomas (1908; 2007): Lecture V: The Hero as Man of Letters. Johnson, Rousseau, Burns. In: Sartor Resartus, and On Heroes, Hero-Worship, and the Heroic in History (Dent, ed.). London: James Fraser, S. 392 ff. (2007 digitalisiert unter: www.gutenberg.org/files/20585/20585-h/20585-h.htm)

Charnley, Mitchel V. (1975[3]): Reporting. New York
Cohn, Gustav (1877): Über Untersuchung von Thatsachen auf socialem Gebiete. In: Schriften des Vereins für Socialpolitik, Bd. 13. Leipzig
Coleman, James S. (1990): Foundations of Social Theory. Cambridge
Coleman, James S. et al. (1966): Equality of Educational Opportunity, U.S. Department of Health, Education and Welfare, Office of Education, Washington D.C. (als Fotokopie abrufbar unter: http://files.eric.ed.gov/fulltext/ED012275.pdf)
Comte, Auguste: (1842): *Cours de philosophie positive*, Paris 1830–1842. Auszugsw. Neudruck (1974): Die Soziologie. Die positive Philosophie im Auszug. Stuttgart
Converse, Joseph M. (1987): Survey Research in the United States: Roots and Emergence 1890–1960. Berkeley
Cullen, Michael J. (1975): The Statistical Movement in Early Victorian Britain. The Foundations of Empirical Social Research. New York
Davidson, Donald (1993): Der Mythos des Subjektiven. Philosophische Essays. Stuttgart
Demmel, Hans (2000): Bei der Menschenwürde hört der Spaß auf. In: Message – Internationale Fachzeitschrift für Journalismus 2000/1, S. 30–32
Diekmann, Andreas (2011[5]): Empirische Sozialforschung. Grundlagen, Methoden, Anwendungen. Reinbek
Dygert, James J. (1976): The Investigative Journalist – Folk Heroes of a New Era. New Jersey
Eckardt, Klaus (2000): Lokaljournalismus – »Das hat der mir aber so gesagt«. In: Message – Internationale Fachzeitschrift für Journalismus 2000/1 S. 56–60
Engel, Bernhard; Breunig, Christian: Massenkommunikation 2015: Mediennutzung im Intermediavergleich, Ergebnisse der ARD/ZDF-Langzeitstudie. In: Media Perspektiven 7–8/2015, S. 310–322
Enzensberger, Hans Magnus (1965[2]): Einzelheiten 1: Bewußtseins-Industrie. Frankfurt a. M.
Fleming, Robin (1998): Domesday Book and the law. Society and legal custom in early medieval England. Cambridge
Fricke, Ernst (2010[2]): Recht des Journalisten. Presse – Rundfunk – Neue Medien. Konstanz
Fuchs, Rüdiger (1987): Das Domesday Book und sein Umfeld: Zur ethnischen und sozialen Aussagekraft einer Landesbeschreibung im England des 11. Jahrhunderts (Historische Forschungen). Stuttgart
Göhre, Paul (1891): Drei Monate Fabrikarbeiter und Handwerksbursche. Leipzig
Grice, Herbert Paul (1979): Logik und Konversation. In: Meggle (Hg.): Handlung Kommunikation Bedeutung. Frankfurt, S. 243–265 (Original: Logik and Concersation, 1975).
Haas, Hannes (2006): Max Winter. Expeditionen ins dunkelste Wien – Meisterwerke der Sozialreportage. Wien
Habermas, Jürgen (1994[2]): Faktizität und Geltung. Beiträge zur Diskurstheorie des Rechts und des demokratischen Rechtsstaates, Frankfurt a. M.
Habermas, Jürgen (1996[2]): Drei normative Modelle der Demokratie: Zum Begriff deliberativer Demokratie. Nachdruck: Habermas: Die Einbeziehung des Anderen. Frankfurt a. M. 1996, S. 277–292
Habermas, Jürgen (2008): Ach, Europa. Kleine politische Schriften XI. Frankfurt
Haller, Michael (1987): Wie wissenschaftlich ist der Wissenschaftsjournalismus? In: Publizistik, Vierteljahreshefte für Kommunikationsforschung. 32. Jg., S. 305–319

Haller, Michael (2014): Reportage. in: Dan Diner (Hg.): Enzyklopädie jüdischer Geschichte und Kultur. Band 5, S. 187–190

Haller, Michael (2006[5]): Die Reportage. Konstanz

Haller, Michael (2012): 5 Pfund für ein 13-jähriges Kind. Der englische Journalist William Thomas Stead wollte die in London grassierende Kinderprostitution aufdecken. Auf der Suche nach unschlagbaren Beweisen erfand er die Undercover-Recherche. In: Message – Internationale Zeitschrift für Journalismus 2012/2, S. 108 f.

Haller, Michael (2016): Ende der Verständigung? Journalismus zwischen Aufklärungsauftrag und Lügenpresse-Etikett.In: Bertelsmann Stiftung (Hg.): Vielfalt statt Abgrenzung, Wohin steuert Deutschland in der Auseinandersetzung um Einwanderung und Flüchtlinge? Gütersloh, S. 171–192

Heckmann, Friedrich (1979): Max Weber als empirischer Sozialforscher. In: Zeitschrift für Soziologie 8/1, 50–62 (zugänglich unter: www.zfs-online.org/index.php/zfs/article/viewFile/2375/1912)

Heimbrecht, Jörg (1984): Das Millionending. Minister, Multis, Moneten. Köln

Herms, Dieter (1978): Upton Sinclair: Amerikanischer Radikaler. Frankfurt

Hohenberg, John (1980[4]): The Professional Journalist – A guide to the Practices and Principles of the News Media. New York, Chicago, San Francisco

Holland, Paul W.; Rubin, Donald B. (1988): Causal Inference in Retrospective Studies. In: Evaluation Review 12/3, S. 203–231

Holt, James Clarke (1995[3]): Domesday Studies. Papers read at the Novocentury Conference oft the Royal Historical Society and the Institute of British Geographers Winchester

Houska, Miriam (2003): Journalismus der Sinne und des Sinns. Max Winters Wahrnehmung und Vermittlung des Wiener Elends in Sozialreportagen der Arbeiter-Zeitung 1896 bis 1910. Wien (Univ. Dipl.-Arbeit)

Hull, Charles Henry (1899): The Economic Writings of Sir William Petty, 2 vols. Cambridge

Hunt, Morton M. (1985): Profiles of Social Research: The Scientific Study of Human Interaction. Russel Sage Foundation

Hunter, Mark (2011): Story-Based Inquiry. A manual for investigative journalists. UNESCO Paris (abrufbar unter: http://unesdoc.unesco.org/images/0019/001930/193078e.pdf)

Institut zur Förderung des publizistischen Nachwuchses/Deutscher Presserat (Hsg.) (2005): Ethik im Redaktionsalltag. Konstanz

Jahoda, Marie; Lazarsfeld, Paul F.; Zeisel, Hans (1933; 1975): Die Arbeitslosen von Marienthal (1933). Allensbach/Bonn (1960); Neuausgabe Frankfurt

Jarren, Otfried; Donges, Patrick (2011[3]): Politische Kommunikation in der Mediengesellschaft. Wiesbaden

Just, Dieter; Magnus, Uwe (1967): Nachrichtenmagazine. Bd. 1: Time und Newsweek, Bd. 2: Der Spiegel. Hannover

Klein, Jürgen (1984): Radikales Denken in England: Neuzeit. Studien zur Geistes- und Sozialgeschichte. Frankfurt, Bern, New York

Korte, Hermann (1993): Einführung in die Geschichte der Soziologie. Stuttgart und Wiesbaden

Krell, Ernst (1998): Recherche mit der Kamera oder »Scha'n 'mer mal«. In: Leif (Hrsg.): Leidenschaft: Recherche. Skandal-Geschichten und Enthüllungs-Berichte. Opladen, S. 195–197

Krüger, Uwe (2016): Meinungsmacht. Warum wir den Medien nicht mehr trauen. München

Landgrebe, Klaus Peter (1994): Nachrichtenmagazine – ihr Stil, ihr Erfolg in Europa und den USA (In Media Res). München

Lazarsfeld, Paul F. (1935): Zur Logik der Verallgemeinerung von Einzelfallstudien. In: Lazarsfeld, Paul F. (2007): Empirische Analyse des Handelns. Ausgewählte Schriften, hsrg. von Christian Fleck und Nico Stehr. Frankfurt a. M.

Lazarsfeld, Paul F.; Berelson, Bernard (1944; 1948; 1968): The People's Choice. How the Voter makes up his mind in a presidential campaign. New York

Leif, Thomas (Hg.) (1998): Leidenschaft: Recherche. Skandal-Geschichten und Enthüllungs-Berichte. Opladen: Westdeutscher Verlag

Leyendecker, Hans (1999): Auf Kuscheltour mit der Macht. In: Message – Internationale Fachzeitschrift für Journalismus 1999/2, S. 10–13

Leyendecker, Hans (2007): Die große Gier. Korruption, Kartelle, Lustreisen: Warum unsere Wirtschaft eine neue Moral braucht. Reinbek

Lielischkies, Udo; Stuchlik, Stephan (1998): Die Paten der Fleischmafia – Geschichte einer Recherche. In: Leif (Hrsg.): Leidenschaft: Recherche. Skandal-Geschichten und Enthüllungs-Berichte. Opladen, S. 91–109

Lindner, Rolf (2004): Walks on the wild side. Eine Geschichte der Stadtforschung, Frankfurt a. M.

Lindner, Rolf (Hg.) (2005): Die Zivilisierung der urbanen Nomaden. Henry Mayhew, die Armen von London und die Modernisierung der Lebensformen. Berlin Münster., vol. 35, Sonderheft. Berliner Blätter. Ethnographische und ethnologische Beiträge

Lippmann, Walter (1922): Public opinion. New York (als eBook: https://openlibrary.org/books/OL6642799M/Public_opinion)

Löffelholz, Martin; Rothenberger, Liane (2016): Paradigmengeschichte der Journalismusforschung. In: Löffelholz, Martin (Hg.): Handbuch Journalismustheorien. Wiesbaden 2016, S. 29–58

Ludwig, Johannes (2014^3): Investigatives Recherchieren. Konstanz

MacDougall, Curtis D.; Reid, Robert D. (1987^6): Interpretative Reporting. New York

Malborn, Peter J. E. (1999): Die volkswirtschaftliche Realität und ihre Wahrnehmung durch Daniel Defoe. Marburg

Marsh, Catherine (1982): The Survey Method: The Contribution of Surveys to Sociological Explanation. London

Maurer, Marcus (2003): Politikverdrossenheit durch Medienberichte. Eine Panelanalyse. Konstanz

Maurer, Marcus (2004): Das Paradox der Medienwirkungsforschung. Verändern Massenmedien die Bevölkerungsmeinung, ohne Einzelne zu beeinflussen? In: Publizistik, 49, 405–422.

Mayhew, Henry (1861): London Labour and the London Poor; a cyclopaedia of the condition and earnings of those that will work, those that cannot work, and those that will not work. Vol. 1. The London Street-Folk. London,. 1851. Vol. 2. The London Street-Folk comprising : Street sellers. Street buyers. Street finders. Street performers. Street artizans. Street labourers. London 1861. (Digital Reprint 2013).

Matzat, Lorenz (2016): Datenjournalismus. Methode einer digitalen Welt. Konstanz

Münch, Ole (2013): Henry Mayhew und die Straßenhändler des viktorianischen London: Ein kultureller Austausch mit sozialen Folgen WerkstattGeschichte; 63 = 22 (2013), 1. – S. 83–99

Neiman, Fraser (1957): The Zeitgeist of Matthew Arnold. In: Modern Philology – Vol. 55/2, S. 84–92

Obermayer, Bastian; Obermeier, Frederik (2016): Panama Papers. Die Geschichte einer weltweiten Enthüllung. Hamburg

Pierce, Charles Sanders (1958): Collected Papers, Vol. VII (unter:https://colorysemiotica.files.wordpress.com/2014/08/peirce-collectedpapers.pdf

Pilger, John (Hg.) (2005): Tell Me No Lies: Investigative Journalism That Changed the World. New York

Posch, Günter (1981): Zur Problemlage beim Kausalitätsproblem. In: G. Prosch (Hg.): Kausalität. Neue Texte. Stuttgart, S. 9–29

Pries, Ludger (2015): Florian W. Znaniecki/William I. Thomas ›The Polish Peasent in Europe and America‹: Eine Grundlegung der Soziologie und der Migrationsforschung. In: Reuter, Julia; Mecheril, Paul (Hg.): Schlüsselwerke der Migrationsforschung. Wiesbaden, S. 11–30

Redelfs, Manfred (1996): Investigative Reporting in den USA. Strukturen eines Journalismus der Machtkontrolle. Opladen

Redelfs, Manfred (1999): Experteninfos – Nachbeten statt Nachfragen. In: Message – Internationale Fachzeitschrift für Journalismus 1999/2, S. 14–17

Reinboth, Christian (2007): Auswirkungen der Stichprobengröße auf die Repräsentativität von Online Befragungen. In: Beibst, G. (Hg.): Tagungsband zur 8. Nachwuchswissenschaftlerkonferenz mitteldeutscher Fachhochschulen, Jena, S. 239–240

Requate, Jörg (1995): Journalismus als Beruf. Entstehung und Entwicklung des Journalistenberufs im 19. Jahrhundert. Deutschland im internationalen Vergleich. Göttingen

Riesenfellner, Stefan (1987): Der Sozialreporter. Max Winter im alten Österreich. Wien

Rühl, Manfred (1980): Journalismus und Gesellschaft. Bestandsaufnahme und Theorieentwurf. Mainz

Rühl, Manfred (2011): Journalistik und Journalismen im Wandel. Eine kommunikationswissenschaftliche Perspektive. Wiesbaden

Schäfer, Ulla G. (1971): Historische Nationalökonomie und Sozialstatistik als Gesellschaftswissenschaften, Forschungen zur Vorgeschichte der theoretischen Soziologie und empirischen Sozialforschung in Deutschland in der zweiten Hälfte des 19. Jahrhunderts. Köln u. Wien

Schell, Reiner; Bill, Paul B.; Esser, Elke (2011[9]): Methoden der empirischen Sozialforschung. München

Scheuch, Erwin K. (1973): Das Interview in der Sozialforschung. In: König, René (Hg.): Handbuch der Empirischen Sozialforschung. Stuttgart, S.66–190

Schnapper-Arndt, Gottlieb (1883): Fünf Dorfgemeinden auf dem Hohen Taunus. Eine socialstatistische Untersuchung über Kleinbauernthum, Hausindustrie und Volksleben. Leipzig (Staats- und socialwissenschaftliche Forschungen, Bd. 4, H. 2). Digital verfügbar unter: www.digitalis.uni-koeln.de/Schnapper/schnapper_index.html

Scholl, Armin (2014): Die Befragung. Sozialwissenschaftliche Methode und kommunikationswissenschaftliche Anwendung. Konstanz

Schütz, Arthur (1931): Der Grubenhund: Experiment mit der Wahrheit. Leipzig. Neuauflage, hg. von Walter Hömberg. 1996, Frankfurt a. M.

Searle, John R. (1983): Sprechakte. Ein sprachphilosophischer Essay. Frankfurt a. M. (Originalausgabe: Speech Acts, 1969)

Searle, John R. (2004): Geist, Sprache und Gesellschaft. Frankfurt a. M. (Originalausgabe: Mind, Language ans Society, 1998)

Searle, John R. (2010): Making the Social World. The Structure of Human Civilisation. Oxford

Soehring, Jörg (1990): Presserecht, Recherche, Berichterstattung. Ansprüche im Recht der Presse und des Rundfunks. Stuttgart

Sombart, Werner (1909), in: Verhandlungen des Vereins für Socialpolitik in Wien, 1909 (=Schriften des Vereins für Socialpolitik Bd. 132). Leipzig 1910

Thomas, William Isaac; Thomas, Dorothy S. (1928): The Child in America: Behavior Problems and Programs. In: The Methodology of Behavior Study. New York, S. 553–576

Thomas, William Isaac; Znaniecki, Florian W. (1919–21; 1959): The Polish Peasant in Europe and America (5 Bde von 1918–1921); New York. Neuausgabe 1927; 1959²

Torino, Gregor (2016): Die Entschlüsselung der Panama Papers. Telepolis (abrufbar unter: www.heise.de/tp/artikel/48/48827/1.html)

Ullstein, Karl (1929): Der Verlag Ullstein zum WeltReklameKongress. Berlin

Wallraff, Günter (1977): Der Aufmacher. Der Mann, der bei »Bild« Hans Esser war. Köln

Wallraff, Günter (1979): Zeugen der Anklage. Die »Bild«Beschreibung wird fortgesetzt. Köln

Wallraff, Günter (1985): Ganz unten. Köln

Weber, Max (1904; 1985): Gesammelte Aufsätze zur Wissenschaftslehre. Hg. von Johannes Winckelmann. Tübingen. Darin die Aufsätze: »Die ›Objektivität‹ sozialwissenschaftlicher und sozialpolitischer Erkenntnis« (Erstveröffentlichung: Archiv für Sozialwissenschaft und Sozialpolitik. 19. Band. 1904) sowie:

Weber, Max (1918): »Der Sinn der ›Wertfreiheit‹ der soziologischen und ökonomischen Wissenschaften« (Erstveröffentlichung: Logos. Band 7)

Weischenberg, Siegfried (1992): Journalistik Bd 1: Mediensysteme, Medienethik, Medieninstitutionen. Opladen

Weischenberg, Siegfried (1995): Journalistik Bd. 2: Medientechnik, Medienfunktionen, Medienakteure. Opladen

Welker, Martin (2012): Journalistische Recherche als kommunikatives Handeln. Journalisten zwischen Innovation, Rationalisierung und kommunikativer Vernunft. Baden-Baden

Whyte, William Foote (1943): Street Corner Society. Chicago (4. Aufl. 1993).

Whyte, William Foote (1943; 1955²; 1981³): Street corner society. The social structure of an Italian slum, Chicago. Dt. (1966): *Die Street Corner Society: Die Sozialstruktur eines Italienerviertels*, Berlin/New York

Zeisel, Hans (1975³): Zur Geschichte der Soziographie, in: Jahoda, M.; Lazarsfeld, P. F.; Zeisel, H.: Die Arbeitslosen von Marienthal (1933). Frankfurt a. M., S. 101–138

Personenregister

Sachregister

Weiterlesen bei utb.

Marion G. Müller, Stephanie Geise
Grundlagen der Visuellen Kommunikation
Theorieansätze und Analysemethoden
2., völlig überarbeitete Auflage
2015, 334 Seiten
15 s/w u. 85 farb. Abb., Broschur
UTB 2414
ISBN 978-3-8252-2414-1

Daniel Perrin
Medienlinguistik
3., aktualisierte Auflage
2015, 258 Seiten, Broschur
UTB 2503
ISBN 978-3-8252-4362-3

Thomas Petersen
Der Fragebogen in der Sozialforschung
2014, 322 Seiten, 40 s/w Abb., Broschur
UTB 4129
ISBN 978-3-8252-4129-2

Manuel Puppis
Einführung in die Medienpolitik
2., überarbeitete Auflage 2010
360 Seiten, 60 s/w Abb., Broschur
UTB 2881
ISBN 978-3-8252-2881-1

Heinz Pürer
Publizistik- und Kommunikationswissenschaft
2., völlig überarbeitete und erweiterte Auflage
2014, 632 Seiten
30 s/w Abb., geb. im Großformat
UTB 8249
ISBN 978-3-8252-8533-3

Karl Nikolaus Renner
Fernsehen
2012, 130 Seiten
25 s/w Abb., Broschur
UTB 3685
ISBN 978-3-8252-3685-4

Patrick Rössler
Inhaltsanalyse
2., überarbeitete Auflage
2010, 290 Seiten
50 s/w Abb., Broschur
UTB 2671
ISBN 978-3-8252-2671-8

Annely Rothkegel
Technikkommunikation
2009, 284 Seiten, Broschur
UTB 3214
ISBN 978-3-8252-3214-6

Bertram Scheufele, Ines Engelmann
Empirische Kommunikationsforschung
2009, 254 Seiten
60 s/w Abb., Broschur
UTB 3211
ISBN 978-3-8252-3211-5

Armin Scholl
Die Befragung
3., überarbeitete Auflage
2014, 288 Seiten
10 s/w Abb., Broschur
UTB 2413
ISBN 978-3-8252-4080-6